Nuestra querida hermana Diana Hag
bre el corazón de hermanas de todas
tros. Al leer esta obra, sentirá la bonda
... porque cuando habitamos allí (en unidad, armonía) Dios envía bendición ... En nombre de las muchas hermanas que tienen lágrimas en el corazón, gracias por compartir las tuyas con nosotras...

> Que la paz perfecta acompañe a mi amiga Diana y a todos
> los que la aman,
> Lady Serita Jakes

Mi amistad personal con John y Diana Hagee se remonta a hace más de veinte años. Por eso puedo afirmar con confianza que las enseñanzas de Diana son sólidas y fieles a las Escrituras. *La Hija del Rey* provocará que las mujeres tengan la actitud y el estilo de vida que deben caracterizar a las que Pablo describe como «mujeres que profesan piedad» (1 Timoteo 2.10).

> Derek Prince
> Director de Derek Prince Ministries Worldwide
> Jerusalén, Israel

La Hija del

REY

DIANA HAGEE

La Hija del
REY

Cómo convertirte
en la mujer que
Dios diseñó al crearte

BETANIA

Un Sello de Editorial Caribe

Betania es un sello de Editorial Caribe, Inc.

© 2003 Editorial Caribe, Inc.
Una división de Thomas Nelson, Inc.
Nashville, TN-Miami, FL, EE.UU.
www.caribebetania.com

Título en inglés: *The King's Daughter*
© 2001 por Diana Hagee
Publicado por Thomas Nelson Publishers

A menos que se señale lo contrario, todas las citas bíblicas
son tomadas de la Versión Reina-Valera 1960
© 1960 Sociedades Bíblicas Unidas en América Latina.
Usadas con permiso.

Traductora: Carolina Galán Caballero

ISBN: 0-88113-769-3

Impreso en Estados Unidos de América
Printed in United States of America

3ª Impresión

Dedico este libro con mucho cariño a
mi Rey, quien me ha amado desde el principio,
mi esposo, quien es el don anhelado de Dios para mí,
mis hijos, quienes han enriquecido mi vida más allá de las palabras,
mis padres, quienes ayudaron a moldearme
mi suegra, quien es mi mentora espiritual

RECONOCIMIENTOS

Deseo expresarles personalmente mi gratitud a:
Janet Thoma, que con paciencia y amabilidad me guió
por este viaje como autora;
Scott y Sandy Farhart, cuya sabiduría profesional
y testimonio personal van a impactar las vidas de muchos;
Teresa Weaver y Nina Rodríguez,
quienes me ayudan continuamente a lograr mis metas;
y a las Mujeres de Ester de la Iglesia Cornestone,
cuyas oraciones y apoyo aprecio tanto.

Contenido

capítulo uno

La hija del Rey

$\mathcal{T}$oda mujer desea recibir la atención completa y exclusiva de su marido cuando habla con él. En mi caso, como en el de muchas, no recibo ese preciado interés tanto como me gustaría. Pero viajar en avión con mi marido a nueve mil metros de altitud y a más de ochocientos kilómetros por hora me permite darme ese lujo. Primero, hay muy pocas distracciones, y segundo, no puede marcharse de la habitación.

En este viaje en particular, yo iba leyendo atentamente todo el libro de Ester, no sólo los versículos que solemos memorizar. Estaba maravillada ante la complejidad del plan de Dios en torno a la vida de Ester, su disciplina y obediencia, y en quién se convertiría. Al cerrar los ojos, vi a aquella bella mujer judía de pelo negro y brillante, piel perfecta y labios de rubí curvados hacia arriba que revelaban una sonrisa radiante que le emanaba del corazón. Pero ante todo, vi una belleza sobrecogedora que procedía de sus ojos, una belleza tan pura, tan sincera que sólo podía surgir de su alma misma.

Cuando Dios colocó a Ester en posición para convertirse en la reina de Persia, la nación más poderosa de la tierra en aquel momento de la historia, tuvo que preparase. *Preparación* es una palabra que significa «alistarse con antelación» —normalmente para algo concreto—, «equipar» o «dotar». *¿Por qué no nos preparamos para presentarnos ante nuestro Rey?*, me pregunté. Esta pregunta se apoderó de mi mente.

Poco después, un codazo abrupto en las costillas despertó de un profundo sueño a mi esposo, que ignoraba lo que pasaba por mi mente. «¿Qué

11

crees de un curso en la iglesia para chicas de trece a diecinueve años a fin
de prepararlas para convertirse en mujeres de Dios?»

Rápidamente dijo: «Muy buena idea». ¡Demasiado rápido!, pensé.

«¿Lo dices para que me calle o porque de verdad crees que es buena
idea?»

«¡Sí! Me parece muy buena idea», fue su sonora respuesta.

Con esas palabras comencé un viaje increíble. Cuando regresé a la iglesia de Cornerstone, me encerré en un cuarto con mis dos asistentes, Nina
Rodríguez y Teresa Weaver, y en pocas horas habíamos creado el currículo. La inspiración de Dios llegó con rapidez para un programa transforma-
dor que impactaría dramáticamente las vidas de cientos de mujeres.

El seminario, que se titularía *Cómo convertirse en una mujer de Dios*, dura-
ría doce semanas, simbolizando los doce meses de preparación de Ester.
Cuando el rey Asuero les pidió a sus hombres que reunieran a las mujeres
de la provincia para elegir a una nueva reina, llevaban a las muchachas al
palacio de «embellecimiento». Allí recibían tratamientos de belleza durante doce meses (seis meses con incienso y seis meses con mirra). El rey
Asuero elegiría a su reina de entre estas jóvenes. La palabra *belleza* se define como «perfecto físicamente, sin errores en la forma, inteligencia o her-
mosura». Según la tradición hebrea, Ester fue elegida por su belleza
interna más que por la externa. Al instante supe que el programa que estábamos organizando tenía que concentrarse en la mujer interior.

Esperaba que se inscribieran en el curso entre veinticinco y cincuenta
chicas. En cambio, más de trescientas muchachas inundaron las mesas de
inscripción. Me asombré y me asusté al mismo tiempo. Los sentimientos
de inseguridad que habían obstaculizado mi vida despertaron en mí. Recuerdo que llamé a mi amada suegra, Vada Hagee, y le pedí que orara por
una unción sobre mí para la primera sesión. Ella hizo una hermosa oración
que liberó la dirección y el poder del Espíritu Santo. Con la ayuda de Dios,
sabía que esta iba a ser una experiencia transformadora para todas las participantes.

En un teatro que tengo muy claro en mi mente, vi a estas jóvenes que
se preparaban durante doce semanas para que las presentaran ante la iglesia en la noche del Día de las Madres, la semana decimotercera, con precio-

sos vestidos de noche. Cuando les expliqué el currículo durante la primera sesión, las chicas gritaron de entusiasmo. Me sentía imparable. Pero cuando les hablé de la noche de graduación, y de la ropa que debían llevar, hubo silencio. No entendía qué había sucedido. Miré sus rostros silenciosos y sus ojos me respondieron. No tenían vestidos de ese tipo ni dinero para comprarlos. Me sentí desfallecer. Poco después de mi descubrimiento, terminé la primera sesión y manejé hasta mi casa en silencio.

¿Qué he hecho, Señor?, oré. *Quería bendecir a estas chicas; en cambio las hice sentirse insuficientes.* Llegué a casa y lloré en el hombro de mi esposo. Como siempre, tuvo una respuesta que darme. Él se las arreglaría para comprar por lo menos cien vestidos para estas lindas chicas con el presupuesto de caridad de nuestra iglesia, y yo pediría prestados los restantes trajes a las familias más pudientes. Estaba decidida a no excluir a nadie de mi curso.

Al día siguiente por la mañana fui a la tienda más grande de trajes de novia y de noche que hay en la ciudad. Hablé con el dueño y su esposa, que asisten con frecuencia a nuestra iglesia. Les hablé de nuestro seminario Mujer de Dios y de nuestra necesidad de comprar por lo menos cien vestidos de noche a un precio muy rebajado. Luego contuve el aliento.

La respuesta inmediata fue: «¿Por qué no se lleva 325 vestidos?»

«¡No tengo dinero para 325 vestidos!», les respondí.

«Ya veo», dijo él. «Lo que usted no entiende es que puedo y quiero donarlos».

Enmudecí ante su respuesta. Podía escuchar la voz de Dios en mi mente: *Yo soy el dueño del ganado de mil colinas. ¿Qué son 325 vestidos?* Me embargó la emoción, y empecé a darles las gracias al dueño y a su esposa por su generosa donación.

La siguiente pregunta me sorprendió aún más. «¿Qué zapatos van a llevar las chicas?» Respondí con una presunción natural: «Cualquier cosa que tengan en casa».

Con su acostumbrada actitud, contestó: «Mis vestidos no pueden lucirse con cualquier par de zapatos. Les proporcionaré también los zapatos. Es importante que mis vestidos se vean lo mejor posible».

Uno de mis muchos sueños para el curso se estaba haciendo realidad delante de mis ojos. Me asombraba ver a Dios trabajar por medio de este hombre y de su preciosa y sonriente esposa. Después de darles muchísimas gracias, me fui al coche y cerré la puerta. Lancé un grito de júbilo y le di las gracias a Dios por su milagrosa provisión. Mi confianza creció y también mi valentía. ¡Ahora Jesús y yo éramos imparables!

También recordé que quería un «cambio de imagen» para las chicas. ¿De dónde los podría sacar? Mientras todavía estaba en el coche, me vino a la mente el nombre de la cadena de salones de belleza más grande de la ciudad. Había ido allí varias veces a cortarme el pelo, y había oído que la dueña conocía al Señor, así que llamé al salón por el celular. Mientras marcaba el número le pedí al Señor que le preparara el corazón.

Por suerte, ella estaba disponible y tomó mi llamada. Le expliqué la visión del curso, y cuando llegué a la parte de «belleza externa» del seminario, ella interrumpió mi soliloquio con un «¡Bendito sea Dios! Aquí es donde entro yo».

Me volví a estremecer. Dios había preparado su corazón. Él estaba conmigo en el coche, dándome confianza y las palabras con que «pedir». Y estaba con ella en su oficina, animándola a proporcionar los recursos necesarios. En verdad, Dios es omnipresente.

Ella se ofreció a cerrar sus establecimientos temprano el día de los cambios de imagen y a llevar veinte estilistas a nuestra iglesia para cortar y peinar el cabello de todas. Además, un equipo de estilistas elegiría a seis chicas del curso y les harían un cambio de imagen total, que incluiría limpieza de cutis, manicura, pedicura y maquillaje como ejemplo para el resto de las jóvenes. Todo esto lo haría sin costo alguno. ¡Sabía que estaba en la voluntad de Dios!

Llamé a John y se sorprendió por lo que había pasado. Hicimos juntos una oración de gratitud. La visión que nació en mi corazón se estaba haciendo realidad.

Mi mente empezó a llenarse de ideas para equipar a aquellas chicas con la herramienta más importante creada para el hombre: ¡la Palabra de Dios! Oré: *¡Señor, necesito 325 Biblias!*

Llamé a una editorial y les pedí que me hicieran un buen, pero buen descuento. Me ofrecieron el mejor descuento posible, pero necesitaba más.

Ignoraba totalmente que el dueño de esa editorial iba a almorzar con mi esposo dos días después. Esta editorial publicaba no sólo la Biblia que quería sino también un libro sobre el noviazgo.

Una de mis muchas responsabilidades en la iglesia Cornerstone, que pastorea mi esposo, es organizar los actos especiales y las comidas. El almuerzo de mi esposo con el dueño de la editorial y su equipo de trabajo iba a ser en nuestro comedor ejecutivo. Me acordé de Ester y del banquete que le preparó al rey. Oré: *Padre, permíteme hallar favor ante este hombre tan poderoso. ¡Él tiene las Biblias y los libros que necesito!*

El personal de la iglesia preparó una comida suculenta, que se sirvió con nuestra mejor vajilla y hermosos manteles. Entonces, antes de entrar en el comedor como la anfitriona, Teresa y yo nos tomamos de las manos y oramos por el favor de Dios.

Después de bendecir la comida, todos intercambiamos saludos y comenzamos a cenar. Poco después, anuncié con orgullo: «¡Tengo un testimonio!».

A mi esposo casi se le cae el tenedor. No suelo hablar en voz alta delante de un grupo tan próspero. «¡Oigámoslo entonces!», dijo el dueño de la editorial, que era mi «ángel» sin saberlo.

Conté mi historia del seminario para Mujeres de Dios. Todos se impresionaron y se conmovieron por la visión de Dios, pero más aun por su provisión.

«Qué historia tan maravillosa», dijo. Obviamente ignoraba lo que venía a continuación. Tomé aliento y miré a mi esposo, que seguía con la boca abierta. Sus bellos ojos marrones estaban más redondos que en mucho tiempo.

Continué: «Llamé a su equipo de trabajo para pedir un descuento para 325 Biblias así como para 325 libros sobre noviazgo. Ellos hicieron lo mejor que pudieron, pero siento que debo pedirle a usted que se los obsequie a mis chicas».

Hice mi parte; el resto dependía de Dios.

Se asombró de mi valor, y también respiró profundo antes de responder. Entonces, le brillaron los ojos y respondió: «Usted tendrá sus Biblias y sus libros. Los voy a donar».

Dulce Señor, lo volviste a hacer. Igual que Ester, hallé gracia ante el rey. Cumplí mi misión, y el propósito de Dios prevaleció. Desde entonces, he orado por incontables bendiciones para las muchas personas que permitieron que Dios las usara para dar a estas preciosas jóvenes lo que necesitaban.

Nuestra segunda reunión de Mujer de Dios era el martes siguiente. Llena de emoción le conté a la clase lo que el Padre Celestial había provisto para ellas. Al contarles la manera milagrosa en que sucedió todo, vi cómo se les llenaban los ojos de esperanza. Cuando terminé de contar mi historia se pusieron en pie, gritando de alegría. Ese era un momento muy apropiado para describir al Dios que yo conocía y al Dios de su provisión. El único y verdadero Dios. El Dios de mi salvación. Al hablarles de la oración de arrepentimiento, vi que había convicción en sus rostros. El Espíritu Santo estaba en ese lugar. Cincuenta y dos chicas se levantaron para hacer la oración de arrepentimiento y recibir a Cristo.

Ese curso era una visión de Dios, y su provisión llenó sus necesidades. La graduación fue un sueño con final feliz. Las chicas terminaron sus doce semanas de clases, que abarcaron temas desde la autoestima hasta la sexualidad, pasando por la hospitalidad y la llenura del Espíritu Santo. Las graduadas se presentaron ante la iglesia con sus trajes de noche. Al inclinarse ante la congregación se estaban inclinando ante su Padre y Rey. Sé que el Dios Todopoderoso estaba complacido.

CÓMO LLEGAMOS HASTA AQUÍ

Podría dedicar varios capítulos para describir, uno tras otros, los momentos increíbles a través de los cuales estas chicas recibieron salvación, liberación y restauración. En la sociedad actual existe un arma letal que destruye a muchos de nuestros jóvenes: la desesperanza.

La Palabra de Dios dice que el yelmo es la esperanza de salvación. Jesucristo es la bendita esperanza, y cada vez que Satanás consigue separarnos de nuestra esperanza destruye nuestro futuro. La esperanza de estas chicas fue restaurada. Aunque sólo hubiera sido por esta razón, el curso fue un éxito total.

Durante las primeras sesiones de Mujer de Dios había unas quince o veinte madres que se sentaban en la parte de atrás del auditorio, esperando a sus hijas para llevarlas a casa. Después de cada sesión, dividía a la clase en grupos de ocho a diez chicas con una facilitadora, una mujer adulta que había asistido a las clases de liderazgo de nuestra iglesia. Esta idea la tomamos de Tito 2.3-5: «Las ancianas asimismo sean reverentes en su porte; no calumniadoras, no esclavas del vino, maestras del bien; que enseñen a las mujeres jóvenes a amar a sus maridos y a sus hijos, a ser prudentes, castas, cuidadosas de su casa, buenas, sujetas a sus maridos, para que la palabra de Dios no sea blasfemada».

Las facilitadoras dirigían a las jóvenes en «puntos de acción» designados para cada clase, y yo me convertí en la facilitadora de las madres. Cada vez que había una llamada al altar para sanidad interior o para comenzar de nuevo, ellas también estaban allí, llorando ante el altar y pidiéndole a Dios que actuara en sus vidas. Comencé a hacerle muchas preguntas a Dios: «¿Por qué esas madres vienen con tanta hambre? Estamos ministrándoles en el mismo grado que a sus hijas. ¿Por qué no están enseñándoles a sus hijas? ¿Cómo hemos podido llegar a este punto en nuestra sociedad?»

Recordé una conferencia a la que había asistido hacía varios años sobre la evolución de la familia. Estados Unidos fue desde el principio una sociedad agraria. Los hijos vivían en las granjas con sus madres, padres, abuelos e incluso muchas veces, con bisabuelos. Los padres se llevaban a sus hijos al campo y les enseñaban a proveer para sus familias mientras trabajaban hombro con hombro. Y las madres les enseñaban a sus hijas a atender la casa y a la familia, mientras realizaban juntas las tareas domésticas. Por las noches cenaban todos juntos. Durante el verano, las madres y los padres, los hijos y las hijas, las abuelas y los abuelos se sentaban en el portal a comer melón y a escuchar a los abuelos contar historias de su infancia. Al escuchar estos relatos de sus mayores, los jóvenes sabían que también tenían esperanza para el futuro.

Sin embargo, al llegar la revolución industrial los padres se dieron cuenta que podían ganar más dinero para sus familias trabajando una semana en una fábrica que un mes en el campo. Entonces comenzó la emigración a las ciudades. Los jóvenes dejaron de trabajar hombro a hombro con sus padres. Poco después ya estaban recibiendo más información de amigos de su edad que de ninguna otra persona.

Para las mujeres la transición fue algo más lenta. El comienzo de la Segunda Guerra Mundial exigió que todos los hombres sanos de los Estados Unidos combatieran en el frente para defender a su país. Enseguida se necesitó a las mujeres en los puestos de trabajo, no sólo para suplir a la nación con los bienes y servicios necesarios, sino también para proveer para sus familias. Las niñas se vieron al cuidado de sus abuelas o solas en la casa.

Nuestro país no volvió a ser el mismo luego que terminó la guerra. Los hombres regresaron al hogar para encontrarse con hijos que apenas conocían. Algunas mujeres no abandonaron sus puestos de trabajo. Las niñas recibían cada vez menos enseñanzas de sus madres. Las nuevas instructoras de sus vidas eran sus amistades, un nuevo invento llamado televisión y, en fin de cuentas, el mundo.

El divorcio no tardó en convertirse en una epidemia, pues las parejas consideraban la expresión *diferencias irreconciliables* como razón suficiente para ponerle fin a su pacto. Los hijos perdieron su confianza en la estructura familiar. Lo que había sido un fundamento en sus vidas dejó de existir, ya que los padres vivían en hogares separados, con frecuencia con nuevos cónyuges e hijos. Sus nuevos héroes eran los protagonistas de las series televisivas con familias perfectas en un mundo inventado donde no había dolor, separación ni decepciones.

Hoy día nuestros héroes son los que consiguen hacer titulares, no los que forman el mundo «meciendo la cuna». La publicidad controla lo que comemos, el coche que tenemos, dónde vivimos, qué aspecto tenemos y, en última instancia, en quién nos convertimos. Los valores de nuestra sociedad se han trastocado tanto por las últimas modas, que anhelamos que exista algo o alguien estable en nuestras vidas, algo o alguien que sea el mismo ayer, hoy y siempre. Algo o alguien que nunca nos deje ni abandone. Alguien que mantenga sus promesas, no que rompa sus pactos. Ese alguien es Jesucristo. Ya es hora de que regresemos al Dios de nuestros padres.

Mientras enseñaba el curso de Mujer de Dios, Derek Prince, uno de los más destacados eruditos de la Biblia de nuestra época, vino a ministrar a nuestra iglesia. Derek ha pasado la mayor parte de sus ochenta años en esta tierra estudiando y enseñando la Palabra de Dios de una forma sencilla pero profunda. Una tarde lo tenía «preso» en mi coche, y comencé a darle mi testimonio sobre la provisión de Dios para las chicas. El hermano Prince comenzó a llorar y me contó una revelación de la Palabra que coincidía con mi curso.

Me explicó que el Cuerpo de Cristo lleva años tratando de levantar puentes sobre abismos. No importa que fueran denominacionales, raciales o sociales; se hicieron en nombre de la unidad. Pero Dios creó a propósito ciertos abismos: los que hay entre el bien y el mal, entre la luz y la oscuridad, entre lo dulce y lo amargo, y entre hombres y mujeres. El hermano Prince estaba convencido de que las mujeres, en nombre de la igualdad y la libertad, se habían inclinado más hacia el mundo del hombre de lo que los hombres habían entrado en el mundo femenino. En busca de la igualdad, las mujeres perdieron su identidad personal y su identidad en Cristo. No fuimos diseñados para ser iguales. *Fuimos diseñados para ser diferentes.*

Antes de oír hablar de mi curso, me dijo que su mayor frustración fue identificar el problema y no ofrecer la solución. Estas clases, me dijo, eran una forma de enseñarles a las mujeres el valor que tienen ante Dios y de mantener en su lugar los abismos que Él creó.

Por desgracia hemos abrazado el mundo y sus valores por tanto tiempo que las líneas entre el bien y el mal y la luz y la oscuridad están atenuadas, así que nos cuesta trabajo tomar decisiones piadosas. Mi marido pone el ejemplo de entrar en un restaurante de lujo y tratar de leer el menú con la luz tenue para ambientar. Si uno viene directamente de la luz del sol es prácticamente imposible hacerlo, pero cuando uno ya lleva varios minutos en la oscuridad los ojos se acostumbran. Con el alma sucede lo mismo. Llevamos tanto tiempo rodeados de oscuridad espiritual y decadencia moral que lo que antes nos parecía inaceptable, ahora es la norma.

Gracias a la tolerancia hemos permitido que crezca dentro de nosotros un cáncer moral, hasta el punto de que ahora reflejamos al mundo. Nuestros hijos se matan unos a otros en los colegios. Los embarazos entre adolescentes y los abortos se han convertido en epidemias. Los padres abandonan sus hogares en busca de placer. La iglesia en América exige un evangelio que la haga «sentirse bien» en lugar del evangelio de la verdad y la convicción. Reflejamos al mundo en las estadísticas de divorcio, pornografía, aborto, homosexualidad y otras enfermedades que infectan nuestra sociedad. La iglesia en América se ha convertido en la iglesia de Laodicea en Apocalipsis, de la que Dios dice «te vomitaré de mi boca».

Después de escuchar a Derek Prince hablar me di cuenta de que este curso iba a ser mucho más que una escuela de protocolo y etiqueta. Debía ser un curso que ofreciera la esperanza, seguridad y autoestima que sólo proceden de los ríos del agua viva.

El hermano Prince escribió un libro maravilloso llamado *God the Matchmaker* [Dios el casamentero]. Me miró a los ojos y me preguntó si podía donar 325 libros a mis chicas. Este libro las equiparía, por medio de la Palabra de Dios, con los principios para elegir un esposo. También me dijo que haría algo que no había hecho en mucho tiempo: firmar a mano cada ejemplar.

Su gesto bendijo a las chicas, igual que a las madres que escuchaban la clase. Durante este primer seminario de Mujer de Dios ocurrió algo único. La cantidad de esas quince o veinte madres que se sentaban en la parte de atrás comenzó a crecer semana tras semana. Al final de las doce semanas más de 150 madres escuchaban la clase.

¿Qué me quiere decir el Espíritu Santo con esto?, le pregunté al Señor. Como siempre, Él me respondió. Mi esposo sugirió que la siguiente conferencia de Mujer de Dios fuera dirigida a las mujeres mayores de nuestra iglesia. Equipémoslas para enseñar a las mujeres jóvenes, dijo, y también para llenar una laguna en sus vidas.

La siguiente semana anuncié el curso en la iglesia, y una vez más me sorprendí. Se matricularon más de quinientas mujeres de entre veinte y setenta y ocho años. (¿No es maravilloso servir al Dios de «nunca es demasiado tarde»?) Su entusiasmo por aprender más de su Rey me llevó a decidir la dirección de este libro. Está escrito para la mujer que olvidó (o nunca aceptó) el hecho de que es hija del Rey. Está escrito para la mujer que no se da cuenta que el Rey quiere darle todo don bueno y perfecto, no porque ella es perfecta sino porque Él es bueno.

Una vez que hemos aceptado a Jesucristo como Salvador nos convertimos en hijas del Rey. Pero debemos reclamar esa posición. Debemos representarlo en todas las facetas de nuestra vida. Lo hermoso de caminar con Él es que nunca es demasiado tarde para exigir esa posición en su corazón. Todas somos hijas del Rey.

UNA HIJA DEL REY

Cuando estaba orando por un título para este libro, el Señor me hizo recordar una importante conversación que sostuve con Él hace varios años. Al compartir con usted este momento tan íntimo, oro para que impacte su vida tanto como impactó la mía.

En 1981, a John y a mí nos invitaron a reunirnos con el primer ministro Menachem Begin debido al apoyo de mi esposo a la nación de Israel. Fue un honor especial conocer al hombre que Dios usó para constituir el estado judío. Está de más decir que estaba muy nerviosa. Mientras pasábamos por el control de seguridad israelí, el Gran Acusador comenzó a atacar mi mente: *¿Quién eres tú para reunirte con este jefe de estado? Eres un obstáculo para esta reunión. No deberías ni siquiera estar presente en la sala.*

Creí que tenía razón, y me abrumaron los sentimientos de inseguridad, como si una gran ola me hubiera arrastrado en su resaca. No podía respirar. Comencé a caminar hacia mi esposo para pedirle que me excusara de la reunión. De repente oí una voz en mi mente que era más fuerte que la de mi Acusador: *¿Por qué te marchas de algo que yo he ordenado?*

Porque no soy digna de reunirme con una persona tan importante, fue mi débil respuesta. *¡Estoy a punto de conocer al líder de Israel!*

Inmediatamente la misma voz fuerte dijo algo que cambió mi vida para siempre: *Y él está a punto de conocer a la hija del Rey.*

La ola de inseguridad y miedo se disipó. Alcé los hombros, entré en la sala, me dirigí al Primer Ministro y le di la mano. Me acuerdo como si hubiera sido ayer. Estreché su mano con firmeza y le dije: «Soy Diana Hagee. Me siento honrada de conocerlo».

A menos que me hubiera conocido en ese entonces, no puede entender el milagro de aquel momento. Nunca volveré a ser la misma, no por haber estado en presencia de uno de los hombres más importantes de la historia, sino porque tomé mi lugar en la sociedad del reino de los cielos, la sociedad eterna del Señor Jesucristo. Entonces era y siempre seré la hija del

Rey. Y usted también. Nuestro Rey tiene un propósito divino para todas nosotras.

NUESTRO PROPÓSITO DIVINO

Toda mujer tiene un propósito divino que un Dios soberano decidió desde la fundación del mundo (Efesios 1.4). Dios llamó a Sara a tener a Isaac, el hijo de la risa, cuando su vientre era estéril, para probarle a la humanidad de una vez y por todas que «para Dios no hay nada imposible» (Lucas 1.37).

Dios llamó a Rut, una gentil, a dejar su país luego de la muerte de su marido y a mirar el rostro ojeroso y marcado por las lágrimas de su suegra, Noemí, y decir:

No me ruegues que te deje, y me aparte de ti; porque a dondequiera que tú fueres, iré yo, y dondequiera que vivieres, viviré. Tu pueblo será mi pueblo, y tu Dios mi Dios (Rut 1.16).

La misión de Rut era demostrar que Dios es un Dios de esperanza. Como gentil en una nación judía, no tenía esperanza. Pero su misión fue casarse con Booz, un hombre poderoso y rico, y tener un hijo, Obed, el tatarabuelo de Jesús de Nazaret.

Dios llamó a María a ceder su cuerpo, su vida y su reputación para dar a luz al Hijo de Dios, hecho que decidió el futuro de la humanidad (Lucas 1.31).

Y usted también es una persona muy importante en el Reino de Dios. Los propósitos de Dios prevalecerán en su vida una vez que se haya rendido a su voluntad (Proverbios 19.21). Sus palabras bendecirán a sus hijos, sus acciones fortalecerán su matrimonio, su lealtad al llamado a la santidad le permitirá sentir su plenitud como mujer soltera, sus oraciones moverán montañas, y su carácter influirá en otros para la causa de Cristo.

En este libro, que es un diario de nuestro viaje para convertirnos en hijas del Rey, comenzará a descifrar su propósito divino.

Estudiaremos la voluntad de Dios para usted en las tres partes de su naturaleza: su alma, su espíritu y su cuerpo. En el próximo capítulo comenzaremos con su alma, emociones y sentimientos. Muchas de nosotras tenemos una autoestima muy baja. En ese capítulo aprenderemos sobre la impresión que Dios tiene de nosotras (¿no le parece que es más cierta que la nuestra, ya que Él es omnipotente y omnipresente?) Después le revisaremos su vida espiritual: su testimonio para Cristo y su relación con el Espíritu Santo. Por último, estudiaremos su naturaleza física, incluyendo sus objetivos, su sexualidad, incluso sus finanzas y hospitalidad.

El libro es interactivo, es decir que anotará sus pensamientos y experiencias mientras trabaja en los doce capítulos. Sugiero que haga un capítulo por semana. Lea el capítulo el primer día. Y luego complete los puntos de acción durante los siguientes tres o cuatro días de la semana.

PUNTOS DE ACCIÓN

La Palabra de Dios tiene que llevarse a la práctica. Nuestra salvación, la llenura del Espíritu Santo, el discipulado y cualquier otra faceta del caminar cristiano exigen que tomemos acción. Por eso, al final de cada sesión las adolescentes se dividían en grupos pequeños, y también las mujeres mayores durante nuestro segundo seminario. Durante ese tiempo trabajaban con las facilitadoras en los puntos de acción, ya que era muy importante que las chicas y mujeres que participaban del curso Mujer de Dios respondieran inmediatamente a lo que estaban aprendiendo.

Los puntos de acción al final de cada capítulo le ayudarán a aprender los conceptos presentados a cada paso del camino para convertirse en una mujer de Dios. Al final del libro tendrá una idea diferente de lo que es ser una hija del Rey. Vamos a emprender un viaje que espero que cambie su vida para siempre.

capítulo dos

 ↶⌒

Mi valor ante los ojos de Dios

*D*urante toda mi vida me he considerado inadecuada y poco atractiva. Mi padre y mi madre nunca me dijeron que era fea, pero me miraba en el espejo y me veía fea. Estaba demasiado delgada. (¡Ya he superado eso!) Tenía la nariz demasiado grande, los dientes demasiado torcidos, y el pelo demasiado rizado.

Crecí en las décadas de los sesenta y setenta, cuando estaba de moda el pelo liso. Las chicas se ponían rulos enormes o se enrollaban el pelo en latas de jugo de naranja. Yo no podía enrollar mi pelo en una lata de jugo, era demasiado rizado. Ni siquiera empecé a maquillarme hasta los diecisiete años porque pensaba que no había nada que realzar.

Si había una fiesta, era la que estaba en el rincón. Mi hermana Sandy era la que les decía a los chicos: «Hola, ya llegué. Vamos a bailar».

Sandy y yo fuimos a la misma escuela secundaria. Un día llegó a casa después de clase y nos dijo que la habían admitido en el Anchor Club, un club social para la elite. En aquel entonces, yo ya estaba en la universidad, pero me alegró mucho saber que había sido elegida para ese honor.

«¿Estuviste en el Anchor Club?», me preguntó.

«No. Estuve en el Club de Ciencias y en el Club de Español».

Su respuesta fue: «No dejes que nadie se entere de eso jamás».

Éramos dos personas diferentes, de la misma familia y de las mismas circunstancias, pero yo elegí verme fea. Ella eligió pensar: *Oye, amigo, si bailas conmigo, eres afortunado.*

Mis padres se dieron cuenta de mi problema, así que mi papá le pidió a mi mamá que hablara conmigo. Ella me decía: «Eres bonita». Y yo respondía: «Sí, mamá, dices eso porque eres mi mamá». No importaba lo que nadie me dijera.

Recuerdo una vez que mi papá estaba haciendo una barbacoa en el jardín y le pregunté: «Papá, ¿por qué Dios me hizo fea?»

«Él no te hizo fea. Detuvo todo el mundo y te hizo, y eres preciosa».

Pensé: *Papá me está mintiendo*.

Cuando estaba en escuela intermedia no usaba sostén. No porque fuera liberada, sino porque no había nada que sostener. Mi padre, de cariño, me llamaba *tabla de planchar*.

Mi madre decidió que de todos modos iba a usar sostén, uno con relleno, por supuesto. ¿Sabe lo difícil que fue encontrar la talla 28 AA?

Al día siguiente me lo puse y fui a clase con el cuaderno apretado fuertemente contra un lado del pecho. Finalmente, luego de quinto o sexto período, se me olvidó que llevaba puesto el sostén. Caminaba por el pasillo sin el cuaderno delante de mí, y todo el mundo me miraba el pecho.

Pensé: *A lo mejor he crecido*. Mi mamá decía que si te apoyas a ti misma, empiezan a pasar cosas. Bueno, pues miré hacia abajo. Cuando no tienes nada que poner dentro de una goma y presionas algo duro contra ella... Un lado tenía la forma bien hecha, el otro se metió hacia dentro.

Volé al baño, me quité el sostén y lo metí en el bolso.

Cuando regresé a casa mi madre estaba muy emocionada: «Entonces, ¿cómo te fue?».

Abrí la bolsa, le di el sostén y le dije: «No me lo voy a volver a poner».

Me veía fea.

Quizá usted también se haya visto fea. Quizá todavía le suceda.

VASIJAS CON GRIETAS

Comencé la sesión sobre la autoestima del curso de Mujer de Dios señalando dos objetos tapados que estaban en una mesa al frente del salón. «Fuimos hechas por el Alfarero», dije. «Él hizo una vasija muy, muy bella».

Entonces destapé el primer objeto: un hermoso jarrón con forma de urna y reflejos color oro viejo. Sostuve el jarrón en alto, para que todas lo vieran mientras decía: «Esto es una vasija. La crearon casi perfecta. Dentro hay una lámpara». Encendí una vela dentro del jarrón. Nada pasó. El mismo jarrón hermoso, pero no cambió en absoluto una vez que encendí la luz.

«Ustedes no pueden ver nada a través de esta vasija, ¿verdad?», les pregunté a las chicas. «Pero es una vasija perfecta. Se le puede echar agua... y se puede iluminar».

Después de eso destapé la segunda vasija, un duplicado de la primera, pero estaba rota y agrietada. Varias grietas eran grandes, triangulares; otras eran hendiduras pequeñas. «Y aquí tenemos otra vasija», les dije. «Rota, agrietada... ¿alguien se reconoce a sí misma?»

Después señalé las grietas. «Quizá esta es abuso sexual. Tal vez esa es abuso mental o verbal. Quizá esta es un aborto. Puede que esta sea un divorcio. ¿Quién sabe? Pero hay grietas profundas. Así que el diablo dice: "¿De qué sirve esto? Aquí no se puede echar agua; se perdería". Te han rechazado tanto que crees que ni siquiera Dios te quiere. Pero cuando te das cuenta que ya nada en el mundo puede herirte más, y finalmente te rindes a Jesucristo...» Dejé la frase en el aire mientras pedía que apagaran las luces.

Después encendí una vela dentro de la vasija. La luz parpadeó, después se sostuvo y brilló a través de la vasija. «¿Qué ven aquí?», les pregunté a las presentes.

Unas cuantas respondieron: «Luz».

—¿De dónde viene?

—De adentro —dijeron otras pocas.

—¿Y cómo? —les pregunté.

—¡Las grietas! —dijeron otras chicas—. Sale a través de las grietas.

—Eso es lo que vamos a hacer. Vamos a hacer un viaje para identificar las grietas y vamos a dejar que la luz de Jesucristo brille a través de esas grietas. Vamos a identificarnos en Cristo, no en una relación, no con un hombre, no con hijos. Nada más que con Cristo, porque cuando eso sucede nos fortalecemos en Él. Cuando eso sucede podemos identificar quiénes somos en Cristo y nos acercamos a la imagen que Él creó. Podemos cumplir el propósito que tiene con nosotras. Mi propósito es mostrarles la mujer tan bella que Dios creó — les dije—. ¿Cuántas de ustedes ven belleza cuando se miran al espejo?

Ninguna levantó la mano, ni tampoco cuando les insistí, diciendo: «No sean tímidas. Digan la verdad». Después pregunté: «¿Cuántas de ustedes se ven feas cuando se miran al espejo?» La mayoría de ellas levantó la mano.

«Satanás está usando esta debilidad para alejarlas de lo mejor de Dios para sus vidas», les dije. «Y ustedes, como yo, permiten que lo haga». Y también lo han hecho muchas de ustedes que leen este libro.

El famoso siquiatra Carl Jung afirmó:

> Aceptarse a uno mismo es la esencia del problema moral y la prueba con ácido de nuestro enfoque de la vida. Alimentar al mendigo, perdonar el insulto, amar al enemigo en nombre de Cristo sin duda alguna son grandes virtudes. Pero ¿qué pasaría si descubriera que el menor de ellos, el mendigo más pobre, el delincuente más descarado, sí, el propio demonio, todos están en mí, y necesito de mi propia amabilidad, pues soy el enemigo al que hay que amar? ¿Qué pasaría entonces?[1]

¿Es usted el enemigo al que hay que amar?

Ester era una huérfana judía, un virtual cero a la izquierda, educada por su primo Mardoqueo. Parecía no prometer nada. Pero el libro de Ester nos dice: «Y el rey amó a Ester más que a todas las otras mujeres, y halló ella gracia y benevolencia delante de él más que todas las demás vírgenes; y puso la corona real en su cabeza, y la hizo reina en lugar de Vasti» (2.17).

¿Por qué somos tan reacias a aceptar el favor de Dios en nuestra vida, como hizo Ester? No nos cuesta trabajo orar por las necesidades y deseos de otras personas, pero nos resulta muy difícil creer en las promesas de Dios para nosotras. ¿Será que creemos que no las merecemos?

NUESTRO VALOR ANTE LOS OJOS DE DIOS

Como ya mencioné, me pasé la vida luchando con problemas de autoestima. Cuando a los diecinueve años acepté a Jesucristo como mi Salvador, comenzó a mejorar mi opinión sobre mí misma. Pero cuando terminó mi período de «luna de miel» con Jesús volví a luchar, más que nunca, con problemas de autoestima. Cada vez que trataba de hacer algo para el Señor, Satanás me recordaba mi debilidad. Luchaba con mis insufi-ciencias. Satanás se aseguraba que recibiera confirmación de la gente que él controlaba para traerme su mensaje.

Poco antes de casarme, recibí una carta anónima que decía que iba a arruinar el ministerio de mi esposo porque «como méxico-americana, era ciudadana de segunda clase». La carta también decía que nadie iría a nues-tra iglesia por culpa de quién yo era. ¡Estaba devastada! Decidí no casarme con John por miedo de que mi acusador, enviado por el príncipe de las ti-nieblas, tuviera razón. Me siento muy agradecida que John Hagee me con-venciera de que las fuerzas del mal enviaron esa carta y que había que ignorarla. Le hice caso y me casé con uno de los dones más preciados que Dios ha provisto para mí.

Ahora miro nuestra congregación y la describo con orgullo como una «iglesia del pueblo», llena de piel morena, blanca, negra y amarilla (todos son pueblo de Dios) y amamos a cada uno de ellos.

Un domingo por la mañana mi esposo estaba predicando un sermón sobre la justicia. Como esposa del pastor, desempeño dos papeles al sen-tarme en el banco de la iglesia los domingos por la mañana. El primero y más obvio es el de ayuda idónea para mi esposo, que es pastor de diecisiete mil almas (y se requiere de mucho para atender sus necesidades).

Segundo, me siento como un miembro más de la iglesia, deseosa de es-cuchar la palabra fresca de Dios, que viene del púlpito. Aquel domingo en particular, estaba obviando su mensaje; la justicia era un tema que no po-día entender completamente. Debido a las enseñanzas doctrinales que tuve en la iglesia durante mi infancia, tenía dificultades para verme como la justicia de Cristo.

Mientras John trataba de ver si la gente de la congregación lo estaba si-guiendo para que pudieran entender la justicia de Dios, noté que su frus-tración aumentaba. De repente, vi en sus ojos que se le ocurrió una idea. Pidió que un voluntario subiera al altar y se pusiera enfrente de él. Enton-ces, describió con elocuencia a un pecador salvo por gracia que se acerca al trono de Dios con una petición. Dijo que enseguida Satanás se acerca al trono y comienza a hacer un recuento de todo lo que ha hecho el pecador para avergonzar y deshonrar el nombre de Jesús. Satanás le recuerda al pe-cador que es indigno de recibir nada bueno de Dios porque no lo merece.

Inmediatamente John consiguió captar mi atención. Me estaba describiendo. Aunque es mi marido, él no tenía idea de todas las inseguridades con las que luchaba casi a diario. Sólo Dios las conocía. Nunca he sido la típica esposa de un pastor. Fui salva a los diecinueve años y no recibí ningún entrenamiento teológico ni tuve un modelo que remotamente se asemejara a la esposa de un ministro. Cuando me casé con John sentí que estaba juramentando con un club femenino de estudiantes. Es triste contarlo, pero muy pronto empecé a creer que no estaba pasando el proceso de iniciación.

Las damas mayores de la iglesia se me acercaban y me preguntaban:

—¿Sabes tocar el órgano?

—No —les respondía tímidamente.

—Entonces seguro que tocas el piano.

—No, no sé tocar ningún instrumento.

(Estudié biología y que no se me ocurriera mencionar ese entrenamiento como un requisito para el ministerio.)

—Entonces seguro que tienes un ministerio como cantante —replicaban con un tono interrogativo que me intimidaba profundamente.

—No, la verdad es que no puedo seguir una melodía.

—Ya veo. Bueno, estamos impacientes por oírte enseñar a las mujeres de la iglesia. Estaba atrapada, y sabía que no estaba pasando el examen. Recuerdo que pensé: *Quizá pueda asistir a otra iglesia. Estoy segura que nadie me va a extrañar. No puedo contribuir en nada al ministerio de John.*

El gran adversario estaba consiguiendo lo que quería conmigo.

Algo que nunca olvidaré fue un incidente que sucedió cuando una mujer de nuestra iglesia se me acercó y me preguntó si podía hablar conmigo acerca de algo muy personal en su vida. Pensé: *¡Eso es! ¡Mi don es la consejería!* Le dije que sí inmediatamente. Pero me quedé atónita cuando empezó a relatarme sus escapadas sexuales. Mi marido era el único hombre con el que había salido. Era el único hombre que me había tomado la mano o besado, así que estaba en un territorio nuevo para mí.

Traté de no mostrar mi inexperiencia. Si la consejería era mi don de verdad, asumí que el Espíritu Santo me proporcionaría la respuesta apropiada.

Por fin, la pobre mujer terminó su letanía y esperó mi respuesta. Abrí la boca, esperando que me dieran las palabras perfectas para liberar a esta dama, que hacía que la samaritana se asemejara a una maestra de Escuela Dominical. No puedo creer lo que salió de mi boca. Sin pensarlo dije: «¿Hiciste todo eso?». ¿Dónde estabas, Espíritu Santo?

No hace falta que diga que eliminé otro don de la lista. No estaba preparada para hacer nada que enriqueciera el ministerio de mi esposo.

¿Sería posible que el mensaje de John sobre la justicia de Dios ese domingo por la mañana me liberara de mis sentimientos de inseguridad? Me senté en el borde del banco y escuché con todo mi ser.

Entonces John tomó una túnica blanca y la envolvió sobre los hombros de la persona que estaba frente a él. Siguió diciendo: «Cuando una persona viene al trono de Dios, Satanás comienza a acusarlo de todos los pecados que cometió. Pero el Padre responde en su sabiduría infinita: "No veo ningún pecado en este hombre, sino sólo la túnica blanca y pura de mi Hijo, Jesús. Veo la bondad de mi Hijo impartida a los que se llaman hijos míos. Veo la justicia de mi Hijo. Le concederé el deseo de su corazón"».

Dios no veía mi fealdad. No veía mis imperfecciones y los fracasos. Sólo veía la perfección de su Hijo. Yo llevaba puesta esa túnica. Tenía miedo de acercarme a mi Padre por miedo al rechazo.

Por fin comprendía la justicia de Dios. No era algo que hubiera hecho o dejado de hacer. La bondad del Hijo de Dios me concedía bendiciones. Me acerqué al altar y lloré mientras le pedía a mi Padre que me perdonara por rehusarme a recibir tantas cosas buenas de Él, por esperar merecerlas primero.

NUESTRA PERCEPCIÓN... ¡CORREGIDA!

Los sicólogos dicen que formamos opiniones acerca de nosotros mismos temprano en nuestra vida. Estas opiniones suelen desarrollarlas las experiencias positivas o negativas, los comentarios de otros acerca de nosotros o nuestra propia percepción. Nuestra sociedad nos ofrece modelos: estrellas del deporte, modelos de pasarela y artistas de cine. Comparamos nuestra valía con el nivel determinado por un mundo en el que los cristianos no forman parte.

Pero ni siquiera el mundo puede mantener su propio nivel de belleza.

Las mujeres gastan millones de dólares en cirugía plástica con médicos que alteran sus cuerpos para conformarlos al estándar de belleza. Las fotos de la «gente bonita» se retocan en las computadoras para crear la imagen de «personas perfectas». La imagen que presenta el mundo no existe. Es una ilusión, ¡una fachada! Pero tratamos de obtenerla porque nos miramos a través de los ojos de una sociedad muy secular, no con los ojos de un Creador que nos ama.

Estamos en el camino de la autodestrucción. Satanás no está en nuestra vida sólo para darnos un mal día. La Biblia dice que vino a «hurtar y matar y destruir» (Juan 10.10). Va a robar lo que Dios ya nos ha proporcionado de forma gratuita. Matará cualquier esperanza que exista en nuestro espíritu.

Nuestras inseguridades se manifiestan de muchas formas: inferioridad, insuficiencia, sentimientos de culpa, rechazo o indignidad. Estos sentimientos se transforman en características que no reflejan al Dios a quien pertenecemos. Alimentan el desprecio, los celos, el chisme y el espíritu de crítica. Cuando escuchamos la voz del padre de mentira avanzamos por un camino sutil pero destructivo.

El apóstol Pablo advirtió contra esto. Les dijo a los primeros cristianos: «Yo pues, preso en el Señor, os ruego que andéis como es digno de la vocación con que fuisteis llamados, con toda humildad y mansedumbre, soportándoos con paciencia los unos a los otros en amor» (Efesios 4.1-2).

Humildad significa aceptar, sin argumentar, todas las cosas que Dios dice sobre nosotras. La Palabra de Dios nos dice que, como hijas del Rey, somos benditas (Deuteronomio 28.1-14), somos fuertes en el Señor (Efesios 6.10), somos las primicias de la creación (Santiago 1.18) y somos la luz del mundo (Mateo 5.14). Esto es lo que dice Dios acerca de ti y de mí. Una vez que lo creemos, sin duda, podemos aceptarnos como somos.

Mansedumbre significa aceptar sin resistencia o amargura lo que Dios haga con nosotras. Esto nos permite aceptar a Dios y su propósito para nuestra vida.

Paciencia significa aceptar sin represalias lo que otros nos hagan. Esto nos permite aceptar a nuestros enemigos y perdonarlos de verdad.

Y soportarse significa aceptar a la gente con sus errores y diferencias. Esto nos permite aceptar a nuestros amigos y amarlos como a nosotros mismos.

Tenemos que vigilar nuestros pensamientos, porque se convertirán en nuestras palabras. Tenemos que vigilar nuestras palabras, porque se convertirán en nuestras acciones. Tenemos que vigilar nuestras acciones, porque moldearán nuestro carácter. Tenemos que aprender a vernos a través de los ojos de un Dios amoroso. Cuando vemos el potencial que Él ve, entonces nuestro carácter reflejará el suyo.

Cuando usted se detiene a pensar que Dios hizo el universo y todo lo que hay en él, se siente abrumada por su poder. Cuando se da cuenta que detuvo todo lo que estaba haciendo para crearla, se siente abrumada por su amor. Él hizo su rostro a su imagen para que lleve en sus ojos la luz del mundo. Creó su sonrisa para atraer a la gente hacia Él por el poder de su testimonio. La creó con un tacto suave para acariciar las sienes febriles de alguien amado. Diseñó sus rodillas para que se doblaran en oración para que pudiera interceder por los perdidos, y sus labios para que prorrumpieran en alabanzas al Padre. Usted es especial a los ojos de Dios porque Él la creó en poder, en pureza y en amor. Es especial porque Dios la creó como extensión suya. Él reconoce su grito y comprende sus deseos. Porque el hombre representa la imagen de Dios, pero la mujer representa su corazón.

Mientras finalizaba la primera sesión de Mujeres de Dios, recordé una oración escondida entre mis papeles, que libera la Palabra de Dios en nuestra vida. Esa noche, hicimos la oración, que titulé simplemente: «Libere la Palabra en su vida», como una proclamación de la provisión de Dios para nosotras. Les dije a las chicas que recurrieran a la oración cada vez que Satanás se acercara a ellas con palabras de acusación y desánimo. Y le pido lo mismo a usted. Lea la oración, que está en la página 35, y luego cópiela y colóquela en un espejo o en su Biblia.

El único prerrequisito que necesita para convertirse en una mujer de Dios es el deseo de vivir según la Palabra de Dios. Nuestro Dios ve los deseos de nuestro corazón mucho antes de oír nuestra voz. Sabe que deseamos agradarlo, y eso le agrada. Nos dará fuerzas cuando seamos débiles. Nos dará dirección cuando estemos confundidos. Jesús sonreirá cuando mencione nuestros nombres ante el Padre. Por mucho que le cueste creerlo, Dios no cometió errores al crearla. Usted es preciosa para Él, y cuanto más crea esa verdad, más bella será.

Y Él la ama tal como es. Escúchele hablándole directamente en esta carta:

Cuando creé los cielos y la tierra los llamé a existir. Cuando creé al hombre lo formé y soplé en su nariz aliento de vida. Pero a ti, mujer, te diseñé después de haber soplado aliento de vida en el hombre porque tus fosas nasales eran demasiado delicadas. Hice que el hombre se quedara dormido profundamente para poder diseñarte con paciencia y perfección. Hice dormir al hombre para que no interfiriera con la creatividad. Te formé de un hueso. Escogí el hueso que protege la vida del hombre. Elegí la costilla, que protege su corazón y sus pulmones y lo sostiene, así como tú debes hacer.

Te di forma alrededor de ese hueso. Te modelé. Te creé perfecta y bella. Tus características son como las de la costilla: fuerte, pero delicada y frágil. Provees protección para el órgano más delicado del hombre: el corazón. El corazón es el centro de su ser; sus pulmones guardan el aliento de vida.

La caja torácica dejará que la rompan antes de permitir que se le haga daño al corazón. Sostén al hombre igual que la costilla sostiene al cuerpo. No te tomé de sus pies para estar bajo él. Tampoco te tomé de la cabeza para estar sobre él. Te tomé de su costado para que estés junto a él, abrazada a su lado.

Eres mi ángel perfecto. Eres mi hijita preciosa. Te has convertido en una espléndida mujer de excelencia, y mis ojos se llenan al ver la virtud de tu corazón. No cambies tus ojos. Qué hermosos son tus labios cuando se abren para orar. La forma de tu nariz es perfecta. Tus manos son muy suaves. He acariciado tu rostro mientras duermes; he tomado tu corazón cerca del mío.

De todo lo que vive y respira, eres lo más parecido a mí. Adán caminó conmigo en el frescor del día, pero estaba solo. No podía verme ni tocarme. Sólo podía sentirme. Por eso diseñé en ti todo lo que quería que Adán compartiera y experimentara conmigo: mi santidad, mi fuerza, mi pureza, mi amor, mi protección y apoyo. Eres especial porque eres una extensión mía. El hombre representa mi imagen. La mujer, mis emociones. Juntos representan la totalidad de Dios.

Por eso, hombre, trata bien a la mujer. Ámala y respétala porque es frágil. Si la hieres, me estás hiriendo. Lo que le haces a ella me lo haces a mí. Al aplastarla, dañas tu corazón, el corazón de tu Padre y el corazón de su Padre.

Mujer, apoya al hombre. Muéstrale con humildad el poder de emoción que te di. En tranquilidad y amabilidad, muestra tu fuerza. En amor, demuéstrale que eres la costilla que protege su ser interior.

∽ Libere la Palabra en su vida ∽

Padre, en el nombre de Jesús me arrepiento de mi ignorancia de la Palabra de Dios. Perdóname por las cosas tan tontas que he orado.

En el nombre de Jesús ato toda palabra que Satanás liberó o que provocó que enfilara sus armas contra mí. Ato toda fuerza del mal a la que di valor con las palabras de mi boca. Rompo el poder de esas fuerzas espirituales en el nombre de Jesús.

Padre, en el nombre de tu Hijo, te pido que me guíes en sabiduría y entendimiento por medio de las Escrituras para poner en marcha todo lo que es bueno, puro, perfecto, amable y de buen nombre.

Me comprometo ante ti a orar con exactitud. Vigilaré mis palabras. Solamente quiero mencionar aquello que glorifica a Dios. No permitiré que ninguna palabra corrompida salga de mi boca, sino la que sea buena para edificar y ministrar gracia a los oyentes. No contristaré al Espíritu Santo de Dios, con el que estoy sellada para el día de la redención, sino que le daré gloria, honor y alabanza al Señor Jesús por todo lo que se hará.

Te doy gracias, Padre, porque soy el Cuerpo de Cristo. El enemigo no tiene poder sobre mí. Proclamo todo lo que es bueno, todo lo que es bendición de Dios, todo lo que está en la perfecta voluntad de Dios, todo lo que Dios diseñó para mí llegará hasta mí en el nombre de Jesús.

Con el nombre de Jesús y con las palabras de mi boca se detendrán todos los malos informes del maligno, todo lo que el enemigo diseñó para engañarme, confundirme, destruirme a mí, mi hogar, mi matrimonio, mis hijos o mis finanzas.

Soy bendita en la ciudad y bendita en el campo. Soy bendita en los cestos y bendita en la tienda. Soy bendita al entrar y al salir. Dios proveerá casas que no construí, pozos que no hice y viñas que no planté. Soy la cabeza y no la cola. Estoy arriba, no abajo. El Dios poderoso me bendice y me fortalece con todo poder según su gloriosa fuerza. Aquel que es Grande está en mí; me levantará por encima de mis enemigos. El Espíritu de la verdad está en mí; me da sabiduría divina, dirección divina, entendimiento divino para cada situación y circunstancia de la vida.

Tengo la sabiduría de Dios.

La mano de Dios está sobre mí. Él ensanchará mi territorio. Me librará del mal y me guardará de causarle dolor a otros.

Te doy gracias, Padre, porque el Espíritu de Dios me guía. Tengo la mente de Cristo, y la sabiduría de Dios está dentro de mí. En el nombre de Jesús. Amén.

ℰ⌒ PUNTOS DE ACCIÓN:
MI VALOR ANTE LOS OJOS DE DIOS

1. Vuelva a recitar la oración «Libere la Palabra en su vida», que aparece en este capítulo en la página 35. Es fundamental que guarde la Palabra en su corazón, mente y alma para ganar la batalla que Satanás ha preparado contra usted.

> En mi corazón he guardado tus dichos,
> para no pecar contra ti.
> Bendito tú, oh Jehová;
> enséñame tus estatutos.
> Con mis labios he contado
> todos los juicios de tu boca (Salmo 119.11-13).

2. Haga una lista de todos los rasgos que tiene que le parecen feos. Es importante desarmar a Satanás, el acusador, e identificar los problemas de autoestima que la atacan diariamente.

———————————————

———————————————

———————————————

———————————————

Recuerde ahora este pasaje de las Escrituras que describe el destino final de Satanás, el mentiroso que usa esos pensamientos para interferir con todo lo que Dios tiene para usted.

> Entonces oí una gran voz en el cielo, que decía: Ahora ha venido la salvación, el poder, y el reino de nuestro Dios, y la autoridad de su Cristo; porque ha sido lanzado fuera el acusador de nuestros hermanos, el que los acusaba delante de nuestro Dios día y noche (Apocalipsis 12.10).

3. Haga una lista de las cosas que le parecen bellas de usted. Esta es una de las listas más difíciles de hacer, porque muchas de nosotras somos reacias a pensar que hay algo de belleza en nosotras. Tenemos que confesar con nuestra boca los atributos que Dios nos dio para bendecir a la gente que nos rodea y para lograr su propósito en nuestra vida.

_____

_____

_____

_____

Ahora, reafirme estos dones, viéndose como Dios la ve:

Todo lo hizo hermoso en su tiempo; y ha puesto eternidad en el corazón de ellos, sin que alcance el hombre a entender la obra que ha hecho Dios desde el principio hasta el fin. Yo he conocido que no hay para ellos cosa mejor que alegrarse, y hacer bien en su vida (Eclesiastés 3.11-12).

Vuelva a leer la «carta de Dios» en las páginas 33-34. Este es otro ejemplo de cómo Dios la ve.

Haga esta oración:

Padre, te alabo en el nombre de tu Hijo, Jesucristo. Te pido que me reveles todo lo que me ha causado daño para que pueda ponerlo bajo la sangre de tu Hijo. Padre, muéstrame cómo verme a través de tus ojos. Prometo hablar sólo cosas acerca de mí que honren tu creación. Reconozco que me creaste maravillosamente a tu imagen. Nada que haya sucedido en mi pasado, nada que se haya dicho de mí para causarme dolor volverá a estorbar mi vida. Soy bella. Soy la hija del Rey. Amén.

4. Lea el capítulo 1 del libro de Ester.

capítulo tres

No me avergüenzo del evangelio

¿Qué hace cuando encuentra un producto nuevo que de verdad limpia los restos de jabón de la puerta de la ducha? ¿Se queda callada o llama a su madre y grita con la satisfacción de un minero que busca oro: «¡Eureka! Lo encontré»?

¿Qué pasa cuando encuentra una crema milagrosa que de verdad reduce las arrugas, y no inflama los ojos hasta que ya no puede ver las pestañas? ¿Se guarda ese tesoro para sí o llama a su mejor amiga, que está envejeciendo como usted, para compartir este increíble hallazgo?

Si ve una película fabulosa que la hace sentir genial, ¿no le dice a todo el mundo que vaya a verla?

Desde un punto de vista más espiritual, ¿qué pasa cuando lee un libro de un erudito de la Biblia que ha cambiado su actitud hacia la vida? ¿Lo esconde bajo la almohada o va a su estudio bíblico con varios ejemplares para regalárselos a sus amigos?

Usted, como el resto de nosotras, probablemente hace todo lo descrito arriba. Entonces ¿por qué cuando aceptamos a Cristo como nuestro Salvador tenemos tantas dificultades para testificarles a otros acerca del poder salvador de nuestro Dios? ¿No creemos que vale la pena compartirlo con otros? ¿Creemos que es un Dios que se puede meter en un archivo etiquetado con «Sólo los domingos»? ¿Nos sentimos intimidadas al hablar de Dios en público? ¿Nos da miedo parecer tontas y que aquellos a quienes les testificamos nos rechacen?

En mi vida, esta última razón era más recurrente que las otras. Como discípulos de Jesús, somos sus representantes desde el mismo instante en que lo aceptamos como Salvador. Pero no aprovechamos la oportunidad de compartir nuestro testimonio cuando se presenta la ocasión. El apóstol Pablo describió una vida que de verdad Cristo había cambiado:

> Si en verdad le habéis oído, y habéis sido por él enseñados, conforme a la verdad que está en Jesús. En cuanto a la pasada manera de vivir, despojaos del viejo hombre, que está viciado conforme a los deseos engañosos, y renovaos en el espíritu de vuestra mente, y vestíos del nuevo hombre, creado según Dios en la justicia y santidad de la verdad. Por lo cual, desechando la mentira, hablad verdad cada uno con su prójimo; porque somos miembros los unos de los otros. Airaos, pero no pequéis; no se ponga el sol sobre vuestro enojo, ni deis lugar al diablo. (Efesios 4.21-27)

Pero no siempre reflejamos esta imagen. A causa de nuestra naturaleza carnal tratamos de agradar a la gente. Queremos gustarle a la gente y queremos que la gente quiera estar a nuestro lado. Tarde o temprano, el Señor le dará a escoger: ¿Quiere agradar a la gente o agradar al Padre?

Hace varios años me encontraba en una zona muy cómoda en mi caminar con el Señor. Estaba satisfecha. Llevaba quince años casada, y las damas de la iglesia que querían que fuera concertista de piano o cantante de arias se habían marchado hacía mucho. La gente de nuestra iglesia sabía que amaba a mi esposo y quería a mis hijos. A casi todos los había invitado a cenar a nuestra casa alguna vez, me gozaba con ellos en las dedicaciones de bebés y en las bodas o lloraba con ellos cuando enterraban a sus seres queridos. Nadie ponía en duda mi amor por ellos. Tenía un sentido de pertenencia. Se imaginará que Dios eligió esa época para llevarme a otro nivel, a un nivel al que no quería llegar.

Una hermosa mañana de primavera estaba en la isla de San Simón, en el estado de Georgia, con mi esposo. Lo había acompañado a un compromiso en la iglesia de unos buenos amigos nuestros, y nos alojamos en una casa de campo muy agradable frente al Océano Atlántico. El tiempo que pasamos allí fue casi como estar en el cielo, tan cerca, que Dios decidió comunicarse conmigo de una forma muy directa.

Estaba sola, pues mi esposo fue a ministrarle a una persona en la iglesia, y sostenía una de mis conversaciones familiares con Jesús. Podía percibir que Él quería que hiciera más en el sentido de hablar en nuestra iglesia, pero yo no estaba cooperando. De hecho, estaba haciendo una lista de todas las razones por las que no podía lograr esa tarea cuando escuché que llamaron a la puerta. Era el hijo del pastor. Había venido para despedirse y para darle las gracias a mi esposo por una oración de bendición que habían compartido. Le dije que mi esposo no estaba disponible. Cuando ya se daba la vuelta para marcharse me dijo algo que me hizo pensar que Dios no siempre juega limpio con sus hijos.

—Sra. Hagee, ¿usted sabía que John Wesley vivió en esta zona?

—No, no lo sabía —le respondí educadamente, preguntándome por qué había vuelto para explicarme ese poquito de historia de la iglesia.

—Sí, señora. Era un gran evangelista y quería que todo el mundo conociera a Jesucristo.

Me pregunté: *Señor, ¿le has contado a este pobre chico acerca de mi obstinación?*

El muchacho, sin darse cuenta de mi expresión de asombro, continuó: «Tenía una frase favorita; algo así como "Todos los días me enciendo con el entusiasmo de la Palabra, y la gente viene de cerca y de lejos sólo para ver cómo ardo". Pensé que a lo mejor le gustaría saber esto... Que tengan buen viaje». Con eso se dio vuelta y se marchó.

Cerré la puerta y me eché a llorar. ¿Qué razón podría darle al Señor para no compartir con otros lo que Él ha hecho en mi vida? ¿Que no había estudiado exégesis doctrinal? Esa excusa no me parecía suficiente.

La verdadera razón es que tenía miedo de avergonzar a Dios. El solo hecho de pensar en cometer algún error al explicar su Palabra me abrumaba tanto que no había hecho todo lo que podía. ¿Cómo podría Dios perdonarme?

Lo hizo. Siempre lo hace. Me acerqué a Él igual que lo hizo David, con un espíritu de arrepentimiento. Él conocía mi corazón y mi deseo de agradarle. Él sabía que ahora quería agradar al Padre. Podía sentir que me rodeaba con sus brazos fuertes, diciéndome que me ayudaría en cada paso del camino.

¡Estaba agotada! (Suele pasar cuando se lucha con Dios.)

Pero al mismo tiempo tenía un espíritu renovado porque sabía que Él y yo llegaríamos lejos, a lugares en los que nunca había estado. Lugares que Él eligió y senderos que sólo Él conocía. Lo único que tenía que hacer era seguir al Pastor que había prometido no abandonarme ni dejarme, incluso hasta el fin de la tierra.

LA GRACIA SALVADORA DE DIOS

Para poder testificar de la salvación de Dios debe estar segura que está salva y que su nombre está escrito en el Libro de la Vida del Cordero. Le puedo preguntar a una persona «¿Eres salva?», y nueve veces de diez contestará que sí. Pero si le pregunto a esa misma persona «¿Has orado para aceptar a Cristo? ¿Estás completamente segura de que tu nombre está escrito en el Libro de la Vida?», rara vez la contestación es afirmativa.

¿Por qué? Por la simple razón de que nunca ha recibido a Cristo en su corazón. La salvación no es una doctrina denominacional o una herencia familiar. Es una experiencia *personal*.

A todas las asistentes a mi curso les doy la oportunidad de orar para recibir a Cristo, si es que tienen dudas sobre su salvación, y a usted, lectora, le doy la misma oportunidad.

Primero, tiene que arrepentirse de sus pecados. Medite en su vida y en todo lo que hay en ella que entristece a Dios. Haga una lista de esas cosas.

_____

_____

_____

_____

_____

Ahora, lea estos versículos mientras piensa en cómo se siente Dios acerca de esos pecados:

Al ver él que muchos de los fariseos y de los saduceos venían a su bautismo, les decía: ¡Generación de víboras! ¿Quién os enseñó a huir de la ira venidera? Haced, pues, frutos dignos de arrepentimiento; y no penséis decir dentro de vosotros mismos: A Abraham tenemos por padre; porque yo os digo que Dios puede levantar hijos a Abraham aun de estas piedras. Y ya también el hacha está puesta a la raíz de los árboles; por tanto, todo árbol que no da buen fruto es cortado y echado al fuego (Mateo 3.7-10).

Así que, arrepentíos y convertíos, para que sean borrados vuestros pecados; para que vengan de la presencia del Señor tiempos de refrigerio (Hechos 3.19).

¿Está usted comprometida a darle la espalda al pecado? Si es así, está lista para dar el segundo paso: creer que Jesucristo murió por sus pecados. Él ha pagado el precio por los momentos en que usted falló. Si le pide perdón se lo dará sin restricciones. La Biblia es muy clara:

Pues mucho más, estando ya justificados por su sangre, por él seremos salvos de la ira. Porque si siendo enemigos fuimos reconciliados con Dios por la muerte de su Hijo, mucho más, estando reconciliados, seremos salvos por su vida (Romanos 5.9-10).

Entréguele esos pecados y sienta su amor y perdón en su corazón. Después, pídale que venga a su vida. Él es la puerta al Padre. El mismo Jesús dijo: «Yo soy la puerta; el que por mí entrare, será salvo; y entrará, y saldrá, y hallará pastos» (Juan 10.9). Y el apóstol Juan les dijo más tarde a los primeros cristianos: «Todo aquel que niega al Hijo, tampoco tiene al Padre. El que confiesa al Hijo, tiene también al Padre» (1 Juan 2.23).

Tome un momento para pedirle al Señor Jesús que sea parte de cada día de su vida. Cuando esté lista, recite la siguiente oración de salvación:

Señor, te pido perdón por mis pecados, tanto conocidos como desconocidos. Te pido que me aceptes como tuya y que inscribas mi nombre en el Libro de la Vida del Cordero. De hoy en adelante voy a leer y a obedecer tu Palabra. Por la sangre de la cruz soy perdonada. Mis pecados están enterrados en el mar del perdón, y no los recordarás más. Ahora soy hija de Dios, y Jesucristo es el Señor de mi vida. Amén.

Ahora su nombre está escrito en el Libro de la Vida del Cordero. Nadie puede borrarlo. Usted es de Dios. Pasará la eternidad con el Padre en el cielo.

Una vez que sea redimida, su obligación es redimir a otros con su testimonio, un testimonio que no teme dar acerca de un Dios del que no se avergüenza. Antes de abandonar esta tierra, Jesús les dio este mandato a sus discípulos:

Por tanto, id, y haced discípulos a todas las naciones, bautizándolos en el nombre del Padre, y del Hijo, y del Espíritu Santo; enseñándoles que guarden todas las cosas que os he mandado; y he aquí yo estoy con vosotros todos los días, hasta el fin del mundo. Amén (Mateo 28.19-20).

Jesús dio este mandato para todos sus seguidores, antes y ahora. Es muy importante que sepa que tiene la responsabilidad de ser obediente y de dar su testimonio para traer a otros al conocimiento salvador de Jesucristo. Pero no es su responsabilidad si la persona oye el testimonio y se niega a recibir al Señor Jesús como Salvador. Esta persona eligió rechazar a Cristo. Dios les concedió ese derecho a los seres humanos. Desde el jardín del Edén las mujeres toman decisiones para su bien o para su mal. No todas se decidirán por Cristo, pero quizá se sorprenda de cuántas sí lo harán.

UN MOMENTO SORPRENDENTE

Hace unos cinco años Dios me volvió a dar otra lección importante. Mi esposo estaba ministrando en Bogotá, Colombia. Los cultos de la iglesia se celebraban en un estadio, ¡porque el número de miembros sobrepasaba los 125.000! Cuando vi a esas miles de personas alabando a Dios con total desenvoltura, me avergoncé de la forma desapasionada en que alababan las iglesias americanas. ¡A la gente no le importaba quién los estuviera mirando! ¡No le importaba quién estuviera junto a ellos! Le estaban mostrando a su Padre celestial su amor absoluto y adoración por Él en la pureza de su alabanza.

En ese instante me di cuenta de que Dios me estaba revelando algo acerca de mí. Había estado tan preocupada tratando de conseguir la aprobación de la gente que había fallado en expresar totalmente el amor que siento por Cristo por miedo a parecer ridícula. Era culpable de la alabanza y adoración que le había negado a mi Padre.

Cuando regresamos a San Antonio, mi esposo le pidió a los líderes de nuestra iglesia que nos habían acompañado a Bogotá, que compartieran su experiencia con la congregación. Hice algo que nunca había hecho. Le pregunté a mi esposo si me podía sentar en la tarima y participar en el culto.

—¿Qué quieres decir? —me preguntó.

—No sé, la verdad es que no lo sé.

Con fe ciega me permitió sentarme en la tarima, sin saber lo que yo quería. Él no suele hacer eso, porque cuida mucho lo que se dice o se hace desde su púlpito. Al mirar atrás, comprendo lo sensible que fue mi esposo al Espíritu Santo. Pudo percibir que Dios estaba tratando conmigo.

Había doce hombres sentados con nosotros en la tarima. *¿Qué hago aquí?* Dios no me lo había dicho aún. *A lo mejor me puedo bajar de la tarima, y nadie se dará cuenta,* pensé. No fui tan agraciada. Ya casi era mi turno para hablar. Traté de pensar en alguna frase muy profunda que conmoviera mucho a la congregación. No tenía nada. ¡Nada en absoluto!

Mi corazón latía fuerte mientras dos mil personas me miraban. Pensé que el Señor me había abandonado. Como si estuviera dentro de otro cuerpo, tomé el micrófono y me dirigí hacia el púlpito.

De repente, el Señor me habló, pero pronto me di cuenta que no quería oír lo que me tenía que decir. *Quiero que grites «¡Aleluya!» lo más alto que puedas,* fue su clara instrucción.

Seguro que esta no era la voz del Señor. ¿Por qué iba a querer ponerme en ridículo delante de mi iglesia? Me volteé a mirar a mi esposo. A lo mejor él me rescataba. ¡Nada de eso! Me hizo una seña de que dijera algo.

Miré hacia el frente y dije: «El Señor me ha dicho que les diga esto». Decidí hacerlo a Él responsable de mis acciones. Respiré profundamente y grité con voz de trueno: «¡Aleluya!».

La congregación se quedó atónita. Miré a mi esposo, y estaba totalmente pasmado. Dios me dio más palabras, que salieron de mi boca como agua viva. Miré hacia la pasmada congregación y hablé de todo corazón.

«Temía que si expresaba totalmente mi amor por Cristo me pondría en ridículo, y ustedes no me aprobarían. Me equivoqué. Le pido al Señor que me perdone, y también les pido a ustedes que me perdonen. Tengo que obedecer al Señor en todo lo que quiere que haga. Si me veo ridícula, que así sea. Quiero ser ridícula por la causa de Cristo».

Entonces, me senté.

La congregación se puso en pie y aplaudió, no tanto por lo que dije, sino por lo que hice. Había obedecido a Dios. Jesús y yo estábamos en otro viaje. Me sentía débil por la emoción, pero confiaba que había dado un paso más en el camino del crecimiento espiritual.

Aquella semana llevé a seis personas al conocimiento salvador de Jesucristo. Hablé sobre el amor de Dios con personas desconocidas en el hospital, en aviones y en cualquier lugar en que viera una oportunidad para ello. Así de fácil como les compartí el evangelio, ellos oraron para aceptar a Cristo. ¿No es característico de Dios besar a su hija en la frente para confirmarle que va por el buen camino?

Nuestro Dios es un Dios bueno. Quiere que prosperemos en todas las cosas. Lo llamo el Dios de las dos alternativas. Pone ante nosotros la vida y la muerte y nos dice que elijamos la vida. Pone ante nosotros bendiciones y maldiciones y nos dice que elijamos bendiciones. Quiere lo mejor para nosotros. Recibimos lo mejor de Él si lo obedecemos. Le pido a usted que obedezca su deseo de convertirla en pescadora de almas perdidas. Una vez que lo haga, su vida valdrá mucho más que los rubíes. Será una valiosa compañera con Cristo mientras juntos llevan a los perdidos ante el trono de un Dios amoroso. Escoja agradar al Padre.

Oro que se alce en usted una pasión que atraiga a los perdidos y ellos sientan celos de lo que usted tiene en Él. Oro que se encienda diariamente con el entusiasmo de la Palabra de Dios, para que la gente venga de cerca y de lejos sólo para ver cómo arde.

🖋 PUNTOS DE ACCIÓN:
NO ME AVERGÜENZO DEL EVANGELIO

Esta semana va a escribir su testimonio, que es la historia de la obra de Dios en su vida. Se sorprenderá de todo lo que el Espíritu Santo le hará recordar cuando piense en todo lo que Dios ha hecho por usted. Use los siguientes pasos para crear un testimonio que resulte fácil de dar. No tiene po2r qué ser largo; puede ser breve y al grano.

1. Mi vida antes de Cristo.

Antes de empezar, le voy a dar mi testimonio como ejemplo:

Nací en una familia mexicana católica. Íbamos a misa con regularidad y cumplíamos con todos los sacramentos de la iglesia. Era una «niña buena» según el estándar de la iglesia. Mi padre era muy estricto en casa, y yo era la mayor de tres hermanas y un hermanito. No teníamos oportunidades de desobedecer. Recuerdo que era tan aburrida que me llegué a inventar pecados que confesar para poder hacer la comunión.

Al crecer, nunca hice muchas preguntas sobre Dios. En lo que a mí concernía, era salva. Era una buena persona, no tenía que preocuparme de nada. Cuando tenía diecinueve años me hicieron una pregunta que cambiaría mi vida para toda la eternidad: «¿Has orado para aceptar a Cristo?»

Nunca había oído esa pregunta antes. De repente comenzó a librarse una batalla en mi mente. Una voz me decía: *No hagas esa oración tan tonta. Ya estás salva. No pierdas el tiempo.*

Al instante, oí la orden contraria: *Haz la oración, Diana. No tienes nada que perder. Una vez que hagas esta oración no volverás a ser la misma.*

Decidí orar para aceptar a Cristo. Inmediatamente hubo una explosión dentro de mí. Supe que había estado perdida y sin arrepentimiento. Había equiparado la salvación a una vida buena. Me había equivocado. Dios, en su infinita gracia, me envió alguien para que me guiara en oración hasta la cruz de su Hijo. Desde ese día hasta hoy no he vuelto a ser la misma.

Ahora, escriba el testimonio de cómo era su vida antes de Cristo.

_____

_____

_____

_____

_____

_____

2. Mi vida después de Cristo.

Le voy a volver a dar mi testimonio antes de que escriba el suyo.

Después de mi salvación mi vida exterior no cambió mucho, pero mi actitud hacia mí misma cambió de forma dramática. Siempre había tenido una opinión muy baja acerca de mí. Era tímida y muy callada en público por temor a llamar la atención y que me rechazaran. Cuando recibí a Cristo, supe que era importante para Él, tan importante que murió en la cruz por mí. Entonces comencé un viaje que me llevaría a lugares en los que nunca había estado, un viaje que crearía en mí una autoestima que provenía del trono de un Dios amoroso.

Un cambio muy importante que hubo en mi vida fue la forma en que hablaba con Dios. Ya no recitaba frases memorizadas; de verdad hablaba con Dios. Por medio de su Hijo, tenía acceso directo al trono. No importa qué me preocupaba, Él lo sabía al instante. Ya no tenía miedo de pedirle que proveyera para mis necesidades. Ya no era un Dios distante. Era el Dios de ahora. Estaba ahí para mí de una forma que nunca habría creído posible.

Escriba ahora el testimonio de su vida después de Cristo.

_____

_____

_____

_____

_____

_____

_____

_____

Termine su testimonio con dos preguntas: «¿Alguna vez le ha sucedido lo mismo?» y «¿Ha orado para recibir a Cristo?»

3. Piense en alguien a quien le gustaría llevar a Cristo. Practique en cómo llevar a esa persona hasta la oración descrita en este capítulo. Créa-

me; necesita aprendérsela porque una vez que se haya rendido a Cristo, Él atraerá a los perdidos a usted. Una mujer de Dios nunca se avergüenza del evangelio; una hija del Rey siempre está lista para guiar a los perdidos hasta Cristo.

Haga esta oración:

Padre, dame confianza para dar mi testimonio a otros. Permíteme mostrar el amor que me has mostrado incondicionalmente. Dame la pasión que hará que los perdidos se sientan celosos por lo que tengo en ti. Comienza con mi familia, Señor. Permite que tu luz brille por todas las grietas de mi vida. Usa mi testimonio para llevar a otros a la vida eterna. Amén.

4. Lea el capítulo 2 del libro de Ester.

capítulo cuatro

El Espíritu Santo y yo

*E*fesios 5.18 nos ordena a ser «llenos del Espíritu». Existe una gran controversia acerca de cuándo, cómo y por qué sucede ese fenómeno. Creo que mientras exista la raza humana habrá un conflicto en torno a este tema. Tengo una solución muy simple. Vaya a la Palabra de Dios y pídale al Padre que le revele su Espíritu Santo de una forma íntima y personal. Lo que tiene que preguntarse en la privacidad de su oración es esto: *¿Tengo todo lo que quiero de Dios?*

Mi esposo le planteó a un rabí ortodoxo de nuestra ciudad una pregunta común pero compleja: «¿Qué piensa *usted* sobre la Palabra de Dios?» Su respuesta fue simple pero profunda.

Comenzó a hablar de lo íntimo del corazón y desde algo que es un don escaso: la experiencia personal: «La Palabra de Dios es el protoplasma de todo lo que vive. Es la base de toda la creación. La Palabra fue dicha y surgió la vida».

«También hay una dinámica en la Palabra. Sabe lo que necesitas en todo momento. En el alfabeto hebreo las letras saltan hacia arriba como lenguas de fuego. Esto representa la dinámica de la Palabra. Nunca es estática. Por eso puedes leer algo un día y significa algo para ti, y lees el mismo pasaje de la Escritura al día siguiente y significa algo totalmente distinto. Suple las necesidades del individuo en el momento indicado. La Palabra tiene poder. La Palabra tiene discernimiento. La Palabra de Dios está viva».

Nunca olvidé esta descripción de la Palabra de Dios. Si Dios tiene todo el poder en el cielo y en la tierra, entonces su Palabra, por medio del Espíritu Santo, puede dirigirme en todos los caminos y proporcionarme todo.

Soy una persona muy práctica. Quiero saber qué es lo que Dios quiere que sepa. Quiero tener todo lo que quiere que tenga. Quiero hacer lo que Él quiere que haga. Si hay más de Él, entonces lo quiero. De una cosa estoy segura: cuanto más lo conozco, puedo reconocer mejor su voz y hacer su voluntad.

Derek Prince enseña que la salvación es simplemente la base del caminar cristiano. Cuando alguien construye una casa, prepara el suelo para los cimientos. Entonces coloca los cimientos. Pero el constructor no termina ahí. Antes de mudarse a esa casa le pone paredes, techos y tejado. Todas son partes vitales e individuales de un hogar, sin embargo todas contribuyen a hacer que el hogar marche bien. La salvación es su cimiento. La llenura del Espíritu Santo y el fruto del Espíritu edifican su casa espiritual. Usted vive en esta casa; todas estas partes hacen que su caminar cristiano sea efectivo.

Derek Prince tiene excelentes enseñanzas sobre el Espíritu Santo en su libro *The Spirit-Filled Believer's Handbook*[1] [Manual para el creyente lleno del Espíritu Santo]. Voy a compartir aquí varios de sus pensamientos para ayudarla a equiparse en su viaje a convertirse en una mujer de Dios.

La primera pregunta que nos haremos es esta: ¿Hay alguna diferencia entre los primeros resultados de la salvación y los primeros resultados del bautismo del Espíritu Santo? Comparemos estas experiencias para ver si es así.

EL RESULTADO DE LA SALVACIÓN: AUTORIDAD

El primer resultado que vemos cuando nacemos de nuevo es *autoridad*. Juan habló de esta autoridad en su Evangelio:

> Mas a todos los que le recibieron, a los que creen en su nombre, les dio potestad de ser hechos hijos de Dios; los cuales no son engendrados de sangre, ni de voluntad de carne, ni de voluntad de varón, sino de Dios (Juan 1.12-13).

Cuando recibimos a Cristo como Salvador, aceptamos también en Cristo la naturaleza de Dios mismo. Este milagro se conoce como nuevo nacimiento o nacer de nuevo. A cambio de eso, el creyente recibe la autoridad de Cristo. Usted es una hija del Rey, por lo tanto, tiene la autoridad del Rey. Tiene autoridad sobre el pecado y la tentación. Es vencedora. Esta es su misión. Pero la autoridad no siempre le confiere al creyente la habilidad de hacer *todas* las cosas. Eso se logra con el poder. ✍

EL RESULTADO DEL BAUTISMO DEL ESPÍRITU SANTO: PODER

Desde el momento de la resurrección de Cristo, los primeros discípulos fueron vencedores. Tenían autoridad sobre el pecado y las tentaciones de la vida diaria. No obstante, hubo pocos cambios en la vida de los habitantes de Jerusalén después de la resurrección de Cristo. Esto cambió justo después de la venida del Espíritu el día de Pentecostés. Pocas horas después de que los discípulos recibieran el bautismo del Espíritu Santo de Dios, más de tres mil incrédulos se convirtieron y se bautizaron.

¿A qué se debió ese cambio? ¿Por qué los discípulos tuvieron un impacto tan grande en la gente que escuchó su testimonio? *A la autoridad se le añadió poder.* Pablo habló de ese poder en 1 Corintios 4.20: «Porque el Reino de Dios no consiste en palabras, sino en poder». Este poder hizo eficaz la autoridad que poseían los apóstoles. Este poder tuvo un impacto enérgico y explosivo en los incrédulos que había a su alrededor.

Vea la descripción que hace Lucas de esta escena en el libro de Hechos:

Cuando hubieron orado, el lugar en que estaban congregados tembló; y todos fueron llenos del Espíritu Santo, y hablaban con denuedo la palabra de Dios (4.31).

Y con gran poder los apóstoles daban testimonio de la resurrección del Señor Jesús, y abundante gracia era sobre todos ellos (4.33).

Como cristianos, podemos ver con facilidad los rasgos de autoridad en nuestra vida cuando nacemos de nuevo. Le damos la espalda a nuestra naturaleza pecaminosa, vamos a la iglesia y evitamos las tentaciones de esta vida. Pero no impactamos las vidas de otros. Nos falta poder.

Y un beneficio del bautismo del Espíritu Santo es el poder que se añade para testificarles a otros.

1. EL PODER PARA SER UN TESTIGO EFICAZ

Todos nosotros heredamos este poder mediante el bautismo del Espíritu Santo. Por tanto, una diferencia importante entre la salvación y la llenura del Espíritu es el poder. Si Dios sabía que cuando aceptamos a su Hijo necesitábamos su autoridad para ser vencedores, tamb2ién sabía que necesitábamos fuerza adicional para ser testigos eficaces.

Uno de los propósitos del bautismo del Espíritu Santo es ser un testigo eficaz para Cristo. Otro propósito tiene que ver con la vida de oración del creyente.

2. EL PODER PARA ORAR DE ACUERDO A LA VOLUNTAD DE DIOS

Pablo les dijo a los cristianos de Roma:

> Y de igual manera el Espíritu nos ayuda en nuestra debilidad; pues qué hemos de pedir como conviene, no lo sabemos, pero el Espíritu mismo intercede por nosotros con gemidos indecibles. Mas el que escudriña los corazones sabe cuál es la intención del Espíritu, porque conforme a la voluntad de Dios intercede por los santos (Romanos 8.26-27).

Para mí, esto es parte integral de mi caminar cristiano. Muchas veces he llegado a encrucijadas donde no he sabido cómo orar. En esos casos, mi único guía ha sido la tercera persona de la Trinidad, el Espíritu Santo. Él vive en mí. Puedo orar hasta cierto grado con mi conocimiento y habilidad; lo sobrenatural me lleva más allá de este punto. Cuando oro en un nivel capacitada por el Espíritu Santo, puedo desviar mis emociones, mis opiniones y mis deseos para orar con discernimiento. Pablo habló de la oración sobrenatural varias veces en las Escrituras:

Gozosos en la esperanza; sufridos en la tribulación; constantes en la oración (Romanos 12.12).

Pero vosotros, amados, edificándoos sobre vuestra santísima fe, orando en el Espíritu Santo (Judas 1.20).

Orando en todo tiempo con toda oración y súplica en el Espíritu, y velando en ello con toda perseverancia y súplica por todos los santos (Efesios 6.18).

Orad sin cesar. […] No apaguéis al Espíritu (1 Tesalonicenses 5.17, 19).

No siempre puedo orar continuamente o sin cesar en mis propias fuerzas, pero con el Espíritu de Dios viviendo en mí puedo hacer *todas* las cosas.

Muchas veces me río cuando cuento la historia de una dama, miembro de la iglesia, que una tarde me vio en el supermercado. Cuando se me acercó para saludarme, se dio cuenta que estaba hablando sola. Estaba tan llena de fervor que no se atrevió a decirme nada, así que siguió con su compra. Más tarde, en un estudio bíblico, les expliqué a las mujeres que muchas veces oro en el Espíritu cuando hago mis tareas diarias, como limpiar la casa o hacer la compra. Eso tranquilizó mucho a mi amiga. Me confesó que pensó que tenía un «pequeño problema» con eso de hablar sola en lugares públicos. Oro donde puedo y cuando puedo y siento la paz de Dios en mi corazón cuando lo hago.

Tanto mi esposo como el hermano Prince afirman que la llenura del Espíritu Santo en el creyente es como el fuego que de forma sobrenatural se encendía sobre el altar del tabernáculo en el Antiguo Testamento. El libro de Levítico, un manual para los sacerdotes y levitas que explica sus deberes en la alabanza, afirma: «El fuego arderá continuamente en el altar; no se apagará» (6.13).

Así como ese fuego se encendió sobre el altar, también se encendió en nuestro espíritu. Si, como creyentes, no apagamos ese fuego con acciones descuidadas, entonces arderá en los templos de nuestros cuerpos en forma de oración y alabanza con una intensidad tal que nunca se apagará.

Mi suegra cuenta la historia de una noche en que mi esposo estaba en el Instituto Bíblico. Muy poco después de que empezara a estudiar allí, comenzó a ministrar. Todos los viernes, después de una semana de clases y de un trabajo a tiempo completo, viajaba en coche a una ciudad cercana para predicar durante un avivamiento de fin de semana. Como siempre, su madre oraba por sus cuatro hijos antes de irse a la cama. Ese domingo por la noche no fue una excepción.

Después de llevar bastante tiempo dormida, de repente se despertó con el nombre de John en la mente. Tuvo la sensación de que su hijo corría un gran peligro. Comenzó a orar en el Espíritu de Dios y, luego de varios minutos, pudo sentir que la urgencia que la había despertado se disipó, así que volvió a dormirse. A la mañana siguiente llamó a mi esposo y le preguntó qué había hecho la noche anterior.

«Regresé al instituto después de un avivamiento», le respondió con tranquilidad, porque no quería asustarla contándole todo.

«No. ¿Qué hacías a las 2:30 de la mañana?», le preguntó, buscando un relato más preciso.

Mi esposo sabía que tenía que «confesar». Él siempre supo que su madre tenía un «sexto sentido». Ese «sentido» era el Espíritu del Dios que moraba en ella.

«Iba de regreso al instituto después de predicar en un avivamiento. Estaba tan cansado que me quedé dormido al volante. De repente me desperté y me vi cara a cara con un camión de dieciocho ruedas. Mientras dormía me pasé al carril contrario. Sin pensarlo, di vuelta al volante y evité al camión. Fui a parar a una zanja. El coche sufrió algunos daños menores, pero los dos estamos bien».

«El Espíritu Santo me despertó y me dijo que tenías problemas», respondió mamá Hagee con un tono muy práctico. «Estuve orando hasta que me liberó y sentí paz».

Mi suegra conoció de niña al Espíritu Santo. (Más adelante le contaré su incomparable historia.) Ella sabe que Él trabaja en su vida a cada hora y comprende cómo responder a su voz.

Desde que somos padres, mi esposo y yo oramos para que el Espíritu Santo nos revele cualquier cosa que hagan nuestros cinco hijos que pueda ofenderlo. El poder del Espíritu Santo ha hecho eso exactamente. Se imaginará que con cinco niños siempre estamos oyendo que el Espíritu Santo nos habla. No me atrevo a contarles todo, por miedo a que mis hijos me deshereden, pero eso nos ha ayudado a educarlos en la «disciplina y amonestación del Señor». Nuestro hijo Chris podría escribir un libro completo sobre ese tema. Es uno de nuestros hijos más dinámicos y su principal pregunta durante sus «emocionantes años de formación» era: «¿Quién se los dijo?» Se cansó tanto de oír nuestra respuesta: «El Espíritu Santo», que dejó de preguntar.

El hermano Prince usa un bello ejemplo del Cantar de los Cantares para describir lo que nos sucede cuando, como mortales, llegamos al límite de nuestra habilidad natural y nuestro entendimiento, y el Espíritu Santo toma control de nuestra mente para dirigir su alabanza y oración por medio de nosotros. Él cita el versículo «Yo dormía, pero mi corazón velaba» (5.2).

Todos sabemos que la novia debe dormir para sobrevivir. Sin embargo, no importa lo cansada que esté, ni cuán profundo duerma, dentro de su ser íntimo se encuentra el Espíritu Santo, que nunca duerme. Día y noche la pasión de su fuego arde sobre el altar del alma de la novia. Es un fuego de alabanza y oración. Esta vida de oración no es posible sin que el Espíritu Santo more de forma sobrenatural en la persona.

Primero, la llenura del Espíritu Santo nos da el poder adicional para ser testigos eficaces. Segundo, el Espíritu Santo nos da el poder de orar según la voluntad de Dios. Y tercero, el Espíritu Santo se convierte en nuestro guía y maestro cuando leemos la Palabra de Dios.

3. EL PODER PARA COMPRENDER LA PALABRA DE DIOS

Jesús les prometió a sus discípulos que cuando el Espíritu Santo viniera a morar en ellos, Él sería su maestro personal: «Mas el Consolador, el Espíritu Santo, a quien el Padre enviará en mi nombre, él os enseñará todas las cosas, y os recordará todo lo que yo os he dicho» (Juan 14.26). El Espíritu Santo los capacitaría para recordar las enseñanzas de Jesús y para entenderlas correctamente.

Este mismo beneficio se les ofrece a todos sus hijos. Su Palabra es poderosa y más cortante que una espada de dos filos. Es el poder que salva a los perdidos y sana a los enfermos. La Palabra dividió el mar en dos y convirtió el agua en vino. Es una Palabra que obra milagros, y deseo entenderla. No puedo hacerlo mediante mi poder, pero puedo hacerlo con el discernimiento del Espíritu Santo que mora en mí.

Otro propósito de la llenura del Espíritu Santo en nuestra vida es el derramamiento del amor de Dios en el corazón del creyente.

4. EL PODER PARA EXPERIMENTAR CÓMO DIOS DERRAMA SU AMOR

Pablo habló del amor de Dios hacia nosotros cuando dijo que «la esperanza no avergüenza; porque el amor de Dios ha sido derramado en nuestros corazones por el Espíritu Santo que nos fue dado» (Romanos 5.5). La Palabra de Dios no se refiere al amor humano por otra persona ni a nuestro amor por Dios, sino que habla del amor de Dios por los suyos.

La raza humana experimenta muchas formas de amor. El denominado amor de pasión sexual, que desplegaron David y Betsabé. El amor de un esposo por una esposa, como Booz por Rut. El amor de los padres por los hijos, como Abraham por Isaac, y el amor de los hijos por los padres, visto en Sem y Jafet por su padre, Noé. Fuera de los vínculos familiares, tenemos el amor entre amigos, como fue el caso de David y Jonatán.

En los diferentes idiomas del mundo existen muchas formas y descripciones del amor, pero sólo hay una forma que describe el amor que Dios, el Padre, tiene por sus hijos. La palabra griega *ágape* define esta forma divina de amor.

El amor ágape denota los tres tipos de amor de los que se habla en las Escrituras. Primero: el amor que tiene en la Divinidad (el Padre, el Hijo y el Espíritu Santo) cada uno por los otros. Segundo, el amor que Dios tiene por sus hijos, que lo llevó a entregar a su único Hijo a morir en la cruz para que usted y yo nos liberáramos de las ataduras del pecado y recibiéramos vida eterna. Y tercero, el amor que Dios derrama en los corazones de sus hijos por medio del Espíritu Santo. El apóstol Juan les pidió a los primeros cristianos: «Amados, amémonos unos a otros; porque el amor es de Dios. Todo aquel que ama, es nacido de Dios, y conoce a Dios. El que no ama, no ha conocido a Dios; porque Dios es amor» (1 Juan 4.7-8).

Juan se refería al amor ágape, el que recibe una creyente cuando nace de nuevo en Cristo. Si alguien no conoce o no muestra este tipo de amor, entonces nunca ha conocido la fuente de este amor. Se puede decir que la medida con que llegue a conocer a Dios es la misma medida de amor que se manifestará en usted y que, a su vez, usted manifestará a otros.

En las Escrituras, Pedro añadió a la descripción de esta increíble forma de amor ágape:

> Habiendo purificado vuestras almas por la obediencia a la verdad, mediante el Espíritu, para el amor fraternal no fingido, amaos unos a otros entrañablemente, de corazón puro; siendo renacidos, no de simiente corruptible, sino de incorruptible, por la palabra de Dios que vive y permanece para siempre (1 Pedro 1.22-23).

El hermano Prince menciona en su libro que en el momento de la salvación recibimos una medida inicial (no la medida completa) de amor divino. Eso ocurre con la llenura del Espíritu Santo en nuestro corazón. Cita a Pablo en Romanos: «y la esperanza no avergüenza; porque el amor de Dios ha sido derramado en nuestros corazones por el Espíritu Santo que nos fue dado» (5.5).

En este versículo tan poderoso, Pablo afirma que el amor que el Espíritu Santo derramó en nuestro corazón es la cantidad máxima que el Padre les puede dar a sus hijos. Es como pararse frente al río Mississippi y preguntarse si alguna vez se quedará sin agua. No es posible. Los creyentes bautizados con el Espíritu tienen el río de agua viva como una fuente infinita de gracia y amor divinos, que siempre estará allí para proveer en cualquier necesidad que tengan.

El amor divino no tiene precio. El amor divino no exige nada a cambio. El amor divino no busca lo digno. El amor divino es incondicional. Esta es la clase de amor que quiero en mí. Se obtiene en parte con los cimientos de la salvación. No obstante, todos experimentamos una sed adicional que nos dice que necesitamos algo más.

Si soy su vasija, entonces quiero estar llena de su presencia, su poder y su Espíritu. No quiero que ninguna cosa corrupta interfiera en mi caminar con Jesucristo. Cuando tengo que testificar ante no creyentes, quiero que la pasión del Espíritu Santo me guíe a dirigirlos a la cruz.

Cuando mis hijos tienen problemas, quiero ser capaz de arrodillarme e invocar el nombre de Jesús y dejar que me responda por medio del Espíritu Santo para darme la dirección perfecta en sabiduría y oración por su vida. Cuando tengo que tomar decisiones en mi vida, las que Dios Padre tiene que aprobar, quiero que el Espíritu Santo me revele el significado de la Palabra de forma tal que yo camine en el sendero que Dios ha elegido para mí. Y quiero tener el amor de Dios en mi corazón, la clase de amor que atraerá a otros al trono del Dios vivo.

Permítame terminar contestando la pregunta: ¿Cuánto quiero de Dios?

¡Quiero tanto de Dios como sea posible!

ℰ◌ PUNTOS DE ACCIÓN: EL ESPÍRITU SANTO Y YO

1. Vuelva a leer la oración «Libere la Palabra en su vida» en la página 35. Haga esa oración todos los días de esta semana.

2. Lea los siguientes versículos y comprenda que estas promesas están disponibles para usted como hija del Rey.
Usted es...

- el templo del Espíritu Santo (1 Corintios 6.19).
- una persona sellada con el «Espíritu Santo de la promesa» (Efesios 1.13).
- una persona trasladada al Reino de Dios (Colosenses 1.13).
- santa y sin mancha delante de Dios (Efesios 1.4; 1 Pedro 1.16).
- coheredera con Jesús (Romanos 8.17).

Escriba el texto del versículo que tenga un mayor significado para usted.

3. Como hija del Rey, también es...

- conciudadana de los santos (Efesios 2.19).
- la niña de los ojos de su Padre (Deuteronomio 32.10; Salmo 17.8).
- amada de Dios (Romanos 1.7; Colosenses 3.12; 1 Tesalonicenses 1.4).
- bendecida (Deuteronomio 28.1-14; Gálatas 3.9).
- una persona apta para participar de la herencia de Jesús (Colosenses 1.12).

Lea estos versículos y escriba el texto del versículo que tenga un mayor significado para usted.

_____

_____

4. Lea el capítulo 3 del libro de Ester. Entonces, culmine con esta oración:

Padre, te pido que te reveles a mí de una forma que no he conocido antes. Si tienes algo para mí que aún no he conocido, entonces muéstramelo ahora. Te pido que derrames tu Espíritu Santo en mi corazón. Con su llenura te pido que me des la pasión para testificar como lo hicieron tus discípulos el día de Pentecostés. Te pido que me ayudes con mi vida de oración, que me lleves a niveles más allá de mi fuerza y entendimiento naturales. Cuando ore, quiero tener la autoridad y el poder del Dios vivo. Guíame, por medio de tu Espíritu Santo, por el camino que quieres que vaya. Padre, te pido que derrames en mi corazón un amor tan rico que sólo pueda describirse como amor ágape; un amor tan puro que su única fuente pueda ser el trono del Dios vivo. Señor, si hay más de ti, entonces quiero tenerlo. Amén capítulo cinco

~~⌒~~

Sueños con un final feliz: Cómo establecer metas

*M*i abuela paterna llegó a los Estados Unidos cuando tenía quince años, pero nunca obtuvo la ciudadanía norteamericana ni aprendió a hablar inglés. Durante los años cincuenta eso era fácil en San Antonio y, aunque no lo crea, lo sigue siendo en algunos sectores de nuestra ciudad.

En el verano de 1957, cuando yo tenía cinco años y medio, mis padres, mi hermana menor, Rosie, y yo nos fuimos a vivir a California porque mi papá encontró trabajo allí. ¡Qué cambio! Durante la mayor parte de mi vida habíamos vivido con mi abuela, y no hablábamos inglés en casa, excepto un «good-bye» [adiós] o un «hello» [hola] de vez en cuando.

Ese otoño comencé mi primer grado y por primera vez en mi vida conocí a gente que sólo hablaba inglés. En una época en la que debía estar aprendiendo a leer y a escribir, perdí la habilidad de comunicarme. Como consecuencia, era muy tímida y callada.

Mis padres se dieron cuenta que habían cometido una gran injusticia al no obligarnos a hablar inglés. Así que, cuando estaba en primer grado, mis padres establecieron una meta: aprender inglés rápido.

Se estableció una norma en nuestra casa: Aquí no se habla español.

Y esa primera meta tuvo una recompensa: En cuanto rompí la barrera del idioma, la escuela me resultó fácil. Si mis padres no hubieran establecido esa meta, no sé cómo hubiera sobrevivido. Con el tiempo me convertí en la primera mujer de ambas partes de la familia que se graduó de universidad.

No todas tenemos una experiencia tan temprana como esta, que nos enseña las recompensas que obtenemos cuando establecemos metas. Lamentablemente, muchas no tenemos esperanza para el futuro, y nadie puede establecer metas sin tener sueños. Sin embargo, la Palabra de Dios afirma que «yo sé los pensamientos que tengo acerca de vosotros, dice Jehová, pensamientos de paz, y no de mal, para daros el fin que esperáis» (Jeremías 29.11).

Incluso los cristianos que conocen esta promesa de la Palabra de Dios siguen sin creer que tienen ante ellos un futuro positivo. Suelen permitir que los «dardos de fuego del maligno» sofoquen sus sueños. En las Escrituras esta comparación se tomó del armamento romano. En las guerras antiguas los soldados mojaban las flechas en veneno. Si un soldado resultaba herido, la herida de la flecha no lo mataba. En cambio, regresaba al campo de batalla, donde la herida se infectaba rápidamente por el veneno. Entonces moría. Así pasa con los ataques de Satanás. Cuando el «maligno» nos ataca con sus dardos, el veneno de la duda, la inseguridad, el temor y la preocupación se encona en nuestra mente. Poco después nos desanimamos por las circunstancias, y el futuro ni siquiera aparece en el horizonte. Con el tiempo, mueren nuestras esperanzas.

Satanás nos convenció de que soñar es una pérdida de tiempo. Sus dardos de fuego quitan nuestros ojos de una visión para el futuro y nos enfocan en el pasado, que a veces puede ser nuestro peor enemigo.

Mi papá habría tenido motivos para sentirse así. Él era hijo único y su padre murió cuando tenía nueve años. Para ayudar a proveer lo necesario para él y mi abuela, tuvo que dejar la escuela en noveno grado e ir a los campos de migración de California a cosechar melocotones. Pero mi papá tenía una increíble ética laboral y no iba a permitir que desapareciera su esperanza para el futuro. Más tarde, regresó a San Antonio con su madre y trabajó manejando un camión siete días a la semana que llevaba mercancía por todo el suroeste.

Se casó con mi madre en 1951 y en 1954 ya tenían dos hijas pequeñas: mi hermana Rosie y yo. Mi papá tenía que ganar más dinero y pasar más tiempo con su familia. Poco después, le hablaron de un empleo en la base aérea de Kelly, en un área que aún era muy nueva por aquel entonces: las computadoras. Él no sabía nada sobre computadoras, pero no le daba miedo oír la palabra *no*, así que se arriesgó en busca de una oportunidad mejor. La mañana de la entrevista mi papá ocupó su lugar en una línea muy larga. Poco después, se dio cuenta de algo raro: la gente entraba en el cuarto de la entrevista y se marchaba casi de inmediato.

Lo que pensó fue: *Yo sé lo que le están preguntando a esta gente. Quieren saber si la persona tiene un diploma de secundaria. En cuanto entre les diré que no y me echarán igual de rápido.*

Pero siguió en su sitio. Se acordó de su esposa y de sus dos hijas y de cuánto necesitaba ese empleo. No iba a permitir que se disiparan sus esperanzas para el futuro.

Por fin llegó al primer lugar en la fila y esperó pacientemente a que el entrevistador le lanzara la temida pregunta. En lugar de eso, el hombre dijo: «Antes de comenzar con mis preguntas, ¿estaría dispuesto a trabajar por las noches?»

¿Trabajar por las noches? Por supuesto. Mi papá estaba acostumbrado a permanecer despierto por la noche cuando manejaba el camión.

Al escuchar la respuesta afirmativa de mi papá, el hombre le puso delante un papel y le dijo: «Firme aquí. Nosotros le enseñaremos a manejar las computadoras».

Después de dos años en Kelly, mi papá oyó de un empleo en California, trabajando para alguien llamado Howard Hughes. Solicitó el trabajo y se convirtió en parte del equipo de Hughes Aircraft Telstar. Diez años después, supervisaba a más de cuatrocientos empleados, la mayoría de los cuales eran graduados de universidad, algunos con diplomas en tecnología. La ética laboral de mi papá nunca disminuyó: siguió trabajando siete días a la semana.

Si usted ha fallado en el pasado, puede que tenga miedo de poner sus esperanzas en un sueño por miedo de fracasar otra vez. O si tuvo mucho éxito en el pasado puede que sienta temor de no volver a alcanzarlo. Quiero animarla a abrirse paso a través de las mentiras de Satanás, igual que hizo mi papá, para que establezca metas para su vida, las que podrá alcanzar con la dirección y la ayuda de Dios.

¿Qué es una meta? El destino de un viaje o el objeto del deseo o ambición de alguien. ¿Por dónde se empieza? Ya hemos dado el primer paso al decidir convertirnos en hijas del Rey. Ahora vamos a ver siete pasos que podemos dar para establecer sueños que tengan un final feliz.

1. TENGA UNA VISIÓN PARA EL FUTURO

En la Palabra de Dios aprendemos que «sin profecía [visión] el pueblo se desenfrena» (Proverbios 29.18). Mi esposo sueña con Dios. Es un visionario. Lo acuso de tener una visión, una meta nueva cada media hora. Yo en cambio soy una de esas personas que está en segundo plano, que ayuda a orquestar el mundo para lograr esa meta. Me pregunto cómo se logrará su sueño, pero John ve mucho más allá que yo, así que confío en su juicio.

Un amigo describió de la siguiente manera el compañerismo entre mi esposo y yo: «Diana, en mi mente veo al pastor Hagee saltando a una piscina vacía, y a ti gritándole lo más alto que puedes: "¡Espera un minuto, mi amor!", con una manguera en la mano, tratando de llenar la piscina antes que él se lance de cabeza».

A mí me parece una descripción acertada. Mi suegra dice que para cada vasija torcida de este mundo existe una tapa torcida. Creo, sin duda alguna, que el Maestro nos destinó a mi esposo y a mí para estar juntos. Necesito tener metas en la vida para mantenerme enfocada en los logros y no en las circunstancias. Mi esposo establece metas, y juntos luchamos para alcanzar las metas que el Señor puso ante nosotros.

¿Qué pasa si no está casada con un hombre así? Quizá usted sea la visionaria del hogar. Eso no es problema, siempre y cuando ambos se pongan de acuerdo en cuanto a tus sueños y trabajen juntos para hacerlos realidad. ¿O qué sucede si no tiene un compañero en esta vida porque así lo eligió o porque es divorciada o viuda? E incluso si está casada con un hombre maravilloso, ¿debe tener sus propias metas?

Por supuesto que sí. No importa en qué estado se encuentre su vida, si en la calma o en la tormenta, las metas le ayudarán cuando esté pasando por pruebas, para que al final vea un sueño hecho realidad. No importa la adversidad que la vida le ponga delante, tiene que decidir que Dios tiene un plan, un propósito para su vida. (Por muy increíble que parezca ahora, sus dificultades presentes pueden ser sólo parte de su viaje hacia la meta que Dios le ha puesto delante.)

Para saber cuál es su plan para nuestra vida tenemos que apartar tiempo para estar con Él.

2. SEPARE TIEMPO PARA ESTAR CON DIOS

Cuando me acababa de casar, asistía a reuniones de mujeres y las oía hablar de la cantidad de tiempo que pasaban con Dios. Algunas se despertaban a las cuatro de la mañana y pasaban dos o tres horas orando. Otras decían que se aseguraban de pasar cuatro o cinco horas diarias orando o leyendo la Palabra. Me sentí abrumada al oír esas cosas. Me sentía avergonzada por el tiempo tan breve que pasaba orando a causa de mis obligaciones en la iglesia y en casa. Cuando mis hijos nacieron, estaba segura que Dios había olvidado mi nombre, por el poco tiempo que pasaba con Él. Permitía que los dardos de fuego del maligno entraran en mi mente y se enconaran con la infección de la incapacidad y el fracaso.

Recuerdo que compartí esos sentimientos con mi suegra. En aquel entonces, ella llevaba más de cincuenta y tres años sirviendo en el ministerio y tenía experiencia en casi todo. Es una persona práctica y acertada, así que sabía que compartiría sus sentimientos con honestidad sobre cualquier tema.

Su primera respuesta a mi inquietud fue: «Pregúntate si le estás dando a Dios todo el tiempo que puedes». Me dijo que Dios me revelaría la respuesta a esa pregunta y que me mostraría en qué podría cambiar mi horario para encontrar tiempo para que Él y yo habláramos.

Añadió: «Él extraña su tiempo contigo, más de lo que tú extrañas el tiempo con Él». ¡Qué revelación! Ni me imaginaba que Dios supiera mi nombre, mucho menos que de verdad extrañara nuestro tiempo juntos. Saber esto me dio más deseos de estar con Él.

Ella me dijo que dejara de compararme con otros. «Dios no lo hace», me dijo. «¿Por qué deberías hacerlo tú?» Me desafió a ir a la Palabra de Dios a ver lo que Él opina sobre las comparaciones. Me dijo que leyera la segunda carta de Pablo a los corintios:

> Porque no nos atrevemos a contarnos ni a compararnos con algunos que se alaban a sí mismos; pero ellos, midiéndose a sí mismos por sí mismos, y comparándose consigo mismos, no son juiciosos (10.12).

Cada vez que nos comparamos con otros reaccionamos de una de estas dos formas: si alguien está haciendo algo mejor que nosotros, nos sentimos inadecuados inmediatamente. Esto no le agrada a Dios porque en su Palabra promete que «todo lo puedo en Cristo que me fortalece» (Filipenses 4.13).

O si hacemos algo mucho mejor que otra persona, entonces nos pavoneamos, confiamos demasiado en nuestros talentos y logros, en lugar de regocijarnos en lo que Dios hizo por medio de nosotros. De cualquiera de las dos maneras, perdemos nuestro enfoque en Dios y lo reemplazamos con un enfoque en nosotros o en otra persona. Nuestro Dios es un Dios celoso y no comparte su gloria con nadie.

Mamá Hagee también me ayudó a aprender a orar. «Orar es una constante», me dijo, «algo que se debe hacer en toda ocasión... Por la mañana nos levantamos alabando a Dios. Le pedimos que guíe nuestro camino durante el día».

Vada Hagee es una guerrera de oración. Cuando intercede en oración, los demonios tiemblan y los cielos se abren. No es tímida ante el poder que tiene en la oración. A sus ochenta y ocho años aún llora ante las maravillas que Dios ha hecho y sigue haciendo a través de la oración. Pero hubo una época en que tuvo la impresión de que Dios no escuchaba sus oraciones. Me quedé pasmada al enterarme de eso. ¿Cómo es posible que una sierva de Dios como ella se sintiera distante de Él?

Durante ese tiempo le preguntó a Dios por qué estaba tan distante de ella. Él le hizo ver rápidamente que ella misma se había distanciado de Él al depender en sus palabras en la oración más que en las instrucciones de Dios sobre lo que debe ser la oración. El Señor la guió a Mateo 6.5-13, donde Jesús les dio a sus discípulos un estudio bíblico sobre la oración. Les dijo que no fueran como los hipócritas, que oraban en lugares públicos para que los reconocieran o hacían oraciones vanas y repetitivas, sino que oraran en privado. Les instruyó a que oraran de corazón.

Jesús dijo que Dios, nuestro Padre, sabe lo que necesitamos antes de que se lo digamos. Él quiere que le pidamos. Incluso nos dijo la forma en que debemos orar. Mamá Hagee oyó que el Señor le decía que volviera al Padre Nuestro en Mateo 6 y usara esas frases tan conocidas como guía para sus oraciones.

«Padre nuestro que estás en los cielos», comenzó. Después afirmó ante sí misma y ante el Señor: «Tú eres el único Dios. Eres el Padre de Abraham, Isaac y Jacob. Eres mi único Dios. No Alá ni Buda. Ni el materialismo. Ni mi esposo o mis hijos. Sólo tú, Señor, eres Dios».

«Santificado sea tu nombre». Mamá Hagee oyó que el Señor decía: *Antes de entrar en la oración, no importa lo que desees, debes alabarme porque yo habito en las alabanzas de mi pueblo.* Se dio cuenta de que cuando comenzaba a alabar a Dios antes de mencionarle sus peticiones, se olvidaba del problema, se olvidaba del mundo y se enfocaba en Él. Recordó que sólo Dios era responsable de ayudarla a alimentar lo bueno que había en ella y a superar lo malo. Sin Él, su vida no tendría sentido.

«Venga tu reino. Hágase tu voluntad». Estas frases llevaron a mi suegra a reafirmar que la única voluntad que quería para su vida era la de Dios. «Sólo tus propósitos», decía y lo decía de corazón antes de mencionar sus necesidades o peticiones. «Señor, te confío mis objetivos y mi futuro».

«El pan nuestro de cada día, dánoslo hoy». Ahora, y no antes, era el momento de hacer sus peticiones. Pero ella comenzaba recordando que Dios le daría todo lo que necesitara para ese día. «Se trata de algo más que el alimento para nuestra mesa. Se trata de algo más que el dinero de la hipoteca. Se trata de todas nuestras necesidades», decía Mamá Hagee. «Dios conoce todas nuestras necesidades y proveerá para sus hijos».

«Y perdónanos nuestras deudas, como también nosotros perdonados a nuestros deudores». No podemos ir al trono de Dios sin tener un corazón arrepentido. A pesar de todos sus pecados, David era un hombre conforme al corazón de Dios debido a su espíritu de arrepentimiento. Este es el momento de mencionar en qué hemos fallado al aceptar la responsabilidad de nuestras acciones durante las veinticuatro horas pasadas y de arrepentirnos. Las Escrituras indican claramente que nuestras oraciones tendrán estorbo si tenemos algo contra un hermano o hermana. No basta con arrepentirnos de nuestros pecados; también tenemos que tener un corazón puro para los otros.

«Y no nos metas en tentación». Nos olvidamos que de una forma u otra la tentación nos rodea todos los días. Los cristianos no están exentos de la tentación. Tenemos que pedirle a Dios que nos guarde de la tentación (que ponga un muro protector a nuestro alrededor) y que nos ayude a decir no si somos tentados.

«Porque tuyo es el reino, y el poder, y la gloria, por todos los siglos». Mamá Hagee siempre termina sus oraciones con alabanza, de la misma forma que las comienza, porque sabe que su glorioso Dios la ayudará a lo largo de todo el día.

Después de esta lección de mi suegra, mi vida de oración cambió drásticamente. En lugar de decir oraciones repetitivas que había aprendido de niña, comencé a usar el bosquejo del Padre Nuestro, hablándole a Dios como una hija a un padre cariñoso. No me encerraba en un armario ni me mantenía alejada de mis tareas diarias, sino que me llevaba el armario de oración conmigo. Oraba en la ducha. Oraba de camino al trabajo. Oraba mientras hacía la compra. A veces mis oraciones eran conversaciones largas o sólo dos o tres palabras. Una de las oraciones más poderosas era: «¡Señor, intercede!».

Al buscar el propósito de Dios para su vida, pídale que le muestre lo que quiere para usted y después examínese para ver si su corazón está listo para lograr tal objetivo.

3. BUSQUE LA VOLUNTAD DE DIOS PARA SU VIDA

¿Para qué la creó Dios? ¿Qué le encargó que hiciera? Un dicho muy conocido lo resume con estas palabras: «Lo que somos es el regalo que Dios nos da. Aquello en lo que nos convertimos es el regalo que le damos a Dios».

Al pedirle a Dios que la guíe, piense en sus habilidades particulares. ¿Qué le gusta hacer? ¿Cuál es su talento natural? Lea la parábola de los talentos en Mateo 25.14-30. Dios le dio un don y espera que lo use.

No sea demasiado humilde aquí. Reconozca los talentos que Dios le ha dado (ya sean habilidades naturales en matemáticas o ciencias, o habilidades para servir en hospitalidad, evangelismo o ayuda a otros) y haga una lista de sus talentos y habilidades.

_____

_____

Una vez identificados esos dones de Dios para usted, está lista para poner por escrito sus dones ante Él (sus metas).

4. ESCRIBA SU VISIÓN EN FORMA CLARA

¿Cómo empieza usted a escribir sus metas?

Primero, comience con las cosas pequeñas. La madre de mi esposo le enseñó que, para ser diligentes en las cosas grandes de la vida, primero tenía que tener éxito en las pequeñas.

Así que, al establecer metas, comenzará con los eventos cotidianos antes de emprender los planes mayores para su futuro.

¿Qué tiene planeado para mañana?

METAS PARA MAÑANA

Piense en una lista de metas para su mañana. Prepárese para tener éxito en las cosas pequeñas primero. El libro de Habacuc nos urge: «Escribe la visión y declárala en tablas» (2.2).

Recuerde que siempre hay tiempo para hacer el trabajo de Dios. La agenda que usted tiene suele llenarse demasiado. Al preparar su lista, asegúrese que sea prioritario para usted su compromiso con su hogar y su familia, sobre todo si tiene esposo e hijos.

Luego, si trabaja fuera de casa, cumpla su deber con su patrono. No puede olvidar que usted es una representante de Cristo, y su reino se ve en todo lo que usted hace y dice.

Entonces, ¿hay algún servicio que pueda donar para la obra del Señor en su iglesia o comunidad? Esto es muy importante en su viaje para convertirse en una hija del Rey. Cuanto más dé de sí misma (siempre y cuando esas actividades sean ordenadas por Dios), más tiempo proveerá Él para que haga las cosas que tiene que hacer.

Recuerdo una ocasión en que una señora me pidió que orara por su matrimonio. «¿Cuál es el problema?», le pregunté para poder orar de forma más concreta.

«Mi esposo se queja de que no estoy cuidando bien de nuestro hogar ni cuidando de nuestros hijos como debería hacerlo».

Cuando le pregunté que hacía durante el día, me contestó con un tono de autojustificación, haciendo una lista de todos los estudios bíblicos y reuniones de oración en las que participaba, y en todas las horas de voluntaria que daba en un albergue local. Estaba a punto de unirse a mi grupo de voluntarios en la iglesia cuando su esposo, por fin, se opuso.

Después de escucharla le pregunté: «¿De verdad te parece que es sabio tener ese itinerario? Deberías acercarte a tu esposo y pedirle perdón. Después, pídele que ore contigo y te ayude a elegir los compromisos con los que deberías continuar y los que debes dejar, por muy nobles que sean». No le gustó mi respuesta, pero espero que siguiera mis sugerencias. Nuestro Dios es un Dios de prioridades. Él es primero; y después va nuestra familia y la iglesia. Él es fiel en recompensarnos cuando seguimos sus prioridades.

También me he encontrado con la situación contraria. Pido voluntarias, y algunas mujeres rechazan mi petición y usan a su familia como excusa para no trabajar en el Reino de Dios. La verdad es que no entiendo por qué nos molestamos en usar esas coartadas. Dios ve los deseos de nuestro corazón, los que son puros o impuros. Muchas veces me he dado cuenta que cuando alguien dice «no puedo» en realidad quiere decir «no quiero».

Algunas madres se involucran tanto en las vidas de sus hijos (inscribiéndolos en clase de gimnasia, ballet, kárate, música, deporte, entre otros) que no tienen tiempo para las cosas de Dios. Los horarios que llevan para mantener estos compromisos son horribles. Como madres, no podemos idolatrar a nuestros hijos y anteponerlos a Dios. El mejor testimonio que les puede dar a sus hijos es servir a Dios.

Mi esposo me dice que un día va a predicar un sermón llamado «Todos tenemos peros». Esta idea surgió de una tarde que fue a visitar a un rabino. Estuvieron hablando sobre el origen hebreo de algunas palabras de las Escrituras, y mi esposo se sorprendió al enterarse de que uno de los orígenes hebreos de la palabra *pero* es «cero», en una terminología numérica o de contabilidad. Cuando se usa *pero* al hablar, automáticamente se cancela todo lo que se dijo antes, y el hablante está destinado a vivir con lo que dice después de eso.

Por ejemplo, cuando Moisés envió espías a la tierra prometida que Dios les había dado específicamente a los hijos de Israel, regresaron con dos informes. Caleb y Josué vieron una tierra que manaba leche y miel; una tierra habitada por gigantes, sí, pero una tierra conquistable con la ayuda de Dios. «Subamos luego, y tomemos posesión de ella; porque más podremos nosotros que ellos», dijo Caleb.

Los otros hombres que habían ido con Caleb y Josué vieron todos los *peros*: «No podremos subir contra aquel pueblo, porque es más fuerte que nosotros [...] La tierra por donde pasamos para reconocerla, es tierra que traga a sus moradores; y todo el pueblo que vimos en medio de ella son hombres de grande estatura» (Números 13.26-32).

Cuarenta años después, Josué y Caleb conquistaron la tierra, pero el resto de los espías estuvo destinado a vivir según las palabras de su boca. No se les permitió entrar en la tierra que manaba leche y miel. En lugar de eso, murieron en el desierto.

Nosotros somos culpables del mismo pecado. Decimos cosas como:

- «Me encantaría cantar en el coro, *pero* no soy lo bastante buena».
- «Me gustaría terminar la escuela, *pero* creo que es imposible».
- «Me gustaría salir de todas mis deudas, *pero* son tantas que no puedo».

Tenemos que aprender a sacar los *peros* de nuestros pensamientos y de nuestro discurso. Han dictado nuestras vidas durante demasiado tiempo. Cuando nos esforcemos por estar disponibles para el Señor, Él se asegurará que tengamos tiempo de ser las mujeres que debemos ser.

Pídale a Dios que le diga lo que quiere que usted haga mañana. Él es fiel para dejarle saber lo que quiere de usted. Escriba estas metas en el espacio provisto y hágalas claras y específicas.

MIS METAS PARA MAÑANA

Metas espirituales:

_____

_____

Metas personales:

_____

_____

Metas en mi profesión:

_____

_____

Metas educativas:

_____

_____

Ahora, ore por esta lista para asegurarse que es realista.

METAS PARA EL FUTURO

Una vez que nos acostumbremos a cumplir nuestras metas diarias, las metas a largo plazo se vuelven más realistas. Hay muchas mujeres que sienten que ya se les han pasado ciertas oportunidades en la vida, que es demasiado tarde para lograrlas. Esos sentimientos surgen de permitir que los dardos de fuego del maligno les infecten la mente y se lleven su esperanza.

Joyce Landorf Heatherly, una buena amiga mía, escribió un libro sobre las personas «balcón y sótano» en nuestra vida. Estas personas pueden ser nuestros padres, cónyuges, amigos o seres amados. Una persona balcón es la que siempre le dice: «Puedes hacer todo lo que quieras hacer en la vida». Esta persona la anima y permanece a su lado en los tiempos difíciles. Una persona sótano es alguien que siempre la lleva a rastras. Esta persona le da razones para conformarse con su condición actual.

Si en su vida sólo hay personas sótano tiene que aprender a distanciarse de ellas. Si está relacionada a ellas, y no puede mantener cierta distancia con ellas, tiene que mirar hacia arriba y poner los ojos en la persona balcón por excelencia en su vida: su Padre celestial. La ama. Escuche lo que le dice: *¡Puedes hacerlo! ¡Te amo! ¡Yo te hice! ¡Puedes lograr todo! Y voy a estar contigo en cada paso del camino. Te protegeré. Mantendré tu pie en el sendero correcto y te cuidaré para que no tropieces. Sigue. ¡Inténtalo! ¡Eres mi hija! Quiero lo mejor para ti. ¡Juntos podemos hacerlo!*

¿Nunca terminó la secundaria? ¿Está desanimada porque no fue a la universidad? ¿Se ha desalentado por eso, y Satanás lo ha usado para impedir que logre otras metas? Mire lo que dice la Palabra de Dios: «El corazón del entendido adquiere sabiduría, y el oído de los sabios busca la ciencia» (Proverbios

18.15). Fije su mente en obtener su título de secundaria, bachillerato, maestría o doctorado. Escríbalo de forma clara.

MIS METAS PARA EL FUTURO

Metas espirituales:

_____

_____

Metas personales:

_____

_____

Metas en mi profesión:

_____

_____

Metas educativas:

_____

_____

Ahora, encomiende sus metas al Señor en oración. Dígale sus necesidades y deseos en forma clara y sencilla.

¿Necesita dinero para lograr alguna de sus metas? Debe saber que el Señor es dueño de todas las riquezas del mundo y promete suplir todas sus necesidades.

¿Necesita tiempo para lograr alguna de sus metas? Recuerda que el Señor detuvo el sol para Josué. Él puede conseguir tiempo para que logre su meta. Como hija del Rey, tiene acceso a todos sus recursos para lograr los sueños que Él puso en su corazón.

5. COMPARAR LAS METAS CON LA PALABRA DE DIOS

Los miembros de la iglesia me preguntan con frecuencia: «¿Cómo sabes cuando Dios está hablando contigo?» o «¿Cómo puedes reconocer la diferencia entre una corrección de Dios y una condenación de Satanás?».

La Palabra de Dios siempre está en el núcleo de toda pregunta que usted tenga para su vida. ¿Lo que está oyendo está de acuerdo con la Palabra de Dios o es algo contrario a sus enseñanzas? Compare sus metas con estos mandatos de las Escrituras: *Se nos ordenó hacer todo para la gloria de Dios.* «Si, pues, coméis o bebéis, o hacéis otra cosa, hacedlo todo para la gloria de Dios. No seáis tropiezo ni a judíos, ni a gentiles, ni a la iglesia de Dios; como también yo en todas las cosas agrado a todos, no procurando mi propio beneficio, sino el de muchos, para que sean salvos» (1 Corintios 10.31-33). ¿Glorifica su meta a Dios?

Debemos buscar paz. «Porque donde hay celos y contención, allí hay perturbación y toda obra perversa. Pero la sabiduría que es de lo alto es primeramente pura, después pacífica, amable, benigna, llena de misericordia y de buenos frutos, sin incertidumbre ni hipocresía. Y el fruto de justicia se siembra en paz para aquellos que hacen la paz» (Santiago 3.16-18). ¿Trae su meta paz personal?

No debemos ofender a nadie en el Cuerpo de Cristo. «Y cualquiera que haga tropezar a alguno de estos pequeños que creen en mí, mejor le fuera que se le colgase al cuello una piedra de molino de asno, y que se le hundiese en lo profundo del mar. ¡Ay del mundo por los tropiezos! porque es necesario que vengan tropiezos, pero ¡ay de aquel hombre por quien viene el tropiezo!» (Mateo 18.6-7). ¿Su meta ofende a alguien en el Cuerpo de Cristo?

No debemos quebrantar la Palabra de Dios. Deuteronomio 28 es una lista de veintiocho bendiciones y sesenta y seis maldiciones que resultan de obedecer o desobedecer la Palabra de Dios. ¿Quebranta su meta la Palabra de Dios?

Use estos pasajes y otros que sean importantes para usted para verificar sus metas.

6. ENFOCARSE EN SU VISIÓN; NO DAR LUGAR A UNA ACTITUD DE DERROTA

Como madre, me asombro cada vez que oigo a mi hijo Matthew predicando la Palabra de Dios. Lo hace de una forma honesta. Es la sexta generación de Hagees que predica el evangelio. Es el descendiente número cuarenta y ocho de la primera familia de John Hagee, que está en el ministerio desde que llegó de Europa a América en un barco llamado *Espíritu*, buscando la libertad religiosa. Desde que era niño tiene pasión por la Palabra de Dios. Fijó su rumbo a temprana edad y no se apartó de esa meta. Lo llamo mi «hombre-niño».

Cuando me dice «mamá», siento una sensación cálida dentro de mí, igual que cuando se sentaba en mi regazo cuando era un bebé y me rodeaba el cuello con sus brazos. Podía pedirme el mundo, y yo trataría de averiguar cómo conseguírselo. Pero muchas veces olvido que tiene veintidós años y lo cuido demasiado. Él se da cuenta de eso.

El otro día me hizo una pregunta mientras preparaba la cena. «Mamá, ¿sabes lo que quiero por mi cumpleaños número veintitrés?»

Otra vez dijo *mamá*. Le respondí como haría cualquier madre mexicana que se respete a sí misma: «Sea lo que sea, hijito, mamá te lo dará».

Se acercó a mí, me rodeó los hombros con sus brazos fuertes y amorosos y dijo: «Me gustaría que dejaras de ordenar por mí en los restaurantes y que dejaras de preguntarme si me lavé las manos después de usar un baño público».

Por supuesto, le dije que le concedería ese deseo. Eso sí, le recordé que aún faltaban tres meses para su cumpleaños, así que todavía tenía algo de tiempo antes de cumplir sus deseos. Como puede ver, protejo mucho a mis hijos. Mi esposo dice que no corté el cordón umbilical, sino que lo estiré lo más posible.

No obstante, cuando me siento en el banco y oigo predicar a Matthew, ya no es mi hijito, sino que se convierte en un hombre de Dios enviado a esta tierra para ministrar el evangelio del Señor a nuestra iglesia y, algún día, a las naciones. Cada vez, enriquece mi vida con la Palabra de Dios.

Un domingo, Matthew predicó sobre un gran soñador de las Escrituras que siguió soñando cuando se le presentaba la adversidad. Se llamaba José. Sus hermanos tenían celos de él, porque era obvio que José era el hijo favorito de su padre. Y lo despreciaron aún más cuando les reveló un sueño, una meta a largo plazo para su vida, ordenada por Dios. «Todos ustedes se inclinarán ante mí un día», les había dicho José.

¿Se imagina lo furioso que se pusieron sus hermanos? Pero José nunca olvidó su sueño. Sus hermanos lo vendieron como esclavo, pero él se aferró a su sueño. Estaba esclavizado en la casa de Potifar. Pero se aferró a su sueño. La esposa de Potifar lo acusó injustamente de haberla violado y lo encarcelaron. Pero se aferró a su sueño. Más adelante, cuando el Faraón tuvo un sueño inquietante, el mayordomo real recordó que José le había interpretado un sueño cuando estuvieron juntos en la cárcel. José usó el don de la interpretación que Dios le había dado, y finalmente lo promovieron al palacio. El camino hasta el palacio fue muy difícil, lleno de muchos obstáculos, pero José nunca apartó la vista de la meta que Dios puso ante él.

Cuando José volvió a reunirse con sus hermanos, les podía haber recordado sus celos y su odio. Les podía haber recordado su traición. Podía haber hecho alarde de su posición ante ellos. Sin embargo, no hizo nada de eso. En cambio, declaró: «no me enviasteis acá vosotros, sino Dios» (véase Génesis 37-45).

Cuando haya escrito su meta, y se la haya entregado a Dios, tome la decisión de no perderla de vista ni desistir de ella. Acuérdese de José: se mantuvo en el camino hacia el palacio aún cuando lo rodeara la adversidad.

7. TENER LA DISPOSICIÓN PARA CAMBIAR SI DIOS LO DESEA

También tiene que aprender a ser flexible a la hora de lograr su meta. He aprendido esto de la forma difícil. Si soy inflexible, me rompo. Por eso añadí mi propia bienaventuranza a la lista del Señor: «Bienaventurados los flexibles, porque pueden doblarse sin romperse».

Acuérdese de José. Esperó en Dios y aprendió a ser flexible dondequiera que estuviera: esclavo en la casa de Potifar, prisionero en una cárcel inmunda durante por lo menos dos años. Tenemos que recordar que los caminos de Dios no siempre son nuestros caminos. Su tiempo no es siempre nuestro tiempo. Sin embargo, sus caminos siempre son correctos y es un Dios que siempre llega a tiempo.

Muchas veces, cuando veo algún retraso para alcanzar una meta, al final me doy cuenta que Dios quiere que cambie mi forma de hacer las cosas. El cambio es duro, porque nos saca de nuestra zona de comodidad y nos lleva a un territorio desconocido. Pero mi esposo siempre dice: «Si oyes la voz del Pastor detrás de ti cuando estás de viaje, es porque te has ido por tu propio camino. La voz del Gran Pastor debería estar siempre delante de ti diciéndote: "Sígueme"».

Cuando haya logrado su meta, haga dos cosas. Primero, alabe a Aquel que le ayudó a alcanzar la meta. Él se goza de su ofrenda de gratitud. Segundo, fije una nueva meta. Nunca esté sin una meta en la vida. Ya que sea pasar un tiempo especial con su familia, continuar con su educación, saldar las deudas, comprar una casa, pensionarse, nunca pierda de vista sus sueños. Recuerde: los sueños son escaleras doradas que nos llevan a lugares celestiales. Los sueños son cimas de montañas desde donde puede ver su destino.

ℰ⟋ PUNTOS DE ACCIÓN:
SUEÑOS CON UN FINAL FELIZ: CÓMO ESTABLECER METAS

1. Tome dos de sus metas a corto plazo de las páginas 70-71 y haga el ejercicio de la página 78 para formular un plan realista para tener éxito.

2. Ahora, tome dos de sus metas a largo plazo de la página 72 y trabájelas según el proceso en la página 79 para formular un plan realista para tener éxito.

3. Al pensar en estas metas durante los próximos días, recuerde estos pasajes bíblicos y reclame su posición como hija del Rey:

- Una hija que camina en Jesucristo (Colosenses 2.6).
- Una hija que puede hacer todo en Cristo (Filipenses 4.13).
- Una hija que hará mayores obras que Jesús (Juan 14.12).
- Una hija que prosigue hacia el supremo llamamiento de Dios (Filipenses 3.14).

Ahora, haga esta oración:

Padre, tú conoces los planes que tienes para mí. Planes para prosperarme y no para hacerme daño, planes para mi futuro. Me creaste a tu imagen con un propósito. Me diste dones y talentos para lograr tu propósito. Muéstrame cuáles son esos dones y talentos para que los desarrolle. Une mi mente con la de Cristo, renuévame cada día, para que esté conforme a la imagen de Cristo. Según tu Palabra, quien esté falto de sabiduría sólo tiene que pedirla, y te pido sabiduría, entendimiento y conocimiento. Afirma mis pasos en el camino que has puesto ante mí. Dirige mis metas así como diriges mis pasos. Padre, tu Palabra es lámpara a mis pies y lumbrera a mi camino. Establece mi corazón y mi mente en ti. Amén.

4. Lea el capítulo 4 del libro de Ester.

CÓMO ESTABLECER METAS

1. *Tener una visión para el futuro*

2. *Separar tiempo para estar con Dios*

3. *Buscar la voluntad de Dios para su vida*

4. *Escribir su visión en forma clara*

5. *Comparar las metas con la Palabra de Dios*

6. *Enfocarse en su visión; no dar lugar a una actitud de derrota*

7. *Tener la disposición para cambiar si Dios lo desea*

¡Prepárese para el éxito!

PARA ALCANZAR SUS METAS

Metas a corto plazo

Meta:

_____

_____

Obstáculo:

_____

_____

Plan:

_____

_____

¡Éxito!

_____

_____

Metas a largo plazo
Meta:

_____

_____

Obstáculo:

_____

_____

Plan:

_____

_____

¡Éxito!

_____

_____

¡A Dios sea la gloria!

capítulo seis

Diez Mandamientos para las mujeres en el trabajo

*A*claremos esto: toda mujer trabaja. No importan sus circunstancias, su trabajo nunca termina. Hoy día la mayoría de las mujeres también trabajan fuera de casa. Tenemos que tratar con muchas facetas del lugar de trabajo y al mismo tiempo ser representantes apropiadas de un Dios que nunca cambia y no es comprometedor.

Uno de los aspectos de trabajar en lo que se conoce como el «mundo del hombre» es encontrar un equilibrio entre compartir sus conocimientos y no parecer una mujer altanera. Si un hombre es agresivo en su lugar de trabajo se le describe como alguien que va camino del éxito. Si una mujer es agresiva, se le considera obstinada, exasperante, molesta, insoportable, cruel, imposible, dictadora, intrigante, calculadora, gritona, dura, rígida, dominante, manipuladora, irritable, insistente, inflexible, rebelde, terca, mandona, intolerante, severa, tirana, de mal genio, con síndrome premenstrual, menopáusica, reina del mal, controladora como Jezabel.

Con mucha frecuencia le digo a mi esposo: «Mírame a los ojos. ¿Te das cuenta de que aunque se supone que tengo que ser sumisa, sigo teniendo un cerebro? El cerebro que Dios me dio funciona. Tiene buenas ideas. ¡Puede resolver problemas y crear ideas nuevas!» Desde que el Señor vino a mi vida y me liberó de mis inseguridades, perdí mi timidez. Eso significa que ahora el Señor tiene que tratar conmigo de una forma completamente nueva. ¡Bendito sea!

Soy la jefa de personal de los Ministerios de Televisión John Hagee. La forma en que llegué a esta posición es otra parte de mi crecimiento como hija del Rey.

La vida era buena. Estaba en una zona de comodidad. Me había acostumbrado a ser la esposa de un pastor. Me sentía satisfecha tal y como era, diferente (ya que no tenía los dones tradicionales de cantar o enseñar). Trabajaba en la iglesia tras bastidores, organizando a los voluntarios y los eventos especiales.

Pero de repente el jefe de personal de nuestro ministerio televisivo renunció para dirigir su propia estación de televisión, así que comenzó la búsqueda para llenar ese puesto. Me uní a mi esposo para orar porque Dios trajera la persona perfecta para ser jefe de personal.

Pasó el tiempo, pero no obtuvimos respuesta.

Un día mi esposo me dijo que el Señor le había dado la respuesta acerca de la persona que debería tomar esa posición.

«¿Quién?», pregunté emocionada, porque no había recibido respuesta sobre una persona para ese trabajo.

«Tú», me respondió con cautela. Como pastor, él sabía que había oído esto del Señor. Como mi esposo, también sabía que no recibiría esa respuesta con alegría.

Tenía razón. Durante bastante tiempo estuve rebelde. Estaba disfrutando mi zona de comodidad. Allí estaba segura. ¡Y ni siquiera sabía programar un video, así que mucho menos llevar un ministerio de televisión! Mi esposo me explicó que sería sus ojos y oídos para ese departamento de nuestro ministerio. Me dijo que quería que el alcance televisivo funcionara como nuestra iglesia: con compasión y preocupación por un mundo perdido y moribundo.

Al final me di cuenta que no iba a tener paz hasta que me sometiera a la autoridad de mi esposo y al plan y propósito de Dios para mi vida. Comencé cuidadosamente un capítulo nuevo de mi vida y llegué a amarlo. Trabajo con personas maravillosas que tienen visión para la evangelización. Hice nuevos amigos por medio de este medio tan especial y me bendice cada día ver almas que vienen a la cruz de Cristo por medio de las ondas. No deseaba estar allí, pero creo que era el plan de Dios para mí. Estoy en su propósito divino por simple obediencia.

Por ser la jefa de personal de una corporación tan grande he tenido que trabajar muy cerca de algunos hombres muy poderosos, tanto del mundo cristiano como del secular. La verdad es que ha sido un desafío presentar mi punto de vista con tacto, sin parecer altanera. Muchas veces clamé al Señor: *¿Cómo puedo hacer esto? ¿Cuáles son mis directrices?* Y Él respondió: *Mira mi Palabra.*

LAS DIRECTRICES DE DIOS

Como mencioné en el capítulo anterior, nuestro Señor nos presenta su Palabra y sus enseñanzas de una forma sencilla para que todos entendamos los conceptos de las Escrituras. El erudito se pasa la vida estudiando la Palabra, pero también un niño pequeño puede aprender a vivir según lo que esta dicta.

Mi suegra tuvo cuatro hijos. No hace falta que diga que fue un desafío mantener refrenados a todos esos niños agresivos. A una edad temprana les dijo: «Mientras vivan en mi casa tienen que obedecerme a mí y a la Palabra de Dios. Hay dos formas de vivir: bajo la ley y bajo la gracia. Como ustedes son muy jóvenes para comprender la gracia, ¡vivirán bajo la ley!»

En las Escrituras, conocemos la ley mediante la palabra *pacto*, un acuerdo o contrato hecho entre dos partes. Como creyentes, podemos decir con humildad que firmamos nuestros contratos con Dios. La belleza de los pactos con Dios es que son incondicionales; las promesas de estos pactos se van a mantener tanto si tenemos éxito como si fallamos al tratar de cumplir las condiciones de los pactos. Aunque el disfrute de las bendiciones de los pactos puede verse condicionado a la obediencia, el cumplimiento de las promesas no depende del hombre sino de Dios.

Para mí uno de los pactos más importantes de las Escrituras es el pacto de la gracia, que puede describirse como el «benévolo» acuerdo entre el Dios ofendido y el pecador ofensor. Aquí Dios promete salvación por medio de la fe en Cristo, y el pecador acepta este acuerdo, prometiendo una vida de fe y obediencia.

Otro pacto de Dios es el pacto mosaico o la Ley. Nuestra sociedad se apartó tanto del pacto que Dios hizo con Moisés en el Monte Sinaí que nos olvidamos que la Ley son los Diez Mandamientos, no las Diez Sugerencias. Trato de vivir bajo esos mandatos para mi vida lo mejor que puedo. Cuando fallo, dependo de la gracia de Dios para perdonar mis defectos y poner mis pies en el camino correcto. ¿Cómo sucede esto? No lo sé. ¿Cómo puede Dios tener tan infinita misericordia? No lo sé.

Algunos definen *gracia* como «la bondad de Dios a expensas de Cristo». El precio que Cristo pagó en la cruz me resulta incomprensible, pero tengo fe en que su muerte se intercambió por mi vida eterna. Sin embargo, como quiera debo tener algunas directrices que me ayuden a vivir día a día.

El primer propósito de la Ley es revelar el nivel de rectitud que Dios espera de sus hijos. El apóstol Pablo escribió que «la ley a la verdad es santa, y el mandamiento santo, justo y bueno» (Romanos 7.12). La Ley revela la santidad de Dios.

Segundo, la Ley existe para separar al pueblo de Dios de un mundo de pecado. La Ley no se hizo para ayudarnos a obtener salvación; sólo la sangre de Jesús nos puede proporcionar ese regalo.

Tercero, la Ley está presente para revelarle el pecado al pueblo de Dios. Pablo dejó claro que la Ley no justifica: «por las obras de la ley ningún ser humano será justificado delante de él; porque por medio de la ley es el conocimiento del pecado» (Romanos 3.20).

En otros dos versículos, Pablo hizo hincapié en que la Ley se hizo para que el pueblo de Dios reconociera el pecado:

> Pero la ley se introdujo para que el pecado abundase; mas cuando el pecado abundó, sobreabundó la gracia (Romanos 5.20).

> ¿Qué diremos, pues? ¿La ley es pecado? En ninguna manera. Pero yo no conocí el pecado sino por la ley; porque tampoco conociera la codicia, si la ley no dijera: «No codiciarás» (Romanos 7.7).

El rabino Yechiel Eckstein ofrece una bella perspectiva de la Ley en su libro *What you should know about Jews and Judaism* [Lo que debe saber sobre los judíos y el judaísmo]. Muchos consideran la Ley como una carga, pero los judíos que la observan tienen una perspectiva totalmente diferente:

> El judaísmo entiende el amor de Dios como la disponibilidad de acep-

tar sobre uno el «yugo del reino de Dios». Porque, visto desde dentro, este yugo o carga es uno que el judío observante acepta de buen grado, por amor inagotable y gozo inmensurable. Considera la Torá y sus leyes como el precioso regalo de Dios a Israel, como la manifestación concreta de su bondad y amor por su pueblo. Le da forma a su búsqueda de una vida moral. El judío observante considera la Ley como una forma de vida que lo liga con la divinidad, un vehículo que le permite cumplir la voluntad de Dios y un medio de acercarlo aún más al ámbito espiritual. En vez de esclavitud, la Ley representa la verdadera libertad. En vez de una carga, es el mayor gozo para el judío.[1]

Los cristianos tenemos un gran regalo porque vivimos bajos las directrices de la Ley de Moisés y también estamos cubiertos por la sangre de Jesús. Mi Padre celestial sabía que iba a necesitar estas leyes para ayudarme a tomar decisiones y para representarlo a Él y a su imagen de la mejor forma posible. Nuestra meta principal es parecernos más a Cristo, no separarnos de nuestro Rey por causa de nuestros actos. Permítame aplicar estas diez poderosas leyes a la mujer cristiana en su lugar de trabajo.

El primer mandamiento:

No tendrás dioses ajenos delante de mí.

Nuestro Dios es un Dios que se preocupa mucho por sus hijos. Cambió el curso de la historia para librar a su pueblo escogido de la esclavitud de Egipto. Permitió que su único Hijo se sacrificara en la cruz para que nosotros pudiéramos ser libres de la esclavitud del pecado. A cambio de eso, no podemos tener otra influencia fuera de la suya en nuestra vida.

Algunas mujeres tienen el segundo empleo de la familia para proveer un ingreso adicional para el hogar. Tener otras carreras es parte integral de su vida y de su futuro. Sea cual sea nuestro caso, bajo ninguna circunstancia podemos hacer de nuestro empleo nuestro dios. El verdadero y santo Dios no toma el segundo lugar ante nada ni ante nadie. En Éxodo 34.10 el Señor renovó el pacto con Moisés y el pueblo judío después que le desobedecieron al hacer el becerro de oro. Les dijo en términos muy claros que es un Dios celoso:

> Guarda lo que yo te mando hoy; he aquí que yo echo de delante de tu presencia al amorreo, al cananeo, al heteo, al ferezeo, al heveo y al jebuseo. Guárdate de hacer alianza con los moradores de la tierra donde has de entrar, para que no sean tropezadero en medio de ti. Derribaréis sus altares, y quebraréis sus estatuas, y cortaréis sus imágenes de Asera. Porque no te has de inclinar a ningún otro dios, pues Jehová, cuyo nombre es Celoso, Dios celoso es (Éxodo 34.11-14).

Dios nunca va a permitir que nada de nuestras vidas se le anteponga. Creo francamente que una vez que hacemos al Señor el Salvador de nuestras vidas, todos trabajamos para Él, sea cual sea nuestro trabajo como «hacedora de tiendas». Tener esto en perspectiva nos ayudará a representarlo en todas las facetas de la vida, incluyendo nuestro lugar de trabajo. Un trabajo no es lo más importante de la vida; Jesús lo es. Si estamos casadas, el trabajo no es la segunda cosa más importante de nuestra vida, sino nuestros esposos. Y si tenemos hijos, entonces el trabajo pasa a ocupar un lugar detrás de ellos.

Tenemos que mantener las prioridades que Dios colocó ante nosotros en su Palabra. Recuerde que nuestra fuente de prosperidad no es un empleo, sino Dios. El apóstol Juan les advirtió a los primeros cristianos que no se dejaran atrapar por el mundo:

> No améis al mundo, ni las cosas que están en el mundo. Si alguno ama al mundo, el amor del Padre no está en él. Porque todo lo que hay en el mundo, los deseos de la carne, los deseos de los ojos, y la vanagloria de la vida, no proviene del Padre, sino del mundo. Y el mundo pasa, y sus deseos; pero el que hace la voluntad de Dios permanece para siempre (1 Juan 2.15-17).

Igual que les pasaba a esos primeros cristianos, a veces consideramos a nuestro Dios como un Dios de último recurso y no como el Dios que es nuestro primer y único recurso para toda cosa buena y perfecta. Hoy día

Dios sigue diciéndole a su pueblo: «Tienes que ponerme a mí en primer lugar, y a los negocios en segundo». Una vez que establecemos esas prioridades, nuestra vida se verá libre de tensión y responsabilidades que el Señor nunca pensó para nosotros.

¿Y qué pasa con las mujeres que han decidido quedarse en casa para criar a sus hijos? También viven bajo la misma ley. Se supone que el hogar debe ser nuestro refugio del mundo que nos rodea, un lugar donde nosotras y nuestra familia hallemos refugio y gozo. No se supone que el hogar controle nuestra vida ni la de nuestra familia.

Por desgracia, muchas mujeres que conozco convirtieron sus hogares en un escaparate que se convierte en su dios. La familia no puede usar ciertas habitaciones, no se permiten las visitas de los amigos de sus hijos por miedo a que desordenen. Reconozco que ciertos días, cuando mis hijos eran pequeños, oraba pidiendo que nadie se asomara a la puerta y viera el desorden de nuestra casa. Pero entonces oía reírse a mis hijos y todo volvía a estar claro para mí. Eran felices; nuestra casa era su refugio y oír su risa hacía soportable todo el caos.

Si no le ha entregado su hogar al Señor, hágalo ahora. Dígale al Señor que está muy agradecida por tenerlo y asegúrese que todo lo que pasa dentro de las paredes de su hogar está dedicado a Él y a su gloria.

EL SEGUNDO MANDAMIENTO:

No te harás imagen, ni ninguna semejanza
de lo que esté arriba en el cielo, ni abajo en la tierra,
ni en las aguas debajo de la tierra.
No te inclinarás a ellas, ni las honrarás.

Muchas veces nos parece que este mandamiento se refiere sólo a los tiempos bíblicos o a los países subdesarrollados y no a nosotros, porque no necesitamos imágenes que nos ayuden a alabar al Dios de Abraham, Isaac y Jacob.

Sin embargo, a veces puede suceder que las personas con quienes trabajamos, o para quienes trabajamos, se convierten en nuestros héroes. Cuando eso pasa estamos apartando los ojos del Señor, que es nuestro ejemplo, y estamos buscando a otros para que nos guíen. Al reflejar su imagen, los otros mirarán al Dios que está en nosotros para buscar dirección y no al mundo que los rodea en busca de respuestas.

Con respecto a las mujeres que cuidan el hogar, no debería haber en él imágenes que aparten a sus familias de su caminar con Cristo. Desde Génesis a Apocalipsis, la Palabra de Dios nos advierte contra los ídolos y de cómo nos separan de Dios. Los hijos de Israel hicieron un becerro de oro mientras su líder hablaba con Dios. Raquel tomó los ídolos de la casa de su padre y no se lo dijo a su esposo. Cuando su padre, Labán, se puso a buscarlos, Jacob dijo: «Aquel en cuyo poder hallares tus dioses, no viva». Como Raquel engañó a su esposo, él profirió una maldición sobre ella, y al año siguiente esta murió en el parto. Todo por causa de otros dioses (Génesis 31.26-32).

Los ídolos nos engañan y contaminan nuestra alma. El apóstol Juan les advirtió a los primeros cristianos:

> Sabemos que somos de Dios, y el mundo entero está bajo el maligno. Pero sabemos que el Hijo de Dios ha venido, y nos ha dado entendimiento para conocer al que es verdadero; y estamos en el verdadero, en su Hijo Jesucristo. Este es el verdadero Dios, y la vida eterna. Hijitos, guardaos de los ídolos (1 Juan 5.19-21).

Para saber si tiene ídolos en su hogar, considere estas preguntas:

- ¿Qué tipo de figuras o cuadros hay en su casa? ¿Representan a deidades ocultas de religiones orientales? (A lo mejor le parecen obras de arte, pero al Señor, no. Ni al reino de las tinieblas.)
- ¿Los juegos de sus hijos traen deshonra al Reino de Dios?
- ¿Los personajes de las telenovelas que ha visto durante años han llegado a convertirse en sus ídolos? ¿La vida de esos personajes ficticios se han hecho tan reales que no puede perderse ni un episodio?
- ¿Dirigen las celebridades de Hollywood su vida más que la Palabra de Dios?
- ¿Adora la naturaleza?

- ¿Le resultan más importantes los escritores cristianos o los predicadores que el Dios que la creó?

Recuerde lo que le pasó al rey Saúl. Él decretó que mientras fuera rey nadie debería consultar a ningún médium o mago. Los que así lo hicieran serían castigados con la muerte. Pero más adelante, él se disfrazó y fue a visitar a la adivina de Endor para pedirle que invocara al profeta Samuel, que ya había muerto, para saber el resultado de una batalla contra los filisteos. Al hacer eso, en realidad le estaba diciendo a Dios que podía buscar ayuda en otro lugar y no en Dios. Entonces Samuel le dijo a Saúl: «Jehová se ha apartado de ti y es tu enemigo» (1 Samuel 28.16).

No podría soportar la idea de que Dios se apartara de mí y dejara de responderme. Sé que hoy día hay mujeres que llaman por teléfono a líneas síquicas y consultan horóscopos y cartas de tarot para saber su futuro. Pero Dios es el mismo ayer, hoy y siempre. No cambia de opinión ni de actitud. Es un Dios celoso, y estamos arriesgándonos a sufrir las terribles consecuencias que resultan de que Dios se aparte de nosotros, que nos dé la espalda si lo traicionamos.

Cualquier intento de poner algo entre su alma y Dios es idolatría. Es fundamental recordar que cuando Jesús murió en la cruz su muerte hizo posible que adoráramos a Dios cara a cara. Por tanto, puede acercarse al trono de Dios sin necesidad de un sacerdote, profeta o predicador.

Recuerde que el nombre del Señor es Celoso. Y no olvide la segunda parte de este mandamiento: «porque yo soy Jehová tu Dios, fuerte, celoso, que visito la maldad de los padres sobre los hijos hasta la tercera y cuarta generación de los que me aborrecen, y hago misericordia a millares, a los que me aman y guardan mis mandamientos» (Éxodo 20.5-6).

Como dije, provengo de una herencia mexicana, de una cultura politeísta que adora a muchos dioses debido a la influencia indígena. Mi esposo y yo no queríamos tener nada que ver con influencias que no fueran las del Dios de Abraham, Isaac y Jacob, así que nuestra familia oró en conjunto, pidiéndole al Señor que liberara nuestro linaje familiar de toda maldición generacional.

EL TERCER MANDAMIENTO:

No tomarás el nombre de Jehová tu Dios en vano;
porque no dará por inocente Jehová al que
tomare su nombre en vano.

En las Escrituras, el nombre de Dios siempre revela algo sobre su carácter divino. *Jehová-nissi,* el Señor es nuestro estandarte; *Jehová-rohi,* el Señor es nuestro pastor; *Jehová-shalom,* el Señor es nuestra paz; *Jehová-shammah,* el Señor que está allí; *Jehová-rophe,* el Señor es nuestro sanador; *Jehová-jireh,* el Señor es nuestro proveedor; *Jehová-m'Kaddesh,* el Señor que santifica; y *Jehová-tsidkenu,* el Señor es nuestra justicia; todos ellos son nombres y atributos de Dios.

Mi esposo lleva más de cuarenta y tres años diciendo desde el púlpito: «¡El apellido de Dios no empieza con D!» Su nombre es bueno; su nombre es puro; su nombre es poderoso; su nombre es todo lo que necesitamos. Debemos tratarlo con reverencia.

Hace varios años me senté junto a un rabino en un banquete. Nos pusimos a hablar sobre nuestra respectiva fe, y él me preguntó algo que me afectó para el resto de mi vida: «Diana, siempre he querido preguntarle esto a un cristiano: ¿Por qué ustedes abrevian la palabra Navidad, que es la celebración del nacimiento de su Dios, con una *X* [al escribirla en inglés]?»

La única respuesta que se me ocurrió fue: «Falta de respeto hacia el nombre de Dios». Los judíos justos no escriben el nombre de Dios por miedo a ofenderlo. Incluso cuando escriben una carta personal, simbolizan de esta forma el nombre del Creador: *D_ _S.* Y un judío que ora hace una reverencia cada vez que se menciona en las Escrituras el nombre de Dios, como señal de respeto.

También violamos el tercer mandamiento cada vez que usamos el nombre de Dios de alguna forma que no revele su naturaleza divina. Esto va más allá de la profanación. Una vez que confesamos tomar el nombre de Dios como nuestro Salvador, Él espera que seamos fieles a nuestra profesión de fe. Tenemos que actuar como cristianos en todo lo que hagamos. No sólo hablar como cristianos, sino comportarnos como cristianos. A veces la gente asiste a una iglesia grande como Cornerstone más por cuestión de negocios que por crecimiento espiritual. Estas personas hablan como cristianos, pero cuando interactúan en sus negocios con otros miembros de la iglesia no tienen la misma integridad que esperan el Señor y otros cristianos. El profeta Isaías le advirtió a Israel:

Oíd esto, casa de Jacob, que os llamáis del nombre de Israel, los que salieron de las aguas de Judá, los que juran en el nombre de Jehová, y hacen memoria del Dios de Israel, mas no en verdad ni en justicia (Isaías 48.1).

Como representantes de Cristo tenemos que mostrar respeto por Él y por su nombre en toda ocasión. Su nombre tiene poder, porque la Palabra de Dios afirma que la simple mención del nombre de Jesús hace que los demonios tiemblen. Y se dice que el nombre de Dios significa sanidad, provisión, salvación, paz y liberación. No es un nombre cualquiera.

Si sus compañeros de trabajo hacen comentarios despectivos sobre su Dios, no participe. Si le ofenden con palabrería escandalosa, dígales con amabilidad y convicción que apreciaría un respeto por Dios. La Palabra de Dios dice que vivimos en el mundo, pero no somos parte de él. Tenemos que tomar posición ante lo que creemos y ante el Dios al que servimos.

¿Y qué del vocabulario que usamos en nuestro hogar? ¿Qué escuchan nuestros hijos salir de nuestra boca? ¿Usamos un vocabulario en la iglesia y otro en la casa? ¿Qué tipo de lenguaje permitimos que entre en nuestros hogares por medio de la televisión, música o vídeos? ¿Estamos enseñándoles a nuestros hijos a tomar el nombre de Dios en vano y ni siquiera nos damos cuenta de ello? ¿Nos hemos acostumbrado tanto a las tinieblas que no podemos ver la falta de respeto que hemos desarrollado por nuestro Señor? Estoy planteando muchas preguntas, y si la respuesta a alguna de ellas supone una violación de la Ley de Dios, tenemos que pedirle perdón a nuestro Padre.

Tengo que invocar el nombre de Dios si quiero perdón y salvación. *Necesito* invocar el nombre de Dios si quiero sanidad, provisión y liberación. *Quiero* invocar el nombre de Dios cuando hay alabanzas en mis labios. *Tengo que* aprender a mantener mi corazón y mi boca puros ante Él y su poderoso nombre.

EL CUARTO MANDAMIENTO:

Acuérdate del día de reposo para santificarlo.

¿No le parece maravilloso lo simple que es este mandato? Aparte el día del Señor y santifíquelo. Tengo muchos amigos judíos que guardan el sábado y dejan muy claro que nada va a interferir con este día sagrado, que comienza el viernes al ponerse el sol y termina el sábado al ponerse el sol. Durante este período de veinticuatro horas van a la sinagoga y comparten la comida del día de reposo con sus familias. No realizan ningún tipo de trabajo, tal como instruye el Señor.

La raíz hebrea de la palabra *Sabbath* significa «cesar o dejar», «descansar» y «desistir». No existe ningún registro de que el día de reposo se introdujera a los hijos de Dios antes de mencionarse en Éxodo 16.23-30:

> Y él les dijo: Esto es lo que ha dicho Jehová: Mañana es el santo día de reposo, el reposo consagrado a Jehová; lo que habéis de cocer, cocedlo hoy, y lo que habéis de cocinar, cocinadlo; y todo lo que os sobrare, guardadlo para la mañana. Y ellos lo guardaron hasta la mañana, según lo que Moisés había mandado [...] Jehová os dio el día de reposo, y por eso en el sexto día os da pan para dos días. Estese. Pues, cada uno en su lugar, y nadie salga de él en el séptimo día. Así el pueblo reposó el séptimo día.

Algunos eruditos hebreos afirman que así como el arco iris es el símbolo del pacto con Noé, y la circuncisión es el símbolo del pacto de Abraham, el día de reposo es el símbolo del pacto mosaico.[2] De hecho, algunos rabinos creen que el día de reposo es la suma de todos los demás mandamientos. Al día de reposo se le llamó la «reina majestuosa», una novia radiante y una joya celestial. Santificar este día es el único acto del Antiguo Testamento que fue santificado por Dios: «Y bendijo Dios al séptimo día, y lo santificó, porque en él reposó de toda la obra que había hecho en la creación» (Génesis 2.3). La instrucción es muy simple: tenemos que recordar el día de reposo y santificarlo.

Cuando era niña, todos los negocios cerraban los domingos para que la gente fuera a la iglesia. Esto cambió radicalmente. El domingo se usa como día para ir de compras, para ponerse al día con los quehaceres o para irse al lago. Pero no es nuestro día; es el día de Dios. Él les dijo a los israelitas: «Seis días se trabajará, mas el séptimo día será de reposo, santa convocación; ningún trabajo haréis; día de reposo es de Jehová dondequiera que habitéis» (Levítico 23.3).

Algunas mujeres de nuestra iglesia muchas veces piden oración para que les cambien el horario de trabajo para poder asistir a los cultos. Siempre les pregunto si les han pedido a sus patronos que les dé el domingo libre. Nueve de cada diez me dicen que temen perder sus trabajos si mencionan eso. Comprendo que muchas familias realmente necesitan un segundo ingreso, pero les insto a hablar con sus jefes sobre este tema.

«Como los repartimientos de las aguas, así está el corazón del rey en la mano de Jehová; a todo lo que quiere lo inclina» (Proverbios 21.1). Sabemos que Él tiene el poder. Claro que puede hacer cambiar el corazón de su jefe. Dele a Dios la oportunidad de mover montañas en su favor. Presente su petición con respecto y amabilidad y después retírese y observe cómo trabaja Dios. Si su jefe no quiere cambiar su horario, quizá Dios le esté diciendo que busque otro trabajo. Dios ve su deseo de obedecer su Palabra, y Él honrará su obediencia.

Si trabajamos seis días y le damos su día a Dios, Él nos permitirá hacer más cosas y trabajar de forma más efectiva en seis días que en siete. Todos nosotros deseamos abundancia y prosperidad y para lograr ese deseo tenemos que obedecerle en todas las cosas.

EL QUINTO MANDAMIENTO:

Honra a tu padre y a tu madre, para que tus días se alarguen
en la tierra que Jehová tu Dios te da.

Algunos eruditos de la Biblia creen que los primeros cuatro mandamientos tratan de la relación del hombre con Dios, y los últimos mandamientos tratan de la relación del hombre con el hombre. El quinto mandamiento se considera un vínculo entre las dos categorías, pues simboliza la relación del padre (la autoridad de Dios) con el hijo (el hombre). Honra a tu padre y a tu madre, que representan la autoridad del hogar.

Por desgracia, el espíritu de rebelión que expulsó a Adán y a Eva del huerto del Edén todavía existe en nuestra vida. Al mismo tiempo que las influencias externas tienen más contacto con nuestros hijos por medio de la televisión, la música y los centros de cuidado infantil, la autoridad de los padres disminuye dramáticamente. Si no volvemos a respetar la autoridad, nuestros hijos pensarán que esta no es importante. Las Escrituras nos dicen que honremos a nuestros padres para que tengamos una vida larga, y eso es una bendición que todos deseamos.

También perdimos respeto por la autoridad fuera del hogar. Recuerdo que cuando era niña, los menores teníamos que dirigirnos a los adultos con «señor» y «señora», y contestar sus preguntas con «Sí, señor», o «Sí, señora». Nunca se nos ocurría faltarles al respeto a los mayores. Tengo cuarenta y nueve años y siempre que me dirijo a alguna figura que tiene autoridad lo hago de una forma apropiada. A veces cuando hago esto parece que la gente más joven se siente incómoda, pero lo que me enseñaron mis padres está muy arraigado en mí.

Si trabajamos fuera de casa, nuestros supervisores o jefes son nuestras autoridades. Puede que no estemos de acuerdo con su filosofía o su punto de vista, pero nunca deberíamos minar su autoridad. Si no podemos respetar su liderazgo, debemos respetar su posición.

Si se encuentra en un grupo de personas que se pone a hablar mal sobre las figuras de autoridad que hay en su lugar de trabajo, sepárese de ellos. Dios honrará su decisión. Si alguien le habla mal sobre otros, sólo es cuestión de tiempo para que esa persona comience a hablarles mal de usted a otros. Hacer el mal suele ser popular, pero al final nos separa de Dios.

Dentro del hogar no hay duda alguna que la mujer debe mantener respeto por la autoridad. En primer lugar, la esposa debe someterse a su esposo, como afirma Pablo en Colosenses 3.18: «Casadas, estad sujetas a vuestros esposos, como conviene en el Señor». La primera vez que anuncié en la iglesia que iba a dar un curso sobre sumisión, se apuntaron muy pocas mujeres. Muchas me dijeron que preferían hacerse una endodoncia. Entonces, le cambié el nombre a la clase: «¡La sumisión y cómo la conquisté!», y el curso se llenó. Contrario a la tendencia popular, la sumisión no es idea del hombre sino mandato de Dios.

Cuando le pregunté al Señor: «¿Por qué tengo que hacer esto?», una frase de 1 Pedro 3.1-2 selló para mí el propósito de la sumisión: «Asimismo vosotras, mujeres, estad sujetas a vuestros esposos; para que también los que no creen a la palabra, sean ganados sin palabra por la conducta de sus esposas, considerando vuestra conducta casta y respetuosa». Pensar que mi conducta podría llevar a alguien no salvo al conocimiento salvador de Cristo fue de muchísima inspiración para mí.

La sumisión también asegura que los hijos respetarán a su padre como autoridad del hogar. Por esta razón, la madre que pasa la mayor parte del tiempo con sus hijos nunca debería hablar mal del padre, porque al hacerlo podría echar por tierra el respeto de sus hijos por él. Me estremezco al pensar en la confusión que podemos causar en nuestros hogares y en la vida de nuestros hijos cuando permitimos que la rebelión entre.

A muchas madres solteras de nuestra iglesia les he dicho que no hablen mal de sus ex esposos delante de sus hijos. Puede que sientan muy poco respeto por el hombre, pero deben honrar la posición. Les digo: «Incluso si tú y tu esposo no soportan estar en la misma habitación, recuerda que tus hijos aman a su papá. Si le pierden respeto a causa de tus insultos y comentarios, tendrás que responder por tus acciones ante el Señor».

Ya sé que esto puede ser problemático para la madre soltera cuyo esposo ha elegido un tipo de vida impía apegado al alcohol, las drogas o la promiscuidad. En esos casos la madre debe decir: «No estamos de acuerdo con el estilo de vida de papá, pero ustedes tienen que seguir honrándolo por su posición como su papá».

Como madre, quiero lo mejor para mis hijos. Quiero que sean benditos al entrar y al salir. Quiero que tengan una vida larga. Quiero que honren la Palabra de Dios y obedezcan a sus padres. Quiero que amen a sus futuros cónyuges y eduquen a sus hijos en el temor y amonestación del Señor. Al aprender sobre la autoridad en el hogar, les resultará más fácil responder a la autoridad fuera de este, ya sea en el colegio o en el trabajo.

EL SEXTO MANDAMIENTO:

No matarás.

Este es el primer mandamiento que trata directamente con la relación del hombre con el hombre. La palabra de Dios insiste en que la vida humana es sagrada. El simple hecho de que Dios creó al hombre valida esto. Dios tiene un propósito para cada individuo, y quitarle la vida a alguien es interferir con el propósito de Dios para esa vida. Es como decir que el hombre es superior a Dios. Y esto nunca será así.

También podemos matar la reputación de la gente con nuestra lengua. Vidas que han sido vividas de forma justa pueden destruirse por rumores e insinuaciones. Aunque la lengua es una parte pequeña de nuestro cuerpo, toma mucho espacio en las Escrituras, sobre todo en los Salmo:

Yo dije: Atenderé a mis caminos,
para no pecar con mi lengua;
Guardaré mi boca con freno,
en tanto que el impío esté delante de mí.
Enmudecí con silencio,
me callé aun respecto de lo bueno;
y se agravó mi dolor (Salmo 39.1-2).

Si veías al ladrón, tú corrías con él,
y con los adúlteros era tu parte.
Tu boca metías en el mal,
y tu lengua componía engaño.
Tomabas asiento,
y hablabas contra tu hermano;
contra el hijo de tu madre ponías infamia (Salmo 50.18-20).

Escóndeme del consejo secreto de los malignos,
de la conspiración de los que hacen iniquidad,
que afilan como espada su lengua;
lanzan cual saeta suya, palabra amarga como flechas,
para asaetear a escondidas al íntegro;
de repente lo asaetean, y no temen. (Salmo 64.2-4).

Y hay muchas otras referencias en las Escrituras a la habilidad destructora de la lengua (por ejemplo, Proverbios 18.20-22; Santiago 3.1-2, 4-9).

¿Es usted chismosa? Si cuenta algo que no le sucedió a usted o que no edifica a la otra persona ni glorifica a Dios, entonces es chisme. No existe un infierno grande para los asesinos y otro pequeño para los chismosos. Hay un solo lago de fuego. Con una sola mentira o exageración puedes matar una reputación que se tardó años en construir.

Todos los días tenemos que tomar decisiones. Podemos escoger entre obedecer a Dios y bendecir a otros o podemos elegir entre desobedecerle y maldecir a otros con nuestras palabras. Ambas alternativas tienen consecuencias. Una alternativa trae la bendición de Dios a nuestra vida, y la otra trae las maldiciones de Satanás. Mi esposo dice que la gente pone la basura en un cesto para la basura. Pues lo mismo hacen los chismosos. Si usted recibe los chismes, entonces la gente se los traerá. Si rechaza el chisme, Satanás no la incluirá en su plan de destruir a otros.

Uno de los mejores cumplidos que se le puede hacer a alguien es que nunca se le ha oído hablar mal de nadie. Una persona así es la imagen de Cristo y atraerá a otros hasta su cruz. Si ascienden a alguien en su lugar de trabajo, alégrese con esa persona. No se junte con otros para criticar a esa persona por sentirse celosa. Si la gente sobresale en algo, felicítelos, y dígales que está orgullosa de ellos. Sea luz en un mundo oscuro y edifique a otros con las palabras de su boca.

¿Y qué pasa con la mujer que está en casa? ¿La oyen tus hijos hablar mal de otros por teléfono? ¿Cuándo tiene visita, suele profanar su matrimonio hablando mal de su esposo?

Esa voz apacible que escucha en su mente diciendo *Habla lo bueno, y no lo malo* es la voz del Espíritu de Dios, que guía a sus hijos por el camino correcto. No ignore esa voz. Si lo hace, se hará tan leve que llegará el día en que no la oiga y se sentirá separada de Dios.

Sea como Jesús y busque oportunidades de hablar palabras de bendición y sanidad sobre el cuerpo, el alma y la mente. Comience con su esposo e hijos y después con la gente que hay a su alrededor. Muy pronto sentirá la llenura que sólo puede dar el Espíritu del Dios vivo.

EL SÉPTIMO MANDAMIENTO:

No cometerás adulterio.

La unión entre esposo y mujer es la relación familiar sobre la que se basan todas las otras relaciones. Cuando Dios creó al hombre, sabía que eso no era suficiente, por eso creó también a la mujer. Ambos eran necesarios para dar una expresión plena de su imagen divina.

A causa de la importancia sobrenatural del matrimonio, la promiscuidad también es una violación directa del séptimo mandamiento. El matrimonio es tan sagrado que una conducta lasciva antes del matrimonio profana la consagración de un posible matrimonio. Por tanto, la infidelidad antes del matrimonio es tan adulterio como después del matrimonio.

El adulterio es un pecado de devastación. Es un pecado contra el individuo. Cuando un hombre y una mujer consuman su matrimonio la noche de bodas, tiene lugar un pacto de sangre. Por medio del acto sexual, el esposo rompe el himen de su esposa virgen, lo que conlleva un derramamiento de sangre. Este acto, consagrado por Dios como un pacto de sangre, nunca debe ser violado. Si hay adulterio, se destruye la unidad perfecta, y el equilibrio del espíritu, mente y cuerpo entre dos personas. Sólo Dios puede restaurar esa devastación.

El adulterio es un pecado contra la familia. Lo sagrado del pacto matrimonial abarca la paternidad, la maternidad y la infancia. Cuando se comete adulterio se rompe el círculo divino. Los hijos de esa unión sufren un daño incalculable al darse cuenta que se les encomienda a uno de los padres y se les separa del otro. Muchas veces sucede que desde ese momento se frustra la perspectiva de un niño sobre el matrimonio, la familia y futuras relaciones.

El adulterio es un pecado contra la sociedad. La sociedad es una unión de familias. Si tiene lugar un divorcio por causa del pecado del adulterio, se causa un trastorno en la unidad familiar. Instantáneamente ambas partes pierden la mitad de lo que obtuvieron en su unión. Muchas veces la mujer se lanza al mercado laboral y, con frecuencia, mientras no recibe un entrenamiento nuevo, le falta cualificación para competir en el mundo de los negocios, pues se había dedicado a criar a sus hijos y a cuidar de su familia.

Nuestra cultura adoptó una expresión que no existía cuando yo era pequeña: «padres holgazanes», padres que desaparecen de la familia sin tomar la responsabilidad del bienestar de sus hijos. Como consecuencia de eso la asistencia pública aumenta. Los números de pandillas juveniles han crecido como nunca porque los jóvenes se quieren identificar con algún tipo de autoridad.

Gran parte de los adulterios en la sociedad hoy día tienen lugar en el trabajo. Una mujer puede llegar a enamorarse de un individuo del que está cerca por lo menos cuarenta horas a la semana. Una vez que se le abre la puerta a pensamientos acerca de que alguien más, aparte de su esposo, puede responder a sus necesidades, Satanás comienza a afianzarse.

La sociedad nos lleva a creer que el matrimonio sólo es un contrato civil, y los contratos civiles se rompen pagando una tarifa mínima. ¿Por qué el matrimonio no es igual? El matrimonio es un contrato divino. Sin embargo, hay demasiada gente que llega al matrimonio sin ningún reconocimiento de Dios. Si tiene pensado casarse, es fundamental que usted y su prometido reciban consejería cristiana para asegurarse que están seguros acerca del compromiso que van a realizar. Dar este paso también garantiza que Dios está en el centro de la decisión desde el principio.

Me dirijo a la mujer que trabaja en el hogar y a la que trabaja fuera de él. Evite la trampa que el gran engañador le coloca al frente. Sea fiel a la ley de Dios. Él la recompensará de formas que ni se imagina. Si está soltera, recuerde que la violación de este mandamiento fuera del matrimonio como quiera la hará responsable a Dios y a su ley, igual que si estuviera casada. Si ya ha violado esta ley, debe saber que hay un Dios perdonador que quiere sanar sus heridas. También es imperativo que se aparte del pecado para siempre.

Cuando se encontró en el acto de adulterio a la mujer de Juan 8.11, Jesús le dijo que estaba perdonada, pero que no pecara más. Mi esposo predica muchas veces sobre la gracia y el perdón, pero siempre dice algo que sella el acto del pecado recurrente: «Extender perdón sin exigir un cambio convierte la gracia de Dios en cómplice del mal».

Hace varios años enseñó una serie de lecciones sobre los pactos de la Biblia que dejó una impresión tan grande en nuestro ministerio que adoptamos el «pacto de sal» como símbolo de la asociación para las personas que sostienen nuestro ministerio televisivo.

En los tiempos bíblicos, los hombres llevaban bolsitas de sal en el cinturón cuando trabajaban o viajaban a largas distancias, ya que debían ingerir algo de sal para evitar que se les acalambraran los músculos durante el calor del día. Las bolsitas también tenían otra función: Cuando dos hombres hacían un pacto o contrato entre ellos, cada uno tomaba un poco de sal de su bolsita y la echaba en la bolsita del otro. Y luego los dos sacudían sus bolsitas para sellar su acuerdo, ya que era imposible recuperar los granos de sal originarios de la otra bolsita.

Este mismo simbolismo se convirtió en parte de la ceremonia matrimonial de muchas de nuestras parejas jóvenes. Después de intercambiar sus votos, el novio y la novia intercambian sal. Después sacuden sus bolsitas para que los granos de sal nunca se puedan recuperar ni sus votos se puedan romper. (Les pedimos que pongan las bolsitas en un lugar visible de su casa para acordarse de los votos eternos que han hecho.)

EL OCTAVO MANDAMIENTO:

No hurtarás.

Todos reconocemos que quitarle a alguien su propiedad sin permiso se considera un robo, y estamos de acuerdo en que el robo es malo a los ojos de Dios y de la sociedad. Pero ¿qué pasa con los «deslices ocasionales» que se dan en nuestra vida?

Si está en su lugar de trabajo y se lleva algo que no le pertenece de la oficina, ¿lo considera un robo? ¿Tiene la casa llena de lápices, plumas, papel para computadora y otros artículos que «tomó prestados» de su lugar de trabajo? A eso Dios lo llama robar.

¿O hace descansos demasiado largos para tomar café? ¿O se toma el día libre por enfermedad cuando no está enferma? ¿Cumple exactamente con su horario? ¿O llega tarde y se va temprano? ¿Se pasa horas hablando por teléfono o enviando correos electrónicos a sus amigos en horas laborables? Todos esos actos apuntan al pecado del robo. Si nos acostumbramos a la filosofía del «¡todo el mundo lo hace!», nos olvidamos que Dios está tomando nota de todos esos actos.

Si es la dueña de la compañía, ¿le paga justamente a sus empleados, o trata de «ahorrar» un poco y le niega lo que les corresponde por justicia? Santiago, el medio hermano del Señor, les dijo lo siguiente a los primeros cristianos: «He aquí, clama el jornal de los obreros que han cosechado vuestras tierras, el cual por engaño no les ha sido pagado por vosotros; y los clamores de los que habían segado han entrado en los oídos del Señor de los ejércitos» (Santiago 5.4).

Cuando rinde sus impuestos sobre ingresos, ¿hace más deducciones que las que corresponden? Aunque no me gusta nada pagar impuestos, sé que cuando le preguntaron a Jesús sobre los impuestos romanos, Él le dijo a la gente que le dieran «a César lo que es de César».

En el hogar, a veces tomamos prestadas cosas y luego no las devolvemos, como por ejemplo libros, cámaras, vídeos o herramientas que tomamos prestadas por toda una temporada. Puede ser que asumimos que nuestro amigo olvidó que tenemos su propiedad y no hacemos nada. Nos demos cuenta o no, hemos robado propiedad en nuestros hogares.

Estoy parada junto a la caja del supermercado y vi que la cajera se equivocó al hacer la cuenta. Enseguida hay un debate en mi mente:

¡Qué bien! Acabas de ahorrar dos dólares y quince centavos en la caja de detergente.

¡No! El dinero no es tuyo, me dice otra voz.

En la tienda nunca se darán cuenta de ese error. Durante todos estos años he gastado miles de dólares en esta empresa.

Diana, dile a la cajera que se equivocó.

¡Por amor de Dios! Piensa en todas las veces que me cobraron de más sin darme cuenta.

¡Devuelve el dinero, Diana!

¿Te resulta familiar esta conversación? He llegado hasta el estacionamiento y al final, he regresado a la tienda a devolver el dinero. Tarde o temprano llego a la conclusión de que no vale la pena ahorrar dos dólares y quince centavos, o la cantidad que sea, si no agradamos a Dios.

Al regresar a la tienda la cajera se asombra de que regrese. ¿Por qué? ¿Por qué todas las tiendas de ofertas de los Estados Unidos tienen que instalar cámaras ocultas para atrapar a los ladrones? Las tiendas se gastan millones de dólares anuales en seguros contra ladrones, anticipando que el robo se da porque muchos niños en Estados Unidos están adictos a robar en las tiendas. Les parece algo divertido para pasar el rato. Le hemos dado la espalda a una instrucción muy simple de Dios, quien desea lo mejor para sus hijos: No hurtarás.

La mejor política es la honestidad. Que le reconozcan en el hogar y fuera de él como una mujer de verdad e integridad ya es una gran recompensa. Y saber que estás agradando al Padre, al Rey de reyes, es una recompensa aún mayor.

EL NOVENO MANDAMIENTO:

No hablarás contra tu prójimo falso testimonio.

El noveno mandamiento trata dos aspectos del carácter de la persona: la reputación y el falso testimonio. Dios conoce muy bien el segundo aspecto de este mandamiento: el falso testimonio. Lo asesinaron por ser «despreciado y desechado entre los hombres» (Isaías 53.3). El falso testimonio dañó su reputación de «rabí sanador».

Este mandamiento les pide a los que siguen a Dios que digan la verdad en toda afirmación que directa o indirectamente involucre a nuestros compañeros. Por ejemplo, si en la oficina se produce un error, y usted es la responsable, Dios quiere que diga la verdad y no invente ninguna coartada o señale a nadie con el dedo acusador. En esencia, Dios exige la verdad hecha por el hombre, para el hombre, concerniente al hombre.

Todos los días en las cortes de justicia se le pide a hombres y mujeres que hagan un juramento con la mano sobre la Biblia. Sin embargo, muchos de esos hombres y mujeres cometen perjurio; asumen que nadie va a saber nunca la verdad sobre sus mentiras. Puede que el juez y el juzgado de esa sala no conozcan la verdad, pero el Juez Supremo del cielo sí la conoce.

Mi esposo cuenta la historia de una mujer que fue a hablar con un sacerdote anciano y sabio para pedirle perdón por su tendencia al chisme. «Dios perdonará tu pecado», le dijo el sacerdote a la mujer, «pero debes hacer algo por mí».

Ella accedió.

«Pon una pluma de ave en el umbral de la puerta de cada persona de la que diste falso testimonio. Y a la mañana siguiente recoge cada pluma del umbral».

Al día siguiente la mujer regresó más arrepentida que nunca a ver al sacerdote. Confesó que no había podido recuperar ninguna de las plumas porque se las había llevado el viento. «Eso es exactamente lo que sucedió con las mentiras que dije», reconoció. «Nunca se podrán recuperar».

Vivimos en una sociedad en que nuestra palabra ya no es nuestro compromiso. En cada transacción entre dos personas hay que firmar un contrato, y aún así no hay garantía de que este se cumpla. La verdad no se mantiene por sus propios méritos; el mejor abogado a veces redefine la verdad a gusto de su cliente. Nuestros colegios enseñan que está bien mentir si no se hieren los sentimientos de otra persona.

Un amigo nos llevó de paseo a mi esposo y a mí por el distrito judío de diamantes de la ciudad de Nueva York. Después de eso fuimos al prestigioso Diamond Club, donde hombres de todo el mundo compran y venden diamantes, con un volumen de ventas de millones de dólares. Me sorprendió ver hombres que sacaban de debajo de sus cinturones unas bolsitas pequeñas de cuero marrón y vaciaban el contenido en una mesa que había delante de ellos. Montones y montones de diamantes brillantes relucían como estrellitas. Los posibles compradores tomaban con cuidado esas piedras limpias y brillantes con unas pinzas y las exponían a la luz del sol para examinarlas mejor antes de elegir las mejores.

Una vez que un hombre elegía una, lo único que hacía era poner el diamante en su bolsita y estrechar la mano del vendedor.

Le preguntamos a nuestro amigo qué hacían. Nos dijo que estaban sellando su transacción.

—¿Cuándo se redactan y se firman los contratos? —preguntó mi esposo.

—No hay contratos —le respondió—. Basta con la palabra que se dan el uno al otro.

No podíamos creerlo, así que John preguntó con cuánta regularidad un hombre no cumplía su palabra.

—¡Nunca! —contestó nuestro amigo. En los cuarenta y tantos años que llevaba en el negocio de los diamantes nunca se había encontrado con un caso así.

Me maravillé al darme cuenta que esos hombres judíos llevaban sus mantos de oración debajo de la ropa. Cuando se saludaban unos a otros dándose la mano, por debajo de sus abrigos se movían los tirabuzones retorcidos. Me fijé en cómo se balanceaban esos tirabuzones de tela y recordé una enseñanza que mi esposo había dado en nuestra iglesia. Según la numerología hebrea, esos tirabuzones deletrean el nombre de Dios, y los nudos de las puntas simbolizan las 613 leyes que Dios les dio a los judíos. Entre esas leyes había una ley que exigía que no mintieran o dieran falso testimonio contra sus compañeros. De generación en generación hasta el siglo XXI, los judíos han permanecido fieles a la Ley y al Dios de Abraham, Isaac y Jacob.

Nosotros también podemos ser fieles a la Ley y a nuestro Dios. Podemos ser mujeres de verdad y pureza de corazón. Pedro les aconsejó a los primeros cristianos que hicieran exactamente eso:

> El que quiere amar la vida y ver días buenos,
> refrene su lengua del mal,
> y sus labios no hablen engaño;
> Apártese del mal, y haga el bien;
> Busque la paz, y sígala (1 Pedro 3.10-11).

Dios también nos dice que les enseñemos esto a nuestros hijos, porque la Biblia promete que, si les enseñamos la Ley de Dios cuando son jóvenes, no se apartarán de ella cuando sean mayores (Proverbios 22.6). Cuando interactuamos con el mundo que nos rodea, podemos ser faros de luz que traen los barcos perdidos a un puerto seguro.

EL DÉCIMO MANDAMIENTO:

No codiciarás la casa de tu prójimo.

El décimo mandamiento es distinto de los demás porque tiene que ver con la vida interna y oculta. La palabra *codiciar* significa «desear poseer», «poner el corazón en» o «jadear por». El pecado, tal y como sugiere la palabra *codiciar*, significa desear poseer algo que le pertenece a otro. Puede que rompas este mandamiento y, al principio, nadie se dé cuenta. Pero tarde o temprano se revelará de forma evidente. Pero Dios conoce esta violación desde el principio.

El mandamiento en sí se refiere siete veces a las pertenencias de alguien:

«No codiciarás la casa de tu prójimo, no codiciarás la mujer de tu prójimo, ni su siervo, ni su criada, ni su buey, ni su asno, ni cosa alguna de tu prójimo». No es malo desear esas cosas, siempre y cuando no le pertenezcan a otro. Cuando un hombre le pidió a Jesús que le dijera a su hermano que dividiera su herencia con él, el Señor respondió: «Mirad, y guardaos de toda avaricia[codicia]; porque la vida del hombre no consiste en la abundancia de los bienes que posee» (Lucas 12.15).

Pablo pone al «codicioso» al mismo nivel que al fornicario, al impuro y al idólatra: «Porque sabéis esto, que ningún fornicario, o inmundo, o avaro [codicioso], que es idólatra, tiene herencia en el reino de Cristo y de Dios» (Efesios 5.5).

Como mujeres de Dios, tenemos que mirar las cosas materiales, sociales y espirituales que Dios nos proporcionó y darle las gracias por su bondad y misericordia. En cambio, muchas de nosotras miramos el coche, la casa, la ropa o el trabajo, o incluso al esposo, de otras y deseamos lo que ellas tienen. He sido culpable de poner los ojos en la belleza de otra persona y desearla internamente. Lo que le decía a Dios con eso es que se equivocó al crearme. Cuando me di cuenta de eso le pedí que me perdonara y me ayudara a verme a mí misma tal y como ve a sus hijas, a través de la majestad de su creación.

Tenemos que recordar que aunque los Diez Mandamientos se conocen también como la Ley de Moisés, Dios le dio esas leyes a su pueblo por medio de Moisés. El monte Calvario es el único lugar en que podemos obtener fuerza para hacer lo que se nos dio en el monte Sinaí. El único lugar en que podemos encontrar la fuerza y el deseo para cumplir las leyes de Dios es a los pies de Cristo. Sobre todo, sólo dependiendo de Él, que fue y es el amor eterno, nosotras sus hijas podemos hacerlo todo.

ᐸᕤ Puntos de acción:
Diez Mandamientos para las mujeres en el trabajo

1. Reflexione sobre su actitud en su lugar de trabajo, tanto si es en su casa como en el mundo laboral. ¿Refleja su caminar cristiano? Juzgue según estas palabras de Pablo en la epístola a los Filipenses:

Por lo demás, hermanos, todo lo que es verdadero, todo lo honesto, todo lo justo, todo lo puro, todo lo amable, todo lo que es de buen nombre; si hay virtud alguna, si algo digno de alabanza, en esto pensad (4.8).

Nuestra actitud lo es todo en nuestro caminar diario con Cristo. Deberíamos depender en el pasaje que confirma que estamos en este mundo pero no somos de este mundo (Juan 15.19). De esta forma, podemos decidir ser feliz en un mundo muy infeliz.

Haga una lista de los votos que le gustaría hacer en cuanto a su conducta en el lugar de trabajo, en casa o en los negocios.

_____

_____

_____

_____

_____

2. Ahora lea este otro pasaje de la misma carta de Pablo:

Haced todo sin murmuraciones y contiendas, para que seáis irreprensibles y sencillos, hijos de Dios sin mancha en medio de una generación maligna y perversa, en medio de la cual resplandecéis como luminares en el mundo (Filipenses 2.14-15).

La palabra contiendas es importante en este pasaje. No creo que Pablo esperaba que nos quedáramos callados cuando alguien está cometiendo un error, en casa o en el negocio. Recuerde lo que le dije a John: «Mírame a los ojos. ¿Te das cuenta de que aunque se supone que tengo que ser sumisa, sigo teniendo un cerebro?»

Creo que como buenas empleadas, esposas y madres debemos señalar los errores que veamos. La manera en que hacemos esto hace la diferencia: con humildad, amabilidad y, sobre todo, con integridad.

¿Hay alguna cosa que vaya mal en su casa o en su trabajo? Cualquiera puede señalar los problemas. En lugar de eso, conviértase en una persona que soluciona problemas. Escriba cómo podría resolver esto con una actitud apropiada:

_____
_____
_____

3. Mi esposo habla muchas veces de tener «una actitud de gratitud». Debemos vivir cada día con un corazón agradecido por todo lo que Dios nos da.

Lo mejor para eso es citar un pasaje de la epístola que Pablo les escribió a los colosenses mientras estaba en la cárcel. No hace falta que diga que podría haberse quejado de sus circunstancias. Sin embargo, Pablo aprendió a vivir por encima de sus circunstancias en un ámbito donde la paz de Dios le dictaba sus pensamientos:

> Vestíos, pues, como escogidos de Dios, santos y amados, de entrañable misericordia, de benignidad, de humildad, de mansedumbre, de paciencia; soportándoos unos a otros si alguno tuviere queja contra otro. De la manera que Cristo os perdonó, así también hacedlo vosotros. Y sobre todas estas cosas vestíos de amor, que es el vínculo perfecto. Y la paz de Dios gobierne en vuestros corazones, a la que asimismo fuisteis llamados en un solo cuerpo; y sed agradecidos. La palabra de Cristo more en abundancia en vosotros, enseñándoos y exhortándoos unos a otros en toda sabiduría, cantando con gracia en vuestros corazones al Señor con salmos e himnos y cánticos espirituales. Y todo lo que hacéis, sea de palabra o de hecho, hacedlo todo en el nombre del Señor Jesús, dando gracias a Dios Padre por medio de él (Colosenses 3.12-17).

Anote las provisiones que Dios le dio y cómo puede tener una actitud de gratitud.

_____
_____
_____

4. Lea el capítulo 5 del libro de Ester. Termine con la siguiente oración:

Padre, te pido que escribas tu Ley en mi corazón. Voy a meditar en tu ley día y noche y trataré de cumplir todo lo que está escrito en ella, porque entonces prosperarás mi camino y me darás éxito. Deseo vivir una vida de integridad; por causa de Jesucristo soy una mujer de integridad. Soy la cabeza, no la cola. Estoy arriba, no debajo. Tú bendecirás y prosperarás todo lo que me proponga hacer. Deseo convertirme en una mujer de excelencia; que todo lo que haga sea testimonio de tu gracia y fidelidad y glorifique a mi Padre. Oro en el nombre de Jesús. Amén.

capítulo siete

༄

Las mujeres y las relaciones románticas

*P*or ser la hija mayor en la familia, siempre cuidé de mis hermanas menores. Hubo un tiempo en el que estuve muy preocupada por mi hermana Sandy. Había estado saliendo con un hombre guapo durante varios años (lo llamaremos Peter), pero a nadie de la familia le gustaba. La verdad es que nos alegramos cuando terminaron.

Pero Sandy se sentía miserable. Todavía estaba viviendo en casa, así que mi mamá estaba viviendo los estragos de la infelicidad de Sandy. Un día, mamá me llamó y me dijo: «Ya no sé qué hacer con Sandy».

Le dije: «Mamá, vamos a orar para que Dios traiga a un hombre piadoso a su vida».

«Muy bien», me dijo. «Puedo hacer eso».

Ahora todo el mundo sabe que Dios necesita un poquito de ayuda, así que todos los domingos echaba miraditas en la iglesia en busca de hombres aptos. Nada. Ni uno.

Y todos los domingos, al escuchar cantar al coro, lo que llamo el primer mensaje que oímos en la iglesia de Cornerstone, oraba por cada uno de sus miembros. Visualmente avanzaba por las filas, bendiciendo a cada hombre y mujer en el nombre del Señor. También oraba por sus familias y por sus vidas.

De repente, un domingo vi una cara masculina nueva y muy atractiva. No pude evitar pensar *hmm...*

Ese domingo, al llegar a casa llamé a mi madre inmediatamente: «Creo que lo encontré», dije.

Ella me respondió: «¡Gracias al Señor!»

Fui a mi esposo y le hablé del joven. Sin dudarlo un momento, me dijo: «¡No te metas en eso!»

De mala gana, convine en hacer como me decía, pero seguí orando y orando. Por esos días, estaba planeando un viaje a Israel para el coro y la orquesta. Durante una de las reuniones con el coro, estaba anotando los nombres de los que irían para hacer las reservaciones, según me decían «sí, voy a ir» o «no, no puedo», cuando alguien me tocó en el hombro.

Me di la vuelta, y ahí estaba el joven guapo. «Permiso», me dijo. «Me gustaría saber cuánto tiempo tengo para poder darle una respuesta definitiva. Estoy estudiando medicina y no sé cuándo van a ser los exámenes finales».

Había orado por un hombre piadoso que pudiera acercar a mi hermana más al Señor y también por un hombre que pudiera mantenerla a ella y a los hijos que tendrían. Todas las cosas por las que oran una mamá y una hermana.

¡Estudiante de medicina!, pensé. Y luego pregunté: «¿Y tu esposa irá?»

«No estoy casado».

«Ya veo». Esa noche, al llegar a casa le dije a John: «Me dijiste que no me metiera, pero es que no puedo».

«No te metas», me repitió.

Entonces, volví a recurrir a la mejor acción bíblica de todas: orar.

Varias semanas más tarde, mi hermana se me acercó y me dijo: «Creo que este fin de semana voy a salir con alguien». No parecía muy convencida, y sabía porqué: no había salido con nadie desde que rompió con Peter.

Estaba un poco renuente porque estaba esperando para que conociera al hombre de mis sueños para ella.

—Así que tienes una cita.

—Sí, pero no sé si quiero.

—¿Quién es? —pregunté.

—Un muchacho del coro.

¡En ese momento supe que era él!

Dios no necesitó mi ayuda después de todo, pensé. *Y contesta mis oraciones.*

Cuatro meses más tarde, el Señor me lo probó. Sandy y ese muchacho, el Dr. Scott Farhart, tocaron nuestra puerta para decirnos que se iban a casar. Scott es todo lo que yo puedo desear para mi hermana, para mi sobrina, Jordan, y para mi sobrino, Jared. Es uno de los ancianos de la iglesia y está en el gobierno de los doce líderes de mi esposo, un concepto que el Señor comenzó cuando comisionó a sus discípulos, derramando su enseñanza en ellos para que pudieran ir y enseñar a otros.

John y yo hemos discipulado directamente a doce hombres de nuestra congregación y a sus esposas, y ellos por su parte están discipulando a otros doce hombres y mujeres, que a su vez están discipulando a otros doce, y así sucesivamente. En total hay cinco mil personas involucradas en alguna de las familias de los doce (que se llaman según las doce tribus de Israel) o en más de setecientas células que se desarrollaron como parte del gobierno de los doce.

Me pareció que sería una buena idea que mi hermana Sandy dirigiera la sesión sobre el noviazgo, pues yo sólo salí con John. Mi padre era un papá mexicano muy estricto, y crecí durante los setenta, cuando muchos chicos de la secundaria llevaban el pelo largo. No valía la pena tratar de convencer a mi papá de que un muchacho de pelo largo me trataría como a una dama. Tenía dieciséis años cuando mi hermana menor, Rosie, enfermó de cáncer. Durante los cuatro años siguientes me concentré en mi familia y en mis estudios. Cuando llegué a la universidad, me especialicé en premédica. Y la carga de las difíciles materias no me dejaba mucho tiempo para salir con chicos.

Comencé a salir con John a finales del otoño de mis veintitrés años, y nos casamos poco después de que cumplí veinticuatro. Eso fue hace veinticinco años, y le doy gracias al Señor Jesucristo por enviarme el hombre que deseaba para mí. Él es el único hombre que me ha tomado de la mano y el único a quien he besado.

Mi hermana Sandy fue la reina universitaria del condado de Bee, después de haber sido la encargada de recoger los bates del equipo de béisbol. A finales de la década de los ochenta su lista de novios estaba bastante llena. Pero cuando le pedí que hablara sobre las salidas en citas, su primera reacción fue: «No me fue muy bien en esa área. No soy buena eligiendo hombres. Scott es genial, pero ya sabes que los otros chicos que elegí no eran tan buenos».

«Precisamente por eso quiero que seas tú quien hable sobre las citas y el noviazgo», le dije. «Cuéntales tus errores. Te escucharán, porque has estado en esa situación, y has compartido parte su dolor».

Desgraciadamente, las citas y el noviazgo se ha convertido en algo difícil para las mujeres cristianas, ya que la sociedad ha redefinido la palabra *romance*. En nuestra conferencia Mujer de Dios les pregunté a las mujeres: «¿Cuántas de ustedes recuerdan alguna película verdaderamente romántica de cuando eran jóvenes?»

Muchas de ellas levantaron la mano.

«¿Había algún desnudo?»

Oí muchos «no» por el santuario.

«¿Había malas palabras?»

Las mujeres volvieron a gritar: «¡No!»

«En lugar de eso, los actores se miraban largamente el uno al otro, y las mujeres del público decían "Ohhhh". Eso era todo. O quizá una puerta cerrada, y uno se imaginaba lo que pasaba detrás de ella».

Hoy día es casi imposible ver una película romántica sin ver desnudos o malas palabras. (Mi esposo y yo nos salimos de algunas películas debido a las imágenes que salen en la pantalla.) Y todo eso se hace en nombre del romance, en nombre del juego de las citas. No me extraña que haya tantas mujeres que, como cristianas, tengan problemas cuando salen con muchachos. Pero no debemos desistir sólo porque ciertas personas distorsionaron una relación romántica. En este capítulo, Sandy va a hablar de las citas desde el punto de vista de una soltera o, el salir otra vez en citas románticas para una viuda o divorciada, y yo voy a hablar al final sobre las citas románticas con nuestros esposos.

SALIR EN CITAS O REINTEGRARSE AL MUNDO DE LAS CITAS

Aquella noche Sandy les pidió a las señoras que recordaran la historia de la reina Ester. Las mujeres que llevaron a Susa provenían de todo el imperio persa, de diferentes países, culturas y religiones. Y no las presentaban ante el rey como posibles sucesoras de la reina Vasti hasta después de purificarlas durante un año. Durante seis meses, las purificaban con mirra. Y después, durante los seis meses restantes, usaban perfumes, áloes, y varios aceites purificantes. Entonces, pasaban por un período de espera.

Pero ahora no. Muchas mujeres quieren que Dios les proporcione un hombre rápidamente. «Queremos controlar el tiempo», dijo Sandy esa noche, «pero quizá Dios no nos trae al hombre adecuado porque no está satisfecho de nuestra relación con Él. Quizá no es porque el Sr. Perfecto no ha llegado desde Nueva York. O porque ustedes no han conocido al chico adecuado en el seminario de solteros. Quizá ustedes se tienen que enfocar ahora en su relación con Cristo. Dios es un Dios celoso. Si no estamos dispuestas a entregarnos a Él de todo corazón, Él no va a ser rápido en darnos a alguien. Él sabe que nos va a perder si esa persona va a tomar su lugar en nuestra vida.

"Yo era una chica modelo con respecto a cómo vivir en la iglesia y en el mundo. Buscaba hombres fuera de la iglesia y me parecía bien porque iba a la iglesia. Había muchos chicos ahí afuera, muchos vaqueros, muchos fiesteros.

"Pero Dios me estaba diciendo: 'No, regresa'... Si encontrar una pareja es lo más importante de nuestras vidas, probablemente tenemos que preguntarle al Señor si estamos idolatrando. Este propósito no puede suplantar nuestra relación con Dios. Él tiene que ser primero».

Sandy dijo: «Encontré a un hombre maravilloso, sin buscarlo, sino enfocándome en Cristo».

Y Sandy les recordó a las mujeres que Dios tiene su propio tiempo. Su mensaje a Habacuc, cuando el profeta cuestionaba a Dios por su lenta respuesta, también se aplica a nosotros hoy:

> Aunque la visión tardará aún por un tiempo, mas se apresura hacia el fin, y no mentirá; aunque tardare, espéralo, porque sin duda vendrá, no tardará (Habacuc 2.3).

Cuando pensamos en una mujer soltera, pensamos en soledad, pero una mujer soltera que está comprometida con Cristo nunca está sola. Ha hecho un pacto con Dios, y Él le promete nunca abandonarla ni dejarla.

Está comprometida a desarrollar los talentos y dones que Dios le dio para ministrar a las personas que Dios ponga en su camino. Su soltería puede ser por una época o por toda la vida, pero sea como sea, su amor por Dios le proporciona la fuerza necesaria para mantener puros su corazón, mente y cuerpo.

«¿Qué buscamos en un compañero?», le preguntó Sandy a las mujeres, y después les dio una lista provisional de siete criterios, adaptados del libro *If Men Are Like Buses, Then How Do I Catch One?* [Si los hombres son como autobuses, ¿qué hago para tomar uno?], de Michelle McKinney Hammond.[1]

UNA LISTA DE COTEJO

1. *¿Es salvo?* ¿Tiene una relación con Dios? Pablo no dejó lugar a duda alguna en cuanto a este requisito cuando le estaba dando consejos a la iglesia de Corinto: «No os unáis en yugo desigual con los incrédulos [no haga alianzas con ellos ni se una en yugo diferente, inconsistente con su fe]; porque ¿qué compañerismo tiene la justicia con la injusticia? ¿Y qué comunión la luz con las tinieblas?» (2 Corintios 6.14, ampliado).

Si el hombre con quien está saliendo es salvo, ¿le preocupa a él lo que dice Dios sobre su comportamiento? ¿Se preocupa si toma el nombre de Dios en vano? ¿O si ve una película que Dios no aprobaría? ¿Le rinde cuentas a Dios y a la autoridad espiritual?

Sandy les dijo a las mujeres: «Antes de conocer a Peter no había tenido ninguna relación sólida con ningún hombre, y la verdad es que tenía un problema de autoestima, aun cuando Diana pensaba que yo era equilibrada y tranquila. Peter era guapo, atlético y jugaba al fútbol americano. Su ego era enorme.

»De hecho, su ego era tan grande que mi personalidad se convirtió en quién él era. Era como si Peter dijera: "Sostén mi brazo, cariño, y caminaremos juntos". Yo pensaba: *Si le gusto, será que estoy bien.* Miraba la apariencia externa, pero nunca me fijé en su corazón. Él iba a la iglesia, "hablaba el idioma", pero no había nacido de nuevo.

»Scott y yo éramos muy diferentes. Scott siempre decía: "Dios en primer lugar y después tú". Y eso fue lo que sentí cuando lo conocí. Ningún hombre volvería a convertirse en mi dios».

2. *¿Quiere casarse?* Si no es así, huya. Encuentre a alguien que sí quiera. No va a cambiar a ese hombre. Si él cree que no vale la pena sellar el pacto del matrimonio, tampoco vale la pena casarse con él.

Pregúntese, *¿Me está cortejando o yo lo estoy cortejando a él?* Usted puede pensar, *Si no lo llamo por teléfono, él no me va a llamar. No sabes lo tímido que es, Dios.* No haga el trabajo de Dios. No lo persiga. Permita que ese hombre la reconozca como una perla o pídale a Dios que le envíe a alguien que sí lo haga.

«Por desgracia», dijo Sandy, «quedé embarazada cuando estaba saliendo con Peter. Nos comprometimos, y cometí el error de pensar que tener relaciones sexuales estaba bien, porque íbamos a casarnos.

»Mi padre estaba dispuesto a acompañarnos a un juez. Incluso estaba dispuesto a ayudar económicamente a Peter mientras este estuviera en la universidad, y yo terminara la escuela de higiene dental. No habríamos tenido problemas económicos.

»Pero Peter no quería casarse ni tener familia. Desesperada, decidí abortar. Luego, cuando mi papá me dijo: "No quiero que vuelvas a ver a este hombre; él no te ama", seguí viéndolo sin que nadie lo supiera.

»Peter dijo: "Estamos hechos el uno para el otro. Ahora que eso se acabó, todo vuelve a ser lo mismo". Él quería que volviéramos a tener relaciones sexuales, y como yo no quise, se buscó a otra persona».

3. *¿Tiene metas y visiones, tanto laborales como ministeriales?* ¿Puede mantenerla? ¿Tiene empleo? ¿Tiene un ministerio en la iglesia o un deseo de ayudar a otros?

«Cualquiera hubiera pensado que el hecho de que Peter hubiera pasado cuatro años en la universidad como estudiante de segundo año me debía haber dicho algo», dijo Sandy, «pero no fue así».

4. *¿Apoya sus metas y su ministerio?* Si usted tiene un ministerio, ¿se siente él inseguro en cuanto a eso? Si está en el ministerio de la música o es un líder de célula o de estudio bíblico, ¿respeta el tiempo que le dedica a eso? Asegúrese que su pareja apruebe sus metas, visiones y éxito en la vida.

Nunca se reinvente por un hombre, sólo por Dios. Su pareja debe amarla por quien usted es en Cristo. Debería apoyarla totalmente en su lugar de trabajo y en su ministerio espiritual.

Sandy dice: «Permití que Peter me moldeara. Cuando estaba con él, nunca era yo y él tenía una habilidad especial para lograr eso. »Pero Scott dice: "Ve y haz lo que tengas que hacer, y yo te apoyaré". Con Peter, en cambio, me colgaba de su correa, y dejaba que tirara de mí y me llevara a donde quisiera. Nunca pensaba: *¿Qué quiero para mi vida?*»

5. *¿Cómo es la relación de su pareja con su madre y con su familia?* ¿Cómo trata a su madre? ¿La visita? ¿La llama? ¿Habla bien de ella? Si trata mal a su madre, quizá también la trate mal a usted. ¿Cómo trata a su familia? Puede que a usted y a sus hijos los trate así algún día.

6. *¿Y qué de sus compromisos?* ¿Mantiene su palabra? Si dice que va a hacer algo ¿lo hace de verdad? Si rompe un compromiso con alguien que usted conoce, quizá también rompa su compromiso con usted. ¿Cambia de empleo con frecuencia o le echa la culpa a otros por sus errores?

No crea que esas señales de alerta son pequeñas manías de personalidad que usted puede cambiar. Lo más probable es que no pueda. Y si puede, probablemente lo pasará muy mal antes de que eso suceda. Algunas personas se involucran demasiado rápido en una relación.

7. *¿Quiénes son sus amigos?* Si no le agradan sus amigos porque dicen palabrotas o toman alcohol, tiene que darse cuenta que probablemente él actúa así cuando está con ellos. Recuerde que cuando están saliendo usted está viendo lo mejor de su conducta. Mi esposo dice muchas veces: «Todos pueden ser amables durante tres o cuatro horas en una cita, pero el hombre verdadero sale a la luz en casa, encerrado en una jaula».

Esa noche Sandy puso un ejemplo de lo engañosas que pueden ser las primeras citas. «La primera vez que Scott me llamó y me invitó a salir con él, me dijo: "¿Quieres venir conmigo a un concierto de la Sinfónica?"

"Claro", le dije, aunque no soy fanática de la Sinfónica. La segunda vez que salimos fuimos a ver una película extranjera con subtítulos. Tampoco es algo que me emocione mucho. Durante un tiempo estuve pensando si de verdad tenía algo en común con este hombre.

»Más tarde supe la razón de esto. Scott tenía un presupuesto limitado, pues estaba estudiando medicina. Me explicó: "Tenía entradas gratis para la Sinfónica y me gané las entradas para la película". Nuestras primeras citas no reflejaban de verdad su forma de ser».

Sandy terminó su charla con una comparación entre medir a una pareja y medirse ropa. «Si no te queda bien no lo compres», les dijo. Después les preguntó a las mujeres: «¿Se han metido alguna vez en el probador con un vestido que les encanta y han tenido que estirar la tela para hacer que les quede bien sin que se abulte? El vestido es exactamente lo que ustedes querían, el color y el estilo perfectos, pero es demasiado pequeño. Entonces piensan: *Las Navidades acaban de pasar, y comí muchos dulces y galletas. Voy a comprarlo y perderé dos o tres kilos.* ¿Cuántas de ustedes han tenido que regalar ese mismo vestido varios meses más tarde, todavía con las etiquetas puestas?

»Les aconsejo que si no les queda bien, no lo compren. Conozco a mi Dios, y Él provee todas nuestras necesidades. Él concederá el deseo de tu corazón si tu primer deseo es para Él».

DIRECTRICES PARA LAS SALIDAS EN CITAS ROMÁNTICAS

Cualquier charla sobre las citas románticas estaría incompleta sin echarle un vistazo a algunas directrices para esto. Cuando ofrecimos el seminario Mujer de Dios para adolescentes, les regalamos copias de «Preventive Measures» [Medidas preventivas], del libro de Josh McDowell *Why Wait* [Por qué esperar], que recientemente se reescribió bajo el nuevo título *Why True Love Waits* [Por qué espera el amor verdadero][2]. Varias de esas medidas también se pueden aplicar a mujeres mayores en una relación de citas o que están entrando nuevamente al mundo de las citas. Voy a mencionar seis de esas medidas.

1. *¡Establezca sus pautas de antemano!* Todos sabemos que es muy difícil controlar los deseos sexuales cuando hemos llegado a una situación íntima. Por tanto, es siempre sabio hacer una lista mental —y por escrito— de lo que es un comportamiento aceptable durante las citas.

Pregúntese: *¿Qué debe limitarse al matrimonio, y qué es aceptable en las citas?* Y entonces consulte la Biblia para encontrar la respuesta. El apóstol Pablo establece unas pautas para los cristianos hebreos que siguen estando en vigor para nosotros: «Honroso sea en todos el matrimonio, y el lecho sin mancilla; pero a los fornicarios y a los adúlteros los juzgará Dios» (Hebreos 13.4).

Establezca una línea que no cruzará.

Mi hermana Sandy reconoció que no fue capaz de establecer ese límite como debía porque no estaba poniendo a Dios en primer lugar.

2. *Ríndale cuentas a otros.* Me doy cuenta que cuando hombres o mujeres comienzan a descuidar sus votos matrimoniales, muchas veces están ausentes de la iglesia, no durante días, sino durante semanas y meses. Creo que son incapaces de sentarse en los bancos de la iglesia porque allí sienten que le deben cuentas a Dios y a la autoridad espiritual de la iglesia.

Las mujeres solteras tienen que rendirles cuentas a otras personas acerca de su comportamiento en las citas y el noviazgo. Puede tratarse de una célula, de un estudio bíblico o de una mujer cristiana a la que admiren.

3. *Deje que sea evidente su estilo de vida.* No es difícil lanzar mensajes sobre sus estándares y estilo de vida. Su forma de vestir, los temas de su conversación, su postura al hablar con alguien, todo eso comunica quién es usted.

Una amiga me contó una experiencia que tuvo a los cuarenta y tantos años. Debido a su profesión, tenía que viajar con frecuencia por todo el país. Una mañana, cuando estaba a punto de subir al avión, oyó a un hombre que había estado sentado cerca de ella en la sala de espera decir en el mostrador: «Quisiera que me dieran otro asiento, para poder sentarme junto a la Sra. _____». Mi amiga había conversado brevemente con este nombre, y él sabía su nombre. También estaba segura de que él había visto el aro matrimonial en su dedo.

Cuando subieron al avión y el hombre comenzó a hablar con ella, mi amiga pudo establecer sus pautas enseguida. Le preguntó al hombre sobre su empleo como ejecutivo de una gran manufacturera de aviones. Era lógico que le preguntara a ella sobre su trabajo.

Esa era la oportunidad de mi amiga casada. «Trabajo en una editorial cristiana», respondió.

Después de esto, el hombre le hizo varios comentarios educados y luego se hundió en el asiento y se puso a leer papeles de su maletín.

4. *Mantenga su mente pura.* El dicho «eres lo que ves y lo que oyes» es completamente cierto. Los primeros cristianos luchaban contra la tentación de oír y ver cosas que los sedujeran, igual que nos pasa hoy día. Por eso el apóstol Pablo les advirtió a los Corintios de que llevaran «cautivo todo pensamiento a la obediencia a Cristo» (2 Corintios 10.5).

Sandy ya conocía al Señor cuando abortó. Reconoce que le encantaría poder poner como excusa que aún no era salva. Ella sabía lo que era correcto, pero en esa época la presión de sus amistades influyó más que sus valores cristianos. Creía que tenía que hacer y ser lo que todo el mundo quería que fuera, así que iba al bar donde conoció a Peter y a otros lugares que la llevaron a comprometer sus estándares.

5. *Elija sus amistades con cuidado.* Las que somos madres vigilamos las compañías de nuestros hijos. Los sicólogos infantiles nos han dicho que probablemente nuestros hijos serán como los niños con los que pasan su tiempo, pero no nos aplicamos este concepto a nosotras mismas. Puede que tengamos diez amigos excelentes, pero basta con que haya uno equivocado para que nos influya en la dirección errónea.

6. *Establezca metas en sus citas.* Las siguientes metas son prerrequisitos para mantener una relación de citas saludable:

- Sólo salga con quien comparta sus mismos valores y convicciones. No se una en yugo desigual (2 Corintios 6.14).
- Hable abiertamente sobre el sexo. Establezca sus límites desde el principio de la relación.
- Evite estar a solas con la otra persona. Salga en grupo.

Algunos cristianos hablan de galanteo (estar con un hombre en grupo o reunirte con él en un restaurante o en el cine) en lugar de salir en citas.

«Si te resulta problemático estar a solas con un hombre y te atrae físicamente», les dijo Sandy a las mujeres durante esta sesión, «no estés con él a solas. Ve al cine o a lugares donde estás con otras personas. No está bien tener relaciones sexuales antes del matrimonio. Lo sé, créanme. Es pecado. El precio que se paga es muy alto. Dios puede perdonarlas, pero no se pongan en esa situación una y otra vez. Cuando le entregan su cuerpo a un hombre, su deseo por ese hombre está entonces por encima de su deseo por Dios, porque no están haciendo lo que Él quiere que hagan».

Luego que Sandy habló sobre las salidas y las citas desde la perspectiva de una mujer soltera, hablé sobre las citas románticas con nuestros esposos.

EL GALANTEO CON NUESTROS ESPOSOS

¿Por qué dejamos de galantear cuando nos ponemos un aro matrimonial? ¿Por qué dejamos de hacer las cosas que atrajeron a nuestros esposos? La verdad es que esto no es acorde con las Escrituras. Pedro les aconsejó a los primeros cristianos: «Asimismo vosotras, mujeres, estad sujetas a vuestros maridos; para que también los que no creen en la palabra, sean ganados sin palabra por la conducta de sus esposas, considerando vuestra conducta casta y respetuosa. Vuestro atavío ... sea ... el interno, el del corazón, en el incorruptible ornato de un espíritu afable y apacible» (1 Pedro 3.1-4).

Tenemos que saber que Jesucristo les pedirá cuentas a los hombres y mujeres casados. Ni mi trabajo ni el suyo consisten en preocuparse de cómo la trata su esposo, o de cómo la trató, ni de lo que hace o deja de hacer (siempre y cuando no haya abuso físico en la relación). Nuestra única preocupación es qué podemos hacer *nosotras* para mejorar nuestros matrimonios.

Si comienza a pensar: *Bueno, como mi esposo hizo esto, voy a hacer esto otro.* O *si mi esposo me tratara mejor, yo haría esto y lo otro,* va a caer en un impasse. Muy pronto habrá creado una relación de causa y efecto.

¿Quiere tener razón, o quiere reconciliarse? Si quiere tener razón va a perder.

Vamos a hacer una proclamación de lo que queremos para nuestro matrimonio, y después vamos a esperar que se haga realidad debido a nuestro compromiso con la proclamación y por las promesas de Dios para nosotros.

UNA PROCLAMACIÓN DE MATRIMONIO

A lo mejor se pregunta: *¿Qué tiene que ver mi matrimonio con una proclamación?* El diccionario define *proclamación* como un «anuncio público y oficial». En la iglesia de Cornerstone a veces hacemos proclamaciones cuando John termina una enseñanza sobre sanidad o restauración. En este sentido, una proclamación es un hecho o una parte de la vida. Espiritualmente, sin embargo, las palabras de una proclamación no tienen que ser operativas en nuestras vidas en el momento en que las pronunciamos. En lugar de una proclamación puede ser una acción que espero se haga realidad y oro para que sea parte de mi vida en el futuro. Pablo les dijo a los primeros cristianos que Dios «da vida a los muertos, y llama las cosas que no son, como si fuesen» (Romanos 4.17). Algunas proclamaciones de la iglesia de Cornerstone invocan la promesa de Dios de hacer realidad lo que esperamos.

Esa noche les leí mi proclamación a las mujeres, esperando que también la hicieran suya o que la expresaran con sus propias palabras.

«Señor, te doy gracias por mi esposo», dije, «y aprecio los años que hemos tenido juntos. Bendice su vida en abundancia. Bendice el trabajo de sus manos, su labor para nosotros y para sus hijos. Te doy gracias por sus buenas cualidades...»

Después de este párrafo me detuve y me dirigí directamente a las mujeres. «Quizá no crean todo esto...»

No pude seguir por las carcajadas que se oyeron en el santuario.

«Quizá ahora no vean esto», dije, «pero Dios quiere estas cosas para sus esposos».

Después seguí leyendo mi proclamación: «Te doy gracias por sus buenas cualidades. Es un buen esposo, buen padre y buen proveedor...»

Volví a interrumpir la lectura y a reconocer ante las mujeres: «Quizá no haya sido ninguna de esas tres cosas, pero eso es lo que queremos. *Eso* es lo que estamos buscando».

«Sí», respondieron las mujeres con entusiasmo.

Y seguí: «Muéstrame cómo hacerle saber lo mucho que lo aprecio». Dije: «Padre, bendice nuestro matrimonio. Que mi esposo me trate con respeto, amándome como Cristo amó a la iglesia. Que, como esposa, valga más para mi esposo que rubíes, que le traiga bien y no mal todos los días de nuestra vida. Gracias por este hombre que es mi compañero. Ayúdame a expresarle cuánto lo respeto y confío en él.

»Padre, enséñame cómo orar por él de forma más efectiva. Que tenga salud, que sus fuerzas sean renovadas como las del águila. Padre, derrama tu bendición sobre él y sobre nuestra relación. Que juntos bendigamos tu nombre. Sé siempre lo primero en nuestra vida. Proclamo esto en el nombre del Padre y del Hijo y del Espíritu Santo. Amén».

Les sugerí a las mujeres que pensaran en sus esposos de esta manera. «Y después vean lo que sucede», dije. Siempre es posible una relación renovada, una chispa romántica nueva.

ESTORBOS PARA EL ROMANCE EN EL MATRIMONIO

Las mujeres parecen pensar que los hombres no desean el romance tanto como nosotras. Cuando piense eso, pregúntese: *¿Por qué los hombres tienen aventuras fuera del matrimonio y detalles románticos con otras mujeres y no con su esposa?*

Tiemblo cuando veo llegar a la iglesia alguna mujer a la que conozco desde hace años, y me doy cuenta de que se arregló el pelo, se compró ropa nueva y está mucho más atractiva. Inmediatamente pienso: *¿Habrá algún problema en su matrimonio?* Por desgracia, tenemos la tendencia de mejorar por dentro y por fuera *después* que nuestra relación comienza a deteriorarse.

A veces le digo a mi esposo: «Vi una reacción de lo más amable por parte de don Fulanito o doña Menganita, pero no era a su esposo o a su esposa, sino a otra persona». ¿Por qué no tratamos a nuestros cónyuges con la misma amabilidad con que tratamos a la gente que nos rodea?

Hay personas que pueden responder de esta manera: «Esa es una de las ventajas del matrimonio. Podemos ser nosotros mismos». ¡Falso! Marido y mujer hacen un pacto entre ellos y el Señor de tenerse cariño el uno al otro, no de ignorarse o menospreciarse.

¿Será que uno de los planes de Satanás para destruir nuestros matrimonios y nuestras vidas es usar nuestra pasividad? Seguro que sí. Pero debe haber más cosas involucradas. En esta sesión mencioné varias razones por las que las mujeres no son tan románticas en su matrimonio como deberían. Por ejemplo, algunas de nosotras nunca tuvimos una idea clara de lo que es el romance en ninguna relación. Nunca vimos a nuestros padres besándose o abrazándose, por eso no sabemos reproducir esa relación en el matrimonio. Nuestro único punto de referencia eran las películas o lo que contaban nuestras amigas cuando nos hablaban de sus encuentros románticos. La idea de romance que tienen otras mujeres está distorsionada por el acoso sexual que sufrieron durante la infancia. Y otras han pasado por un divorcio y no quieren volver a estar cerca de un hombre. Las cicatrices son demasiado profundas. Tienen que recibir la sanidad de Dios antes de poder desear de nuevo una relación con un hombre.

Otra razón por la que las mujeres no son tan románticas en sus matrimonios es porque están buscando aprobación. Demasiadas veces las mujeres buscan la aprobación de sus esposos y no del Señor, que es a donde tendrían que dirigirse. Si una mujer no siente la aprobación de su esposo, a lo largo de ese día no se va a sentir romántica. *Me rechazó*, piensa. Pero si contamos con la aprobación de Jesucristo, ¿quién nos puede rechazar? Nadie. Y si no estamos dependiendo de la aprobación de nuestros esposos, seguro que podemos ser románticas por la noche pues ellos no nos han decepcionado. Nuestro poderoso Dios no conoce la palabra *rechazo* cuando se trata de sus hijas.

También tenemos dificultades con el romance porque deseamos descansar de nuestras obligaciones diarias. Nunca olvidaré un día cuando mis hijos más pequeños eran menores de tres años y medio. Estaba hablando por teléfono con mi amiga Anne cuando Sandy, que tenía dos años, se acercó a mí, llorando y gritando con sus acostumbrados chillidos. Estaba frustrada porque acababa de aprender a lavarse los dientes, pero se los había cepillado tan fuerte que le comenzaron a sangrar las encías. Entonces de repente oí *boom, boom, boom, clang,* «whaaa», *boom, boom, boom, clang,* «whaaa», y luego un último *clang.*

Sabía que Matthew, de tres años, tenía dificultades al subir y bajar escaleras, así que llegué a una conclusión lógica.

«Anne, ¡creo que Matthew se acaba de caer por las escaleras! Tengo que irme», dije. Antes de que colgara el teléfono, Tina entró en la habitación con un peine enredado en el pelo, que le llegaba por la cintura. «Mira, mamá, me peiné como Tina Turner, pero no me puedo sacar el peine del pelo».

Cuando mi esposo llegó a casa esa noche y dijo: «Hola, cariño», le respondí: «Hazte cargo de los niños. Y esta noche... ni lo sueñes».

Estamos abrumadas por nuestras obligaciones diarias. Pero si tiene hijos pequeños, debe saber que ese tiempo pasará. Disfrute de los buenos momentos mientras pueda. Y si puede, ríase de las situaciones de estrés. Asegúrese de apreciar esos momentos preciosos.

Tenemos que tener prioridades en nuestra vida, siempre poniendo primero a Jesucristo. Mi oración para mis hijos solteros es: «Señor, dales esposos y esposas que los amen en segundo lugar, después de ti». Si es así, todas las cosas caerán en su sitio.

No puedo exagerar lo importante que es que nuestros esposos sepan que después de Cristo, los amamos primero a ellos. Por desgracia, algunas mujeres siempre anteponen sus hijos a sus esposos. ¿Pero qué sentido tiene eso? Acaban perdiendo a sus esposos, y teniendo un hogar fragmentado. Mantenga las prioridades: Dios, primero; su esposo, segundo; sus hijos, tercero.

EL ROMANCE EN EL MATRIMONIO

Esa noche les pregunté a las mujeres: «¿Cuántas de ustedes están casadas?». Como tres cuartas partes de las quinientas mujeres levantaron la mano.

«¿Cuántas de ustedes tienen todo el romance que pueden soportar?»

Cuatro levantaron la mano, mientras el resto se reía. «Cuatro de quinientas. ¡Eso es más de lo que creía que tendríamos!»

Todos los años oro pidiendo que mi esposo me ame con más pasión que antes.

Algunas mujeres me dicen que no saben cómo expresarles su amor a sus esposos. «Si se lo digo, me rechazará», me dicen. O protestan: «No tenemos dinero para una escapadita de fin de semana». En cierta época de nuestra vida, mi esposo y yo nos dimos cuenta que estábamos perdiendo el romance en nuestra relación. Sabíamos que nos amábamos, así que quizá no teníamos que expresarlo tan a menudo. Permítame decirle que eso no funciona.

A John se le ocurrieron unas siglas: U.E.D.: Una Expresión al Día.

U.E.D

Con Una Expresión al Día, John y yo nos mostramos el uno al otro cuánto nos amamos. Por ejemplo, algunas mañanas John me deja en el asiento del coche una rosa de los arbustos que hay junto a nuestro camino de entrada, de manera que es lo primero que veo al abrir el coche. Por muy abrumada que me sienta ante mi agenda del día, instantáneamente se me sube el ánimo.

Otras veces lo llamo y le digo: «Te amo y te bendigo en el nombre del Señor. Que prospere todo aquello que toques hoy. Adiós». *Clic*. O antes de que se pusiera a dieta, le ponía una barrita de chocolate en su escritorio después del almuerzo.

Hemos ido a restaurantes que tienen manteles de papel, y John ha dibujado un corazón con una flecha atravesándolo, con la inscripción J ama a D. Después de cenar, recorto ese trozo de papel, lo doblo y me lo llevo a casa para recordar el momento. Es increíble la cantidad de cosas que se le ocurren cuando se programa con U.E.D.: ¿Qué puedo hacer hoy para mostrarle a mi esposo que lo amo?

La animo a que empiece a pensar en términos románticos. Y asegúrese de comunicarse bien con su esposo. Si no lo hace, puede que esté confundiendo por completo los pensamientos de su esposo. O hablando de situaciones completamente diferentes. John y yo tuvimos una experiencia así cuando íbamos a casarnos. Ninguno de los dos tenía muchos muebles: Yo tenía una mecedora; John, un sillón y un armario para armas. Obviamente necesitábamos una cama, así que una noche ese fue nuestro tema de conversación. Como todavía éramos novios, el diálogo fue algo así:

—Cariño, ¿qué tipo de cama quieres? —le pregunté.

—No me importa. La que tú quieras.

—Pues yo quiero la cama que tú quieras.

—Estoy seguro de que me gustará cualquiera que te guste.

Con esa idea tan confusa, fui a Karotkins, una mueblería en el centro comercial North Star. Allí vi la cama más increíble que haya visto: una cama de cuatro postes color caoba que estaba de oferta: $600.00. Habíamos ahorrado $699.00, así que encajaba en nuestro presupuesto.

Pero no quería tomar la decisión sola, así que lo llamé y le dije: «Cuando tengas un rato esta tarde, me gustaría que fueras a Karotkins, camines hacia el mostrador de crédito, des una vuelta de 180 grados, y allí verás *la cama*».

Me moría de impaciencia esperando que me devolviera la llamada. A las cinco de la tarde, como todavía no había oído ni una palabra suya, llamé a John. «¿Viste la cama?», le pregunté.

Con mucha tranquilidad me dijo: «Sí».

—¿Qué te parece?

—Es la cama más fea que he visto en mi vida. Ni muerto la quiero.

Pensé: *Oh, Dios, tanto que me gusta, y él la detesta.*

—Creí que te gustaba la madera —dije.

— Me gusta.

—Pues, esa cama es toda de madera.

—¿Cómo que es toda de madera? —preguntó—. Fui al mostrador de crédito, di una vuelta de 180 grados y vi esa cama de terciopelo verde con un espejo en la cabecera.

—¡Esa no es mi cama! —dije. Pero nunca lo hubiera descubierto si no hubiera seguido preguntándole. Más tarde nos enteramos que después que vi mi cama, que estaba en oferta, se la habían llevado al almacén y habían puesto en su lugar la cama nueva con terciopelo verde *con adornos dorados*. Ya se imaginará lo que pensó cuando vio ese mueble tan horrible. Más tarde me lo dijo exactamente: «¿Con qué mujer me voy a casar?»

Comuníquese con él, porque de lo contrario ¡quizá no sepa que está hablando de una cama de terciopelo verde con adornos dorados!

CREAR EL AMBIENTE

En este momento les mostré a las mujeres dos camisones de dormir y les dije: «Estos dos camisones de dormir son míos». Uno era mi camisón blanco de cuello cerrado, de manga larga, que me llegaba hasta los pies. Una puritana lo hubiera podido usar en su lecho matrimonial. Este camisón de algodón blanco, que me hizo mi suegra, tiene botones de perlas en la parte de arriba del cuello. Cuando me lo pongo, es como si tuviera un candado en el cuello.

«¿Alguien tiene algo parecido a esto?»

Las señoras se rieron. Obviamente, muchas sí.

«Me lo he puesto muchas veces», les dije.

Después les mostré mi negligé de seda roja, que me llega a los muslos, tiene tirantes muy finos y un gran escote. «Este también es mío. Me lo he puesto muchas veces...

«¿Qué respuesta creen que obtengo de cada uno de ellos?»

Las carcajadas me dieron a entender que sabían de lo que hablaba.

«Sí», dije, «tienen razón. Puedo crear el ambiente. Los hombres se estimulan por la vista».

Se volvieron a reír, dándome a entender que estaban de acuerdo conmigo.

Después me volví a una mesa en la que había puesto una colcha y una almohada. «Imaginen que esta es su cama», dije. «Esta es la almohada... Y yo hice esto». Comencé a echar pétalos de rosa sobre la cama. «Esto funciona, chicas».

Más risas.

«Algunas pueden estar: *Si mi esposo ve algo así, quizá piense que se ha equivocado de casa*».

Más tarde, mi hermana Sandy les dijo a las mujeres: «Si pongo esos pétalos en mi cama, Scott se preocuparía pensando que dañé sus rosales».

Obviamente, lo que haga cada mujer debe ser exclusivo, según la personalidad de su esposo. A John no le importan los rosales.

Para terminar, me acerqué a una mesita plegable que había detrás de mí. Estaba preparada para una cena especial, con velas, flores y servilletas dobladas en forma de pirámide.

«También he hecho esto», y señalé la mesa. «Cuando mi esposo llega a casa se da cuenta que la mesa del comedor no está puesta para la cena. "Tengo una sorpresa para ti", le digo. Y entonces sirvo una cena especial en nuestro dormitorio, con mi batita de seda puesta.

»Lo he hecho para el día de San Valentín porque es mejor que gastar dinero en un regalo. Le demuestra que lo amo y lo deseo».

Tiene que expresar su amor verbalmente y también de otras formas. Hagan una cita romántica. Márquenla en el calendario, como si fueran novios. Quizá tengan un presupuesto ajustado, pero esto se puede hacer sin mucho dinero. Cuando estábamos recién casados, cenábamos en la cama. Hacía nachos con todo los extras: frijoles, carne, tomates y aguacates. Veíamos una película romántica y cenábamos en la cama. Subimos bastante de peso en esos primeros años, pero valió la pena.

Como mujeres, muchas veces cometemos el error de amar a nuestros esposos de la forma en que queremos que ellos nos amen. Y por su parte, nuestros esposos nos aman de la forma en que ellos quieren que nosotras los amemos. Como resultado, muchas veces no damos en el blanco a la hora de atender las necesidades y deseos de nuestros cónyuges, y ellos a su vez tampoco satisfacen nuestras necesidades y deseos.

Nuestros esposos tienen enormes responsabilidades. Tienen que ocuparse de las necesidades financieras de la familia, tienen que ser las autoridades espirituales y proteger a sus esposas e hijos. Es importante que sepan que son nuestros héroes, nuestros campeones.

El romanticismo es un método que puede usar para redimir su matrimonio. El plan de Dios no es que se conforme con una relación estancada. Él quiere que el fuego siga ardiendo, y la única forma de que eso pase es que alguien lo avive. Como esposas, tenemos que tomar la decisión consciente de avivar nuestros matrimonios con romance y pasión.

Al final de la sesión les dije a las damas: «Oro para que demos un paso adelante en nuestros matrimonios. No hay nada que me guste más que ver a una pareja que lleva casada cincuenta o sesenta años y que todavía se toma de la mano y se besa en la mejilla en público».

Al final de la sesión, Sandy leyó una proclamación para las solteras, y yo volví a leer mi proclamación para las casadas. Después les pedimos a las mujeres que querían renovar sus matrimonios, y a las mujeres solteras que querían renovar su compromiso con la pureza en sus relaciones de citas, que pasaran al frente para ungirlas con aceite.

Sandy les recordó a las mujeres que Ester se purificó durante un año, pero que nosotras podemos purificarnos de nuestros pecados y debilidades pasadas en una sola noche. «Durante años me sentí muy culpable por mi aborto», dijo, «a pesar de que había recibido perdón de la iglesia, de Dios y de nuestra familia».

Sandy les habló a las mujeres sobre su experiencia durante aquel tiempo. A conciencia pensaba: *Se acabó. Mi aborto pertenece al pasado.* Pero inconscientemente nunca lo dejó ir. Pensaba: *Es tan horrible que lo más probable es que tendré que cargar con eso por el resto de mi vida.*

También pensó: *Nunca encontraré un esposo. Ese será mi castigo por lo que hice.* No sospechaba que Jesús iba a enviar a Scott Farhart. Después de su primera cita, sabía que él era el hombre con quien Dios quería que se casara.

Pero Sandy no le contó su pasado. *Estoy perdonada y cubierta por la sangre de Cristo*, pensó, *y no tengo porqué volver a sacar esto a relucir.* Pero seguía acosada por depresión y pensamientos irracionales.

Cuando Sandy y Scott se casaron, él estaba en tercer año de medicina, y ese es el año en que los estudiantes rotan por varias especialidades para decidir cuál será su área.

Una noche, mientras Scott y Sandy cenaban, Scott dijo:«Ya decidí en qué me voy a especializar». Miró a Sandy y dijo: «Quiero ser ginecólogo». Sandy se preguntó: *¿De dónde vino eso?* Scott siempre había hablado de anestesiología.

Como si contestara su pregunta silenciosa, Scott siguió: «Es algo tan maravilloso ayudar a traer un bebé al mundo. Es lo que quiero hacer por el resto de mi vida».

«Muy bien, mi amor, me parece fantástico», respondió Sandy.

«Pero tengo que decirte algo... Para poder hacer esa especialidad quizá tengamos que marcharnos de San Antonio». Se detuvo para ver cómo reaccionaba Sandy, pues él sabía lo mucho que ella amaba nuestra familia y que marcharse no le resultaría fácil. Entonces añadió: «Si digo que no estoy de acuerdo en pasar por una rotación en una clínica de abortos, la escuela me dijo que no me aceptará para internado y residencia como ginecólogo».

A Sandy se le cayó el tenedor y dejó de comer. *Scott acaba de decir que está en contra del aborto y está cenando con alguien que se hizo uno y ni siquiera lo sabe.*

Empezó a llorar. Cuando por fin pudo hablar, dijo: «Scott, tengo que decirte algo».

Sandy no se dio cuenta en ese momento, pero sólo por ver cómo había reaccionado, Scott lo supo: *Sandy se practicó un aborto.*

Aquella noche lloraron juntos por esa parte del pasado de mi hermana, y Sandy sintió una enorme sensación de limpieza. Después de eso, pensó: *No me había sentido perdonada porque no se lo había confesado a mi esposo. Ahora voy a estar bien.*

Pero seguía teniendo pensamientos retorcidos: *Dentro de poco vamos a intentar tener un hijo, y no voy a poder concebir. Ese será mi castigo.*

Más tarde, cuando Scott estaba haciendo su residencia en Denver, decidieron tener familia. Sandy se sorprendió por lo rápido que quedó embarazada. Al mismo tiempo, sin embargo, muchas personas que conocía estaban teniendo problemas para concebir. Seres queridos de ambas partes de nuestra familia sufrieron abortos espontáneos y problemas de infertilidad. Los mejores amigos de Sandy y Scott no podían tener hijos. Entonces se volvió a echar la culpa: *Quien esté cerca de mí va a sufrir mi castigo...*

Esos pensamientos eran obviamente demasiado centrados en sí misma, pero así seguía aflorando su culpa. Durante los años siguientes pasó por una depresión terrible. Cada vez que John predicaba contra el aborto, ella pensaba: *Esa soy yo. Estoy en ese grupo. Más tarde voy a pagar por eso.* También pensaba: *Soy la cuñada del pastor Hagee. ¿Qué pensaría la gente de mí, que lo hice delante de sus narices? Aborté un viernes, y el domingo fui a la iglesia.* Pero ella le había confesado su acción a John, y él la había perdonado y desde entonces le había tenido más cariño a causa de su corazón arrepentido.

Muchas veces, después de cenar, Sandy se iba a su dormitorio y se echaba a llorar. Una noche, Scott entró en la habitación y le dijo: «Sandy, ¿alguna vez te perdonaste a *ti misma*?

Esa noche Sandy se dio cuenta de que su esposo tenía razón. No se había aplicado a su vida lo que Jesús hizo en la cruz. Sabía que eso era bueno para cualquier otro, pero Satanás la tenía como rehén. Ser una mártir la hacía sentirse incluso más espiritual. Pero esa noche Sandy estuvo dispuesta a perdonarse a sí misma.

Cuando Sandy aceptó totalmente el perdón de Cristo para ella tuvo la sensación de que el Señor la usaría algún día para liberar a otros de esa atadura. Pero le aterraba que llegara ese día, pues eso significaba que tendría que revelar su pasado oculto y pensó que nuevamente tendría que enfrentarse con el rechazo. No se daba cuenta que Dios sería la fuente de su fortaleza. Él estaría a su lado cuando diera su testimonio.

Desde ese entonces Sandy ha llevado a muchos al conocimiento salvador de Cristo por medio de su poderoso testimonio. Ha cambiado la vida de incontables personas al compartir la historia de su perdón. Nunca se me olvidará un incidente en particular.

Hace varios años un ministro de nuestra iglesia llamó por teléfono a Sandy. Este señor estaba dándoles consejería a una chica y a su madre, con motivo del embarazo de la hija. La madre estaba muy turbada porque su esposo le había puesto un ultimátum: O su hija abortaba, o él abandonaba a su esposa. La madre y la hija creían que el aborto era la única respuesta.

Sandy fue de inmediato a la iglesia y habló con las dos mujeres de la forma más franca posible. Les dijo que el aborto en sí sería un procedimiento relativamente rápido para terminar con la vida del bebé, pero que le afectaría a ella y a su familia por el resto de su vida. Les compartió su historia y oró con ellas. No supo qué decidieron, pero confió en Dios.

Más de un año después, Sandy y yo estábamos en una reunión pública, cuando una chica muy exuberante se acercó a mi hermana y la abrazó efusivamente. Yo no sabía quién era, pero Sandy la reconoció en el acto. Cuando Sandy le preguntó cómo estaba, la muchacha le mostró orgullosa un cochecito de bebé con una niña preciosa. Y quien empujaba el cochecito era un abuelo orgulloso, el mismo que había amenazado con abandonar a la familia si su hija no abortaba. Después de escuchar el testimonio de Sandy, esta chica decidió concederle la bendición de la vida a su bebé.

Una vez Sandy aceptó completamente el perdón de Cristo, Dios usó su pasado de decisiones erróneas para traerle bendición y vida a otra persona. Nuestro Padre santo y amoroso es realmente fiel.

Al final de esta sesión de Mujer de Dios, Sandy les dijo a las mujeres: «También ustedes pueden purificarse en una noche de sus pecados y debilidades pasadas cuando las ungen con un toque de aceite, que representa el bálsamo de Galaad. El precio se pagó ya en la cruz.

»No miren atrás y digan: "Aquí está otra vez la factura". No, en la factura hay un sello que dice: **PAGADO EN SU TOTALIDAD.** Sus pecados están perdonados. Tienen el perdón de Dios y el poder de la victoria para la próxima vez que alguien quiera que hagan algo contra la voluntad de Dios».

¡Usted es libre!

✏ PUNTOS DE ACCIÓN:
LAS MUJERES Y LAS RELACIONES ROMÁNTICAS

---

1. Si es soltera, lea la Proclamación para las Solteras. Si está casada, lea la Proclamación para las Casadas.

ᕐ *Proclamación para las Solteras* ᕐ

Amado Padre celestial, tú eres el alfarero, y yo soy el barro. Me someto a tus manos. Haz de mí una vasija de bendición para el hombre que has preparado para mí. Ayúdame a ayudarlo, y no a estorbarlo, todos los días de mi vida. Sigue completando el trabajo que has comenzado a hacer en mí, para que sea algo bueno en su vida.

Que mi toque sea siempre sanador, mis palabras inspiradores y mi amor intoxicante. Ayúdame a tener un espíritu de oración para que mi discernimiento sea agudo y mis contribuciones estén siempre a tiempo. Enséñales a mis manos a trabajar con diligencia y energía. Dame un corazón generoso. Que mis labios se rijan por la sabiduría, la discreción y la prudencia. Toca mi espíritu y hazme sensible a las necesidades del hombre que pongas en mi vida. Haz que me ame en segundo lugar después de ti.

Y sobre todo, querido Señor, mientras espero, ayúdame a ser una vasija de honor para ti, un reflejo de tu esplendor y de tu gracia. Ayúdame a caminar en la libertad de ser una mujer diseñada por ti; a abrazar mi feminidad como un regalo precioso y a regocijarme en ella. Ayúdame a permanecer pura. Que mi alegría bendiga a los que me rodean. Que recuerde siempre que en primer lugar fui creada para complacerte a ti, y para tu gloria y tu amor. Amén.[3]

ᕐ *Proclamación para las Casadas* ᕐ

Señor, te doy gracias por mi esposo y aprecio los años que hemos tenido juntos. Bendice su vida abundantemente. Bendice el trabajo de sus manos, su labor para nosotros y para sus hijos. Te doy gracias por sus buenas cualidades. Es un buen esposo, un buen padre, y un buen proveedor.

Muéstrame cómo hacerle saber lo mucho que lo aprecio. Padre, bendice nuestro matrimonio. Que mi esposo me trate con respeto, amándome como Cristo amó a la iglesia. Como esposa, que para mi esposo valga más que rubíes, que le traiga bien y no mal todos los días de nuestras vidas. Gracias por este hombre que es mi compañero. Ayúdame a expresarle cuánto lo respeto y confío en él.

Padre, enséñame a orar por él de forma más efectiva. Que tenga salud, que sus fuerzas sean renovadas como las del águila. Padre, derrama tu bendición sobre él y nuestra relación. Que juntos bendigamos tu nombre. Y que siempre seas lo primero en nuestra vida. Proclamo esto en el nombre del Padre y del Hijo y del Espíritu Santo. Amén.

Ahora escriba una proclamación para su vida.

_____

_____

_____

_____

_____

_____

_____

_____

2. Si está casada, haga una lista de las maneras en que podría usar el concepto U.E.D. con su esposo durante la próxima semana. Use el espacio en la página 134. Si es soltera y tiene novio formal, quizá quiera hacer una lista para esa persona.

3. Ore y escuche. Dedique cinco minutos a orar y escuchar a Dios. Entrene su oído para escuchar la voz de Dios. Si le pide que la ayude a renovar su matrimonio, Él lo hará. Oirá una voz en su interior que le dirá que haga esto o lo otro. Por ejemplo: A lo mejor se siente culpable de pensar esto: *Te la pasas criticando a tu esposo; nunca oye elogios de tus labios. O él siempre cree que tiene que hacer cada vez más cosas para complacerte. O él no cree que estás conforme con el dinero que gana, y por eso tiene una baja autoestima. O él nunca cree que lo consideras tu héroe. O estás siempre controlando todo. Haces todo lo que debería hacer él porque no crees que lo puede hacer bien.* Todos esos pensamientos se presentarán durante su tiempo devocional. Escuche con un corazón abierto y deje que Dios la cambie y la transforme en la mujer que Él quiere que sea.

Si está soltera, puede trabajar este punto de acción usando a su novio o a otra persona de su vida.

4. Lea el capítulo 6 del libro de Ester. Termine con una de las siguientes oraciones:

∽ *Para mujeres solteras* ∽

Como mujer soltera, te pido que me guíes y dirijas en cada paso que dé. No voy a buscar que otros me completen, porque tú eres mi Compañero, Amigo, Hermano, Padre y Señor. Ayúdame a estar completa en ti, Señor. Me creaste con un propósito y sé que deseas que espere hasta obtener lo mejor. Por eso me comprometo ante ti a permanecer pura hasta que me case. Te pido que prepares al hombre que creaste para ser mi esposo para que me reciba del mismo modo que me recibiste. Quiero tener un corazón conforme al Padre. Que el gozo del Señor sea mi fortaleza. Amén.

∽ *Para mujeres casadas* ∽

Como mujer casada, Señor, me arrepiento. Perdóname por las palabras desalentadoras y desagradables que le he dicho a mi esposo. Perdóname por esperar que me haga feliz y por tener expectativas irreales sobre él. Eres mi gozo y mi fuerza. Señor, ayúdame a orar diariamente por mi esposo, porque los que tienen hambre y sed de justicia serán satisfechos. Gracias por bendecirlo y ensanchar su territorio. Pon tu mano sobre Él y guárdalo del mal, para que no le haga daño a nadie.

Padre, gracias por el regalo que es mi esposo. Enséñame a honrarlo y a mostrarle respeto. Él es el sacerdote de mi hogar. Te alabo porque él busca primero el Reino de Dios y tu justicia, y todo lo demás le será añadido. Diariamente me conformas a la imagen de Jesucristo.

Señor, que todas mis palabras honren a mi esposo, que todo su hogar sea bendecido. Oro en el nombre de Jesús. Amén.

∽ *Para mujeres solteras y contentas* ∽

Padre, como soltera, reconozco mi lugar en ti y tu función en mi vida. Eres mi Salvador, y creo en ti y en tu Palabra. La fuerza espiritual que recibo de ti me capacita para ser feliz y tener una vida plena, sea cual sea mi estado civil. Protege mis pensamientos y dame disciplina para derribar toda imaginación vanidosa y para llevar cautivo todo pensamiento vano. Quiero una pasión por tu santidad para sentir tu plenitud en mi vida, mientras busco conocerte, amarte y seguir tu Palabra. Amén.

Una Expresión al Día
U.E.D.

1. _____

_____

2. _____

_____

3. _____

_____

4. _____

_____

5. _____

_____

6. _____

_____

7. _____

_____

8. _____

_____

9. _____

_____

10. _____

_____

capítulo ocho

‿◯

Y dijo Dios: «Haya sexo»

 i marido dice a menudo: «El sexo es idea de Dios; todos nosotros estamos aquí gracias a él. Sé que algunos de ustedes hicieron otros arreglos, pero sigue siendo idea de Dios».

Si es idea de Dios, ¿por qué, como mujeres de Dios, no sabemos más sobre él? ¿Cuántas de ustedes, antes de casarse, se sentaron en la sala con su mamá y su papá, les preguntaron todo lo que quisieron sobre sexo y recibieron respuesta?

Imagino que muy pocas. Cuando les hice esta pregunta a las mujeres de nuestra conferencia Mujer de Dios, lo único que hicieron fue reírse. Ni una sola levantó la mano.

Después les pregunté: «¿Cuántas de ustedes creyeron que sabían todo sobre el sexo cuando se iban a casar?»

Sólo tres levantaron la mano.

El resto de nosotras aprendió por tanteo. El Señor Jesucristo creó el sexo. Tiene un propósito y una definición sobrenatural de lo que es (una unión entre marido y mujer mediante la cual los dos se convierten en uno), de para qué es (procreación y placer para marido y mujer) y de lo que Dios quería que fuera (lo que se expresa con claridad en el Cantar de los Cantares).

Pero como pasa con todo en esta vida, Satanás toma lo que Dios creó y trata de sustituirlo por un reflejo de lo que debería ser. Las creencias del mundo suelen presentar esto.

Como dije antes, Dios nos pone varias pruebas: decidir entre la vida y la muerte, la bendición y la maldición, su camino o el del mundo. Nos dice: «Pongo ante ti un Libro, mi Libro, un Libro de instrucciones. Si caminas en el sendero de esas instrucciones, no sufrirás las consecuencias. Si te sales del Libro de instrucciones, sí».

Como mi esposo ha dicho muchas veces, lo que libera *no* es la verdad, sino el conocimiento de la verdad. Uno de los propósitos de este libro es proporcionarle conocimientos para que los pueda combinar con la Palabra y tomar buenas decisiones para su vida y la vida de sus hijos. ¿Cómo podemos enseñarles a las mujeres más jóvenes si nadie nos enseñó?

Muchas de nosotras tenemos una impresión equivocada del sexo a causa de la forma en que el mundo lo definía cuando éramos jóvenes. Como consecuencia de eso, lo que percibimos sobre el sexo y sobre nuestro cuerpo es falso. Y esto es verdad para mujeres que son vírgenes o que lo fueron hasta que se casaron y también para las que están activas sexualmente desde temprana edad.

Por esta razón le pedí al Dr. Scott Farhart que les hablara a las mujeres sobre el sexo en una sesión. Él es mi cuñado, pero no se lo pedí por eso, sino por sus credenciales, que hablan por sí mismas. Es ginecólogo en San Antonio desde hace más de doce años y lo eligieron director del Departamento de Ginecología y Obstetricia en el Hospital Metodista Northeast en 1991 y lo nombraron jefe de personal de dicho hospital en 1995, cuando tenía treinta y cinco años, el jefe de personal más joven en la historia de San Antonio. Es anciano de la iglesia de Cornerstone desde 1991.

En este capítulo me gustaría que el Dr. Farhart les hablara directamente a ustedes, así como lo hizo con las mujeres de nuestra conferencia. El Dr. Farhart adaptó su presentación de la revista *Sexual Health Today*, del Instituto Médico de Salud Sexual de Austin, Texas.

UNA CONVERSACIÓN CON EL DR. FARHART

Todas las semanas veo en mi consulta a personas que tomaron decisiones equivocadas. El sexo puede ser bello o destructivo. Puede ser un acto importante de amor e intimidad entre un esposo y una esposa. O puede ser algo que hace mucho daño, igual que el fuego, que nos da calor y nos permite cocinar nuestros alimentos, pero también nos puede dejar cicatrices permanentes o incluso matarnos si no se controla.

Hoy día existen muchos malentendidos acerca del sexo y de las enfermedades de transmisión sexual (ETS). Una de las razones es que mucha gente piensa en el SIDA cuando piensan en enfermedades transmisión sexual. Oímos hablar de los activistas del SIDA, de levantamiento de fondos para el SIDA, pero existen muchas otras enfermedades de transmisión sexual. De hecho, en los últimos quince años aproximadamente, las enfermedades de transmisión sexual alcanzaron proporciones de epidemia en los Estados Unidos. Pero la mayoría de nosotros no nos enteramos de cuánta gente a nuestro alrededor está infectada, porque la gente que tiene las infecciones se avergüenza y no quiere comentarlo, ni siquiera con sus novios o novias. Hay otros que no tienen síntomas de infección y no saben que están infectando a otros.

Antes de la década de los setenta, las dos enfermedades de transmisión sexual más comunes eran sífilis y gonorrea, enfermedades que los soldados trajeron de Corea o Vietnam. Ambas se podían tratar fácilmente con penicilina. En 1976 comenzaron las infecciones de clamidia, y en 1981 por primera vez se identificó el SIDA. Por aquel entonces se dijo que sólo varios cientos de personas de los Estados Unidos lo padecían. Ahora son más de un millón. Así que desde 1981 hasta ahora hemos pasado de varios cientos a un millón.

En la década de los ochenta, el herpes era tan frecuente que fue el artículo de portada de la revista *Time*. Y para 1992, la enfermedad de inflamación pélvica, en que la infección se extiende desde fuera del cuerpo hasta los órganos internos, se había hecho tan común que se diagnosticaba a más de un millón de mujeres cada año. De ese millón, doscientos mil eran adolescentes.

El virus del papiloma humano, que se transmite por relaciones sexuales, ascendió increíblemente en la década de los noventa. Este virus es el causante de más del 90% de todos los cánceres de matriz. Y la edad en que la gente lo contrae es entre los veintidós y los veinticinco años. Es tan fácil contagiarse, que existe un 50% de probabilidad cada vez que tiene relaciones con una persona infectada.

En estos momentos, hay más de veinticinco enfermedades de transmisión sexual diferentes, y las dos terceras partes de ellas las contraen menores de veinte años. Cada año quince millones de norteamericanos

Ilustración 8.1

Número de compañeros sexuales	GRÁFICO DE EXPOSICIÓN SEXUAL (si cada persona tiene sólo la misma cantidad de parejas que tú)	Número de personas expuestas
1		1
2		3
3		7
4		15
5		31
6		63
7		127
8		255
9		511
10		1023
11		2047
12		4095

contraerán una enfermedad de transmisión sexual, y la cuarta parte de ellos son adolescentes.

Una de las preguntas que la gente me hace es: «¿Por qué hay tantas enfermedades de transmisión sexual, y por qué hoy hay más gente infectada con ellas que antes?» La respuesta es: cuando alguien tiene relaciones sexuales con otra persona, la verdad es que está teniendo sexo con todas las parejas anteriores de esa persona. El diagrama de esta página (Ilustración 8.1) explica el riesgo de tales exposiciones.[1]

Existen dos formas básicas de contraer enfermedades de transmisión sexual. Una es por contacto con fluidos del cuerpo, tales como semen, fluidos vaginales y sangre. La otra forma es mediante contacto directo, cutáneo, con otra persona. Las que se contraen por los fluidos del cuerpo son el virus de VIH, hepatitis, clamidia, tricomonas (causado por una especie de parásito) y la gonorrea. Las que se contraen por contacto cutáneo son el herpes y el virus HPV, que causa verrugas, sífilis, piojos y sarna. Algunas enfermedades de transmisión sexual son bacterias, otras son virus.

LAS ENFERMEDADES BACTERIOLÓGICAS

CLAMIDIA

Para las mujeres, la enfermedad venérea más dañina es la clamidia, causante de infecciones que se extienden dentro del cuerpo y dañan el útero, las trompas de Falopio y los ovarios. Uno de los efectos es la infertilidad, que es una de las razones más frecuentes por las que mujeres jóvenes no pueden tener hijos. Otro efecto de la clamidia es dañar las trompas de la mujer, de forma que esta tenga un embarazo extrauterino: El feto se queda atascado en las trompas, estas se rompen, y la mujer sufre una hemorragia interna. Esta es la causa de muerte por embarazo más habitual de los Estados Unidos.

Las adolescentes son mucho más susceptibles que las mujeres adultas a la clamidia y a la gonorrea porque las células que cubren el cuello del útero para proteger la piel son mucho más delgadas y más susceptibles a las infecciones. La incidencia de clamidia es más elevada en adolescentes; entre un treinta a cuarenta por ciento de las adolescentes sexualmente activas están infectadas.

Si se compara un cuello de útero normal con un cuello de útero infectado de clamidia, uno se da cuenta que la infección provoca que el cuello del útero se inflame y enrojezca, y esta zona sangra fácilmente cuando se toca. Quizá se pregunta por qué una mujer tiene relaciones con un hombre infectado de clamidia. El cuarenta por ciento de los hombres que tienen clamidia no presentan síntoma alguno. No saben que son portadores de la infección, así que inocentemente se la transmiten a sus parejas.

Si pudiera ver el interior de una mujer, vería el útero debajo del ombligo, en el medio, con las trompas de Falopio (con forma de lombriz, que salen de los lados del útero) y los ovarios (blancos y ovalados). Esta es una pelvis normal y saludable.

Comparemos esta descripción con el interior de una paciente de poco más de veinte años. Contrajo clamidia a los dieciocho, y se extendió del exterior de su cuerpo al interior, convirtiéndose en inflamación pélvica.

En las pruebas médicas, se inyectó un colorante azul para ver si el colorante salía de las trompas de Falopio. En vez de esto el colorante se quedó atascado porque las trompas estaban cerradas por las cicatrices. El esperma no podía entrar, y los óvulos no podían salir; por eso la chica no podía quedar embarazada. Desde que tiene dieciocho años ha tenido tres operaciones para tratar de quedar embarazada, pero aún no puede concebir.

Si viera el interior de esta chica con una cámara dirigida hacia el hígado, podría ver el tejido cicatrizado que hay entre el hígado y el diafragma, donde están los pulmones. (Una situación así se da en un veinte por ciento de las mujeres que contraen inflamación pélvica.) Esta mujer sufría dolores repentinos e intensos que con frecuencia le llegaban a los hombros y le producían problemas al respirar, toser y reír. Aunque tomó antibióticos para matar la infección, el tejido cicatrizado era permanente. La inflamación pélvica causa infecciones devastadoras que pueden cambiar el curso de la vida de una mujer.

GONORREA

La gonorrea es la causa principal de la inflamación pélvica. También puede producir artritis, infertilidad y fuerte dolor de pelvis. El porcentaje más alto de mujeres infectadas con gonorrea se da entre las que tienen de quince a diecinueve años. Una de las razones es una diferencia en su sistema inmunológico. Las adolescentes no tienen tantas células protectoras en el plasma sanguíneo para luchar contra las infecciones como las mujeres mayores. Y las paredes interiores del cuello del útero de las mujeres que han tenido hijos se endurece, y pueden defenderse más fácilmente.

En los Estados Unidos hay unos treinta millones de adolescentes, la mitad de ellos ya tuvo relaciones sexuales por lo menos una vez. Eso significa que actualmente hay quince millones de adolescentes que tienen algo de experiencia sexual. Más de tres millones de esos quince contraerán cada año una enfermedad de transmisión sexual nueva. El veinte por ciento de los adolescentes activos sexualmente de los Estados Unidos desarrollarán cada año una enfermedad de transmisión sexual.

En los hombres la gonorrea causa una inflamación que produce pus y puede escocer al orinar. Hay muchos hombres que no se preocupan porque les salga del pene una pequeña cantidad de pus. Pero si un hombre infectado tiene relaciones sexuales, la mujer tiene un cuarenta por ciento de posibilidades de contagiarse con sólo un encuentro sexual. Si la mujer se contagia puede desarrollar inflamación pélvica, con todas sus devastadoras complicaciones.

Estas enfermedades venéreas las causan unas bacterias y se pueden curar. Otras son víricas y son incurables.

ENFERMEDADES VÍRICAS

VIRUS DEL PAPILOMA HUMANO (VPH)

La enfermedad de transmisión sexual más frecuente causada por virus es el virus del papiloma humano, que a su vez causa verrugas genitales. Cada año hay cinco millones y medio de casos nuevos. Un estudio realizado entre universitarias mostró que tenían un cuarenta y seis por ciento de posibilidades de dar positivo en una prueba del VPH. Eso significa que casi la mitad de las universitarias contraen el virus antes de graduarse.

El VPH puede producir verrugas en el pene. A veces las verrugas son pequeñas, por lo que no producen dolor ni se detectan. De hecho, quizá el hombre ni sepa que tiene la clase de verrugas pequeñas, así que tendrá relaciones con alguien, y no sabrá que está transmitiendo la enfermedad. El VPH también es una causa frecuente del cáncer del pene.

Las verrugas del VPH en la vulva de una mujer, la parte exterior de sus órganos genitales, pueden ser muy grandes. Con frecuencia crecen durante el embarazo, y a veces se hacen tan grandes que ocupan toda la vagina, y el bebé no puede pasar por ella. Se trata de un problema muy difícil, que con frecuencia tiene que ser tratado con láser.

Esas verrugas se pueden quemar, pero este procedimiento es doloroso y requiere anestesia general. También es muy costoso, y puede que no resulte exitoso la primera vez; quizá haya que repetirlo varias veces. El tratamiento puede costar miles de dólares, y obviamente, causa mucha molestia emocional.

HERPES

Una de cada cinco personas mayores de doce años está infectada con el herpes. Cada año se dan entre doscientos mil y quinientos mil casos nuevos. Y actualmente en los Estados Unidos hay treinta y un millones de personas con herpes. Una de cada cuatro mujeres y uno de cada cinco hombres contraerá la infección en algún momento de sus vidas. Y muchas personas seguirán teniendo erupciones de vez en cuando por el resto de sus vidas. No tiene cura. Es un virus.

Las úlceras del herpes en el pene del hombre pueden ser muy dolorosas, ya que el órgano se pela y queda expuesto. Con los años, puede haber nuevas erupciones cerca del lugar de la infección original, y también puede transmitirse oralmente.

Al principio de una mujer contraer esta enfermedad, la infección suele ser peor que la de un hombre, ya que la vagina es un lugar muy seguro para que se esconda el herpes. Y ella tiende a tener muchas más lesiones, lo que puede producir tanto dolor que le resulte difícil orinar. En muchos casos, la mujer tiene que usar catéter para orinar hasta que baja la inflamación. Con frecuencia tiene fiebre, escalofríos, dolor muscular y náusea. Y a veces tienen que ingresarla al hospital simplemente para calmarle el dolor.

Si nace un niño cuando la madre tiene una erupción de herpes, el niño tiene entre un 40 y un 50% de posibilidades de contraer la infección. Si el niño contrae la infección, hay un 50% de posibilidades de que muera. Los que sobreviven experimentan grandes daños en el cerebro. Así que algo que le sucedió a una mujer cuando era adolescente la afecta drásticamente a ella y a la vida de sus hijos.

EL VIH Y EL SIDA

Hoy día, aproximadamente uno de cada trescientos estadounidenses mayores de trece años está infectado con el virus del VIH. En 1994, el SIDA fue la mayor causa de muerte en individuos de entre veinticinco y cuarenta y cuatro años. En 1998, más de 375.000 norteamericanos habían muerto de SIDA, casi la misma cantidad que los cuatrocientos mil norteamericanos que murieron en la Segunda Guerra Mundial.

Al principio, el SIDA ocurría mayormente entre hombres homosexuales. Pero al ver morir a sus amigos, entendieron lo peligrosa que era esta enfermedad, así que se volvieron más cuidadosos. Pero lo que sucedió fue que hombres y mujeres heterosexuales no se dieron cuenta de que el peligro se había extendido hasta ellos mediante transfusiones de sangre infectada, por el uso de jeringuillas de drogas y por un aumento del sexo fortuito entre bisexuales y heterosexuales. Ahora el SIDA es una epidemia entre hombres y mujeres heterosexuales.

El virus que causa el SIDA, VIH, aumenta entre adolescentes de los Estados Unidos. En estos momentos, el 25% (o uno de cada cuatro) de los casos nuevos de VIH se da entre las edades de trece y veinte años. Los adolescentes son sólo el 10% de la población, pero son responsables por el 25% de todas las enfermedades de transmisión sexual.

HEPATITIS B Y C

La hepatitis B es una enfermedad vírica que causa hepatitis, esclerosis y cáncer de hígado. Cada año se dan aproximadamente doscientos mil casos nuevos en los Estados Unidos, y la mitad de ellos ocurre por contacto sexual. La hepatitis B es la causa más común de cáncer de hígado, que tiene muy pocas cantidades de casos curados.

Un bebé recién nacido de una madre afectada de hepatitis B tiene más de 90% de posibilidades de contraer el virus. Entre 70 y 90% de estos niños portarán esa infección por el resto de sus vidas, y tendrán grandes posibilidades de contraer esclerosis de hígado y otros problemas.

La hepatitis C es la infección viral crónica más común en los Estados Unidos. Cada año hay entre treinta y cinco mil y cuarenta mil casos nuevos, y la incidencia más alta se da entre las edades de veinte a treinta y nueve. Estos ocurren principalmente a través de sangre, pero un veinte por ciento puede darse por contacto sexual.

PROTECCIÓN CONTRA LOS EFECTOS DE LAS ENFERMEDADES DE TRANSMISIÓN SEXUAL

En nuestra sociedad la gente piensa: *Tenemos tecnología, drogas, antibióticos. Deberíamos poder curarlo todo.* Algunas enfermedades son bacteriológicas (gonorrea y clamidia), y tenemos antibióticos que las curan. Pero otras enfermedades pueden dejar tejidos cicatrizados, que nunca desaparecen. Este tejido puede obstruir las trompas de Falopio, por lo que la mujer no puede quedar embarazada y sufre grandes dolores. Una mala decisión la afectará por el resto de su vida.

Pero las infecciones víricas (VPH, herpes, SIDA y hepatitis) no se pueden curar. Ante esto, ¿qué alternativas tienen los solteros que están tratando de evitar enfermedades transmitidas por contacto sexual? Solamente tres: preservativos, monogamia o abstinencia.

PRIMERA OPCIÓN: PRESERVATIVOS

Algunas personas apoyan el uso de preservativos, los que se pusieron de moda como método preventivo del SIDA. Sus defensores dicen que si usa un preservativo no contraerá infecciones. En un estudio de dos revistas médicas se estudió la fiabilidad de los preservativos que se usaban para evitar el embarazo, no para prevenir enfermedades (véase Ilustración 8.2). Los investigadores entrevistaron a cien parejas que afirmaron que usaban preservativos, y sólo entre el catorce y el dieciséis por ciento de ellas lo usaban cada vez que tenían relaciones y lo usaban correctamente.

Ilustración 8.2

Uso Típico de Preservativos
Para evitar el embarazo

De cien parejas que usan preservativos, ¿cuántas suelen concebir durante el primer año de usarlos?

- 15.8% (Jones & Forrest, Family Planning Perspectives, enero/febrero 1992)
- 14% (Hatcher et al., Contraceptive Techonology, 17ª edición, 1998)

Una de las razones por las que los preservativos fallan es que pueden romperse. O se pueden escurrir del pene. En este estudio, el 15% de las mujeres quedaron embarazadas usando preservativos, y la concepción sólo se puede producir durante varios días al mes. Ya que las relaciones sexuales suelen ser más frecuentes que eso, es fácil deducir que los preservativos no funcionan bien para protegerse contra enfermedades.

Los investigadores también hicieron un estudio de parejas en las que uno de los cónyuges estaba infectado con el virus del SIDA. Uno pensaría que estas personas tendrían mucho cuidado, pero el estudio mostró que sólo el 50% de las parejas usaba correctamente los preservativos, y eso era cuando la transmisión de la enfermedad era cuestión de vida y muerte. La Ilustración 8.3 muestra que cuando se usó el preservativo para protegerse contra enfermedades, sólo entre el 15% y el 17% de la gente lo usaba siempre, y lo usaba correctamente.

Ilustración 8.3

Porcentaje de personas que usan correctamente los preservativos

• En general, entre el 5% y el 21% de los individuos encuestados en los Estados Unidos o en otros estudios importantes declararon que «siempre» usaban preservativos.

• El índice más alto del uso perfecto del preservativo es aproximadamente el 50%. Esto se daba en parejas en las que uno de los cónyuges estaba infectado con el virus del SIDA.**

American Journal of Public Health, 1995

**Journal of Acquired Immune Deficiency Syndrome*, 1993

El otro problema de los preservativos es que no cubren los genitales por completo. Hay infecciones que se transmiten por fluidos, pero otras, por contacto cutáneo. Y las partes de la piel a las que no llega el preservativo pueden transmitir enfermedades como el herpes, la sífilis, el virus del papiloma humano y las verrugas.

Un hombre puede usar preservativo mientras tiene relaciones con una mujer con sífilis, pero el preservativo no es seguro, porque no cubre el vello de la zona pélvica. Entonces, si tiene sexo con otra persona, aun incluso si usa preservativo, ella contraerá la enfermedad.

SEGUNDA OPCIÓN: MONOGAMIA EN SERIE

Hay gente que cree que la monogamia en serie, es decir, serle fiel al novio o a la novia del momento, le protegerá de enfermedades de transmisión sexual. Una mujer decide salir con un solo hombre y, como no está con nadie más y él no está con nadie más, cree que está segura. Pero la persona promedio cambiará de pareja en seis meses o un año y después volverá a serle fiel a esa nueva pareja por el mismo período de tiempo. Después la pareja romperá, y cada uno tendrá otra pareja nueva. Serán fieles el uno al otro hasta que se repita el ciclo.

La gente le llama monogamia a esto, refiriéndose a que son fieles mientras están en esa relación, pero a lo largo de su vida pueden llegar a tener cinco, seis, siete, ocho o una docena de parejas. Y como ya vio en la ilustración 8.1, cada vez que se acuesta con una persona diferente se está acostando con todas las otras parejas que esa nueva persona tuvo, aun cuando fuera fiel durante el tiempo que estuvo con ella.

La última opción para la mujer soltera es la abstinencia hasta entrar mediante el matrimonio en una relación sexual permanente, monógama en ambas partes y fiel.

TERCERA OPCIÓN: ABSTINENCIA

¿Qué es la verdadera abstinencia? La verdadera abstinencia consiste en evitar el contacto genital hasta el matrimonio, lo que incluye todo tipo de actividad, no sólo el coito, que permita el contacto entre la piel y los genitales. Cuando las personas adoptan la alternativa de abstinencia sexual, no se contagian con ninguna enfermedad de transmisión sexual, y la mujer no queda embarazada. El índice de fallos de la abstinencia es del cero por ciento.

En estos momentos más del 50% de los muchachos y muchachas de secundaria son vírgenes, y ese número aumentó en un 11% desde 1991. Hoy día, el 25% de los adolescentes que tuvieron sexo en el pasado ya hicieron votos de practicar la abstinencia por el resto de sus vidas. Algunas personas me preguntan: «¿Es normal o saludable no tener relaciones sexuales hasta el matrimonio?» Siempre respondo: «Sí, de hecho esa es la única forma de garantizar que permanecerás sano físicamente y feliz emocionalmente».

⌒⊙ PUNTOS DE ACCIÓN: Y DIJO DIOS: «HAYA SEXO»

1. Lea este pasaje de las Escrituras, que describe la influencia de Satanás y nuestra protección:

Pero el cuerpo no es para la fornicación, sino para el Señor, y el Señor para el cuerpo. Y Dios, que levantó al Señor, también a nosotros nos levantará con su poder. ¿No sabéis que vuestros cuerpos son miembros de Cristo? ¿Quitaré, pues, los miembros de Cristo y los haré miembros de una ramera? De ningún modo. ¿O no sabéis que el que se une con una ramera, es un cuerpo con ella? Porque dice: Los dos serán una sola carne. Pero el que se une al Señor, un espíritu es con él (1 Corintios 6.13-17).

Ahora lea los siguientes pasajes que reflejan la opinión de Dios sobre la sexualidad y la perversión:

Adulterio

Pero a causa de las fornicaciones, cada uno tenga su propia mujer, y cada una tenga su propio marido. El marido cumpla con la mujer el deber conyugal, y asimismo la mujer con el marido (1 Corintios 7.2-3).

Promiscuidad y fornicación

Huid de la fornicación. Cualquier otro pecado que el hombre cometa, está fuera del cuerpo; mas el que fornica, contra su propio cuerpo peca. ¿O ignoráis que vuestro cuerpo es templo del Espíritu Santo, el cual está en vosotros, el cual tenéis de Dios, y que no sois vuestros? (1 Corintios 6.18-19).

Pornografía y lenguaje lascivo

Cuando alguno es tentado, no diga que es tentado de parte Dios; porque Dios no puede ser tentado por el mal, ni él tienta a nadie; sino que cada uno es tentado, cuando de su propia concupiscencia es atraído y seducido. Entonces la concupiscencia, después que ha concebido, da a luz el pecado; y el pecado, siendo consumado, da a luz la muerte (Santiago 1.13-15).

2. Si cometió algunos de esos errores o fue promiscua antes del matrimonio, recuerde que Cristo perdonará su pecado si lo confiesa y se arrepiente. Lea los siguientes pasajes y entienda su nueva posición como hija del Rey.

Usted es...

- perdonada (Efesios 1.7; Colosenses 1.14; Hebreos 9.14; 1 Juan 2.12).
- libre (Juan 8.31-32).
- [una persona] sin condenación (Romanos 8.1).
- reconciliada con Dios (2 Corintios 5.18).
- sanada por las llagas de Jesús (1 Pedro 2.24).

Escriba el pasaje que sea más significativo para usted:

_____

_____

_____

3. Lea la historia del hijo pródigo en Lucas 15.11-32. Ahora, haga esta oración:

Señor, te pido perdón por los errores que hice y por todos los actos inmorales que cometí. Por favor, dame fuerzas para que en el futuro tome decisiones acertadas. Ayúdame a decirle no a todo lo que no te honre. Ayúdame a elegir vida y no muerte, bendición y no maldición. Te pido esto en el nombre de tu Hijo, mi Salvador, Jesucristo, Amén.

4. Lea el capítulo 7 del libro de Ester.

Para obtener más información sobre las enfermedades de transmisión sexual y sobre una educación fundamentada en la abstinencia, por favor comuníquese con The Medical Institute for Sexual Health [El instituto médico para salud sexual], al (512) 328-6268. Ellos cuentan con muchos recursos de ayuda, incluyendo un libro de trabajo con diapositivas que puede usar en la escuela o en la iglesia.

∽

capítulo nueve

Diez preguntas que teme hacerle a su ginecólogo

*A*l final de la sesión sobre la sexualidad, el Dr. Farhart respondió preguntas de las mujeres del público, que habían sometido sus preguntas antes de la sesión. De esta forma, el Dr. Farhart tuvo permiso para hablar de asuntos que no se suelen tocar en las iglesias, pero que son importantes para una relación saludable entre esposo y esposa. Las preguntas que siguen fueron las más planteadas por las más de quinientas mujeres que asistieron a los seminarios Mujer de Dios. Una vez más voy a permitir que el Dr. Farhart le hable directamente, como hizo con las mujeres aquella noche.

EL DR. FARHART RESPONDE SUS PREGUNTAS

La mayoría de las preguntas involucraron dos temas generales: ¿Cuál es el punto de vista de Dios sobre el sexo y qué piensa Dios sobre lo que mi esposo y yo queremos hacer?

EL PUNTO DE VISTA DE DIOS SOBRE EL SEXO

«Según las Escrituras, es idea suya», les dije esa noche a las mujeres. Después cité Génesis 2.18: «Y dijo Jehová Dios: No es bueno que el hombre esté solo; le haré ayuda idónea para él». Y también cité Génesis 2.25: «Y estaban ambos desnudos, Adán y su mujer, y no se avergonzaban».

Por desgracia, esa situación no duró mucho. En Génesis 3 el hombre y la mujer se escondieron de Dios, avergonzados por el pecado que habían cometido cuando le desobedecieron y comieron la fruta del árbol de la ciencia del bien y del mal. Adán y Eva nunca recuperaron su estado perfecto, y nosotros tampoco lo haremos.

La Biblia afirma que ciertos tipos de actividades sexuales son inapropiadas. Todo el capítulo 18 de Levítico es una lista de esas actividades: relaciones sexuales entre miembros de la familia, con personas del mismo sexo, con animales y cuando la mujer tiene la menstruación. En 1 Corintios 6.13-16 Pablo habla de no tener sexo con prostitutas (como lo hacen muchos pasajes de Proverbios). Les recordó a los cristianos que durante la relación sexual, los dos se convierten en uno. Dios nos ve como una sola carne. El apóstol Pablo les preguntó con acierto a los corintios: «¿O no sabéis que el que se une con una ramera, es un cuerpo con ella?»

Hay cristianos que tienen preguntas sobre la masturbación. La verdad es que la Biblia no habla sobre esto; la palabra ni se menciona. Pero en la mayoría de los casos la masturbación involucra la vida de pensamiento del individuo. Muy pocas personas se masturban viendo un programa de noticias o leyendo un libro de cocina. Para los hombres, el estímulo es la pornografía, y esto no le agrada a Dios. La mayor parte de nuestra plenitud debería venir de Dios, y la masturbación, que puede usarse para liberar tensiones o llenar necesidades, priva a una persona de ver a Dios como la verdadera fuente de alivio, paz y liberación de estrés.

En cambio, Pablo describe en 1 Corintios 7.2-3, 5 lo que es una relación marital normal:

> Pero a causa de las fornicaciones, cada uno tenga su propia mujer, y cada una tenga su propio marido. El marido cumpla con la mujer el deber conyugal, y asimismo la mujer con el marido. [...] No os neguéis el uno al otro, a no ser por algún tiempo de mutuo consentimiento.

La Biblia nos abre los ojos al retratar una relación apasionada entre hombre y mujer en el Cantar de los Cantares. Al leer el libro puede ver que Dios realmente desea que tengamos relaciones sexuales apasionadas y plenas. De hecho, la voz de amor en este Cantar es la de una mujer, y esta voz femenina habla profundamente de amor. Una introducción al Cantar de los Cantares dice: «Ella refleja su belleza y sus deleites. Reclama su exclusividad. Dice: "Yo soy de mi amado, y él es mío". E insiste en la necesidad de su espontaneidad pura». A lo largo de todo el Cantar de los Cantares la mujer describe lo precioso de la experiencia e indirectamente sugiere que el sexo es un don de Dios.

El segundo tema general de las preguntas de las participantes fue: ¿Qué piensa Dios sobre lo que mi esposo y yo queremos hacer?

PREGUNTAS CONCRETAS

1. «Amo a mi esposo, pero mi apetito sexual es muy bajo y creo que eso daña nuestro matrimonio. Me gustaría saber cuál es el problema».

El apetito sexual bajo salió a relucir con frecuencia en las preguntas. Algunas mujeres preguntaron: «Cuando sea mayor, ¿el apetito sexual será mejor o peor?» Otra mujer preguntó: «¿Mi apetito sexual igualará alguna vez al de mi marido?» «Sí», le respondí. «¡Cuando él tenga unos noventa y cinco años!» Y una última mujer preguntó: «¿Por qué el apetito sexual de un hombre es mucho más alto que el de una mujer?»

El factor hormonal. Una de las razones de tener un apetito sexual bajo es por cuestión hormonal. Tanto los hombres como las mujeres tienen testosterona y estrógenos; la única diferencia es la cantidad. En los hombres el nivel de testosterona es 95% y el de estrógeno, 5%. En las mujeres es justamente lo contrario: 95% de estrógeno y 5% de testosterona. Con la menopausia bajan los niveles de ambas hormonas. Y en el caso de los hombres, los niveles de testosterona también bajan con la edad. Si el nivel de testosterona de un hombre disminuye, baja del 95% al 50%, lo que sigue siendo bastante más que el 5% de la mujer.

Las hormonas de la mujer también fluctúan según su ciclo. Una mujer preguntó: «¿Por qué me siento sexualmente más excitada en ciertos puntos de mi ciclo que en otros?» Sus niveles hormonales suben y bajan con la ovulación. A veces, el cuerpo de una mujer toma el control, a causa de las hormonas, y el cerebro sólo le sigue la corriente. Podemos ser prisioneros de nuestras hormonas.

Energía y emociones. Las energías y emociones de una mujer obstaculizan su impulso sexual. Una participante dijo: «Estoy demasiado involucrada en las actividades de mis hijos. A la hora de acostarme estoy cansada. Muchas veces eso provoca malentendidos entre mi esposo y yo. ¿Qué puedo hacer para mejorar esto?» Otra mujer escribió: «Estoy tan cansada pues trabajo y estudio a tiempo completo. La verdad es que no tengo interés en el sexo».

Las preguntas hablan por sí solas. Estas mujeres tienen demasiado que hacer. En los tiempos bíblicos, la mujer no era parte de la fuerza laboral, pero ahora la mayoría de las mujeres trabajan fuera de casa. Madres, esposas, amas de casa, empleadas, supervisoras e incluso vicepresidentas: las mujeres llevan demasiados sombreros.

A las mujeres que vienen a mi consulta trato de explicarles lo siguiente: «Usted está tratando de ser una súper mujer al trabajar fuera de casa y llevar a sus hijos a todas sus actividades. Obviamente, lo último que usted quiere al final del día es que alguien la toque».

Entonces, una parte es energía y otra parte es enojo. En algunas de estas familias, el marido regresa a casa del trabajo, se desploma en el sofá y no hace mucho más que eso. La mujer se resiente y se enoja, aunque no quiera admitirlo. El hombre se va a la cama después de pasarse cinco horas viendo televisión y espera tener sexo. Sencillamente así no va a pasar.

Las mujeres tienen que expresarles esa tensión a sus maridos: «Cariño, si me ayudas a quitarme de encima algo de la tensión que tengo, tendré más energía para ti por la noche». Cuánta verdad hay en el libro *Sex Begins in the Kitchen* [El sexo comienza en la cocina], del Dr. Kevin Leman.[1]

Otra pregunta se relacionaba con el tema del apetito sexual.

2. «Antes disfrutaba del sexo, pero ahora lo detesto. La verdad es que detesto los treinta kilos que tengo de más».

Las mujeres tienen que sentirse bien consigo mismas para desear ser expuestas ante otro ser humano. Los hombres son diferentes; les dije a las mujeres de la conferencia Mujeres de Dios que «puede que tengan barriga, estén calvos, les falte la dentadura, pero no se miran y piensan: *El trasero me cuelga, qué vergüenza.* Los hombres andan por casa en ropa interior y es obvio que no les molesta. Pero las mujeres quieren que se apaguen las luces y resienten a todas las modelos de ropa interior. La forma en que ven su cuerpo obstaculiza su deseo sexual».

Las mujeres que hacen ejercicio, pierden peso y se sienten mejor en cuanto a su aspecto externo probablemente sentirán un aumento de su apetito sexual. Por otra parte, los medicamentos antidepresivos, contra ataques epilépticos o contra la presión alta pueden disminuir el impulso sexual. A veces los médicos pueden ayudar en este sentido. Consúltele para ver si hay otro medicamento que pueda tomar en sustitución.

Una mujer preguntó: «¿Se supone que el sexo duela?» No, no debe. Y si duele, su cuerpo le está diciendo que algo no anda bien. Esta mujer tiene que ir al médico.

Pensamientos equivocados. A veces los pensamientos equivocados afectan el apetito sexual de una mujer. Una mujer preguntó: «¿Cómo puedo superar el hecho de avergonzarme de mi cuerpo, de forma que pueda disfrutar de estar con mi esposo sin preguntarme lo que piensa sobre mis imperfecciones? A veces no me siento lo suficiente buena para él».

Esa forma de pensar es errónea. Eso es escuchar al maligno, a voces que le hablaron cuando era niña y le dijeron mentiras sobre su cuerpo y su rostro.

3. «¿Cómo pueden bloquearse las cosas malas que sucedieron en el pasado durante una relación sexual y disfrutarla ahora?»

Esta es una buena pregunta. Si abusaron de usted sexualmente, su apetito sexual puede disminuir, ya que no ve las relaciones entre un hombre y una mujer de la forma en que lo haría si no le hubieran robado esa inocencia y disfrute. Este sentimiento es legítimo, sin embargo, no todas lo ven como una barrera para su apetito sexual. Algunas piensan: *Eso le pertenece al pasado. Ya no me afecta.*

¡Sí afecta! Tiene que buscar consejería e ir a la cruz con su dolor para recibir la sanidad interior de Dios. Al final de este capítulo, Diana les dará la oportunidad de hacer precisamente eso a las víctimas de abuso sexual.

4. «Desde que nació mi segundo hijo no puedo tensar la vagina. Siento que ya no satisfago a mi esposo».

Esa es una queja frecuente. Una mujer que da a luz a un bebé de cuatro o cinco kilos [nueve a diez libras] no va a tener una vagina tensa. Pídale a su médico información sobre los ejercicios Kegel, que pueden ayudar a remediar ese problema.

Si en pleno coito la mujer piensa: *Mi marido no está disfrutando, ya no es como antes*, ella tampoco va a disfrutar del sexo. Pero puede que esté equivocada en cuanto a la satisfacción de su marido. ¡Le aseguro que él está feliz de estar ahí!

5. «Ante los ojos de Dios, ¿está bien que a los cincuenta años aún tenga deseo sexual?»

Sí, sí lo es. Sara y Abraham tuvieron un hijo a los noventa y tantos años. En ningún lugar de las Escrituras se dice que alguien debe dejar de ser sexualmente activo. Y desde un punto de vista médico, usted estaría incluso más saludable. Algunos estudios indican que los que son sexualmente activos sufren menos infartos y derrames cerebrales. Se queman calorías, así que adelgaza. Y también es saludable para la vejiga y la vagina.

Otra mujer preguntó: «¿Es necesario tener una vida sexual activa después de la menopausia si no siento que la estoy echando de menos?»

Eso depende de su marido. Si ustedes no creen echarlo de menos, entonces está bien. Primera de Corintios deja bien claro que Dios no desea que marido y mujer se sientan faltos de sexo. Uno de los dos podría ir a buscarlo en otro lugar. De hecho, el pecado sexual es probablemente el principal problema de los Estados Unidos. Las mujeres se diseñaron para ser una cubierta espiritual para sus esposos, para asegurarse que se quedan en casa.

6. «Me cuesta mucho trabajo "entrar en ambiente". Tengo que concentrarme muy bien, y casi no puedo esperar que me dejen tranquila».

Si una mujer se siente así debería decírselo a su marido. Dios no pretendió que el sexo fuera así. Cuando termine, si no se edificó ni la hizo sentir más cerca de su marido, entonces no está experimentando el sexo tal y como Dios lo diseñó. El sexo debería ayudar a superar el estrés del día y a sanar algunas de las palabras hirientes que quizá se dijeron. Se supone que debe ser un santuario de lo que le haya hecho el mundo exterior.

7. «Si no deseo tener relaciones con mi marido, ¿debo tenerlas?»

La respuesta es sí. Las Escrituras dejan muy claro que una mujer es responsable de cumplir con las necesidades sexuales de su marido. Pablo les advirtió a los primeros cristianos:

La mujer no tiene potestad sobre su propio cuerpo, sino el marido; ni tampoco el marido tiene potestad sobre su propio cuerpo, sino la mujer. No os neguéis el uno al otro, a no ser por algún tiempo de mutuo consentimiento, para ocuparos sosegadamente en la oración; y volved a juntaros en uno, para que no os tiente Satanás a causa de vuestra incontinencia (1 Corintios 7.4-5).

Hubo otra pregunta que se presentó con menos frecuencia: «¿Por qué no he tenido un orgasmo luego de veintiún años de matrimonio?» La culpa no es de la mujer; es del hombre. Pero existe una gran falta de comunicación. Algunos cristianos crecieron en hogares donde no se hablaba sobre el sexo. No creen que sea puro hacerlo. Estos cristianos tienen una forma incorrecta de pensar sobre el sexo, por eso quizá se sientan incómodos explicándole a su pareja cómo les gustaría que los tocaran. Muchas veces el hombre necesita instrucciones en cuanto a lo que le gustaría exactamente a su pareja. Si la esposa no le enseña a su marido, puede que él no lo descubra por casualidad.

8. «¿Es normal desear a mi esposo en momentos impropios? ¿Qué posiciones son bíblicas?»

Si no se menciona como pecado en Levítico 18, pueden hacer lo que quieran, pero ambos deben estar de acuerdo. Una actividad sexual es inapropiada si causa dolor o hace que uno de los dos se sienta degradado o desmoralizado.

Otra mujer preguntó: «¿Es normal que tenga más apetito sexual que mi marido?»

La verdad es que me encantaría que Dios pareara a los hombres y a las mujeres con apetitos sexuales equivalentes, pero eso no parece suceder casi nunca. Obviamente, los maridos mayores de cuarenta años no van a cumplir igual que cuando eran más jóvenes. Y muchas veces eso les afecta la autoestima, ya que los hombres sienten que desempeñarse bien es algo masculino. Puede que a veces su marido no parezca tener mucho apetito sexual, no porque no desee estar con usted, sino porque cree que ya no puede hacerlo igual que antes. Los hombres no son muy buenos hablando de esas cosas con sus esposas o sus médicos. Ambos tienen que hablar de esas cosas y también deben buscar medicamentos si eso ayuda al hombre.

9. «¿Cómo puedo lograr la satisfacción con mi esposo sin ser quien la cause? Me gustaría que nuestras experiencias fueran más satisfactorias casi todas las veces».

Desde un punto de vista físico, el setenta por ciento de las mujeres no alcanzan el orgasmo sólo por penetración vaginal. A veces el clítoris no se aprieta lo suficiente con el coito, sobre todo después de haber dado a luz, ya que los labios o el clítoris no se aprietan hacia abajo y quizá no hay mucho contacto. No es malo añadir estimulación durante el sexo. Puede mostrarle a su esposo lo que quiere.

10. «Siempre y cuando quede entre mi esposo y yo, ¿está bien usar pornografía como parte de la relación sexual en un matrimonio?»

La pornografía *nunca* beneficia la relación sexual con su esposo. Su misma existencia está en conflicto con el plan de Dios de que el hombre y la mujer sean uno. La pornografía siempre trae otras parejas a la relación sexual. La industria de la pornografía sabe que los hombres se estimulan por la vista y por eso los explota incitándolos a fantasear sobre experiencias sexuales que puede que nunca tengan. Ver pornografía planta pensamientos de insatisfacción con la experiencia natural y amorosa de un marido y una esposa, que Dios creó. En cambio, la pornografía alimenta una actitud centrada en uno mismo, actitud de placer temporal diseñado por Satanás.

La pornografía es primero una experiencia visual seguida de pensamientos persistentes que se convierten en deseos y se consuman con acciones. Muchos estudios confirmaron la investigación del Dr. Víctor Cline en la Universidad de Utah. El Dr. Cline lleva muchos años especializándose en el tratamiento de desviaciones y adicciones sexuales. Concluyó que el uso de pornografía tiene estos efectos:

- *Es adictiva*. El usuario desarrolla una necesidad de ver y consumir material pornográfico.
- *Aumenta*. Lo que solía excitar en un principio ya no satisface más. El usuario necesita imágenes más crudas para lograr el mismo nivel de excitación.
- *Insensibiliza*. El usuario ya no siente repulsión ante ciertas imágenes de comportamiento desviado, violencia sexual o violación. La víctima ya no es una persona, sino meramente un

vehículo para la satisfacción del usuario. La compasión y el cuidado ya no existen en la relación sexual.

• *Incita a llevarla a la práctica.* El usuario ha fantaseado durante tanto tiempo que ahora desea «poner en práctica» su fantasía para experimentarla.[2]

Nuestra sociedad cosechó el fruto amargo de la pornografía. Molestan sexualmente a nuestros niños, violan a las mujeres, seducen a hombres jóvenes a la homosexualidad y nuestros matrimonios están destruidos. En el libro de Santiago Dios le advierte a su pueblo que guarde la mente de este mal:

> Sino que cada uno es tentado, cuando de su propia concupiscencia es atraído y seducido. Entonces la concupiscencia, después que ha concebido, da a luz el pecado; y el pecado, siendo consumado, da a luz la muerte. Amados hermanos míos, no erréis. Toda buena dádiva y todo don perfecto desciende de lo alto, del Padre de las luces, en el cual no hay mudanza, ni sombra de variación (Santiago 1.14-17).

¡El plan de Dios para nuestra sexualidad no deja lugar a la pornografía!

Al final de la sesión les enfaticé: «No sirve de nada que lo que dije esta noche se quede en esta habitación. El sexo se da entre un hombre y una mujer. Si no comunican lo que están aprendiendo, si no comparten lo que les molesta, no disfrutarán de una vida sexual mutua beneficiosa. Y se estarán perdiendo lo que Dios diseñó, ya que el sexo reporta muchos beneficios espirituales, emocionales y de relación.

»Si sus maridos les preguntan: "¿Qué aprendiste en Mujer de Dios esta noche?", no tengan miedo de decírselo, incluso si tienen que decir: "El Dr. Farhart lo dijo". Por suerte, ¡tengo una secretaria que filtra las llamadas que recibo!»

Terminé mi charla en una nota liviana. Después, Diana presentó a la siguiente persona que hablaría esa noche, su asistente Teresa, que contó una historia que era muy familiar para algunas de las mujeres presentes y también demasiado dolorosa. Diana va a contar aquí la historia.

LA HISTORIA DE TERESA

Cuando Teresa tenía diecisiete años comenzó a tener relaciones sexuales, pero no pensaba mucho en esto porque aprendió sobre el sexo cuando tenía cinco años. A esa edad, conoció a George (nombre ficticio), un vecino que vivía al otro lado de la calle. A todas las madres del barrio les gustaba George porque estaba más que dispuesto a cuidar de sus hijos cuando ellas tenían que salir a hacer diligencias. Parecía ser un hombre amable, alegre y con un talento maravilloso para hacer juguetes de madera.

Por desgracia, Teresa aprendió el precio que se pagaba por uno de esos juguetes. Y Teresa no fue la única; George también les regaló juguetes de madera a otros niños del barrio cuando cuidaba de ellos. Podría decirse que constituían un club silencioso, porque todos sabían lo que les había pasado si tenían un juguete de George.

Cuando Teresa tenía unos nueve años llegó a la conclusión que lo que George le hacía no estaba bien, así que lo confrontó.

Teresa nunca olvidó lo que le dijo. (Se acuerda perfectamente, aunque ahora tiene cuarenta y tantos años.) «Dejaste que te lo hiciera», dijo, «y te gustó. Lo alentaste pues no me pediste que parara. Si lo cuentas, te vas a meter en problemas porque querías que lo hiciera».

A un niño de nueve o diez años le resulta difícil debatir esto. Los niños aprenden que tienen que hacer lo que los adultos les piden. Una de las últimas cosas que la madre de Teresa le decía antes de que fuera a casa de George (igual que hacen todas las madres cuando confían sus hijos a otras personas) era: «Tienes que obedecer a George».

Así que por el resto de su vida Teresa tuvo que lidiar con la responsabilidad de que una niñita de cinco años había excitado sexualmente a un hombre adulto y le había permitido que le hiciera cosas que nunca debieron haberle hecho.

Teresa no recuerda mucho sobre esos primeros años, pero cuando tenía diez decidió que ya era bastante grande como para quedarse sola. Ya no iba a volver a casa de George.

Varios años más tarde Teresa se enteró de que su madre había enviado a su hermanita con George cuando Teresa no estaba en casa. Y la niñita regresó a casa con un juguete de madera. Teresa estaba tan furiosa que decidió romper su silencio y le dijo a su madre que no debería fiarse de ese hombre.

Le preguntó a su madre: «¿No te extraña que a George le guste tener niños en su casa? ¿No será que está tratando de conseguir algo?»

La madre de Teresa respondió de una forma un tanto estereotipada: se enfadó con su hija. «¿Cómo te atreves a decir eso con todo lo que George ha hecho por ti?»

Con esas palabras su madre, sin saberlo, afirmó lo que George le había dicho. Durante los treinta años siguientes se creyó responsable de excitar sexualmente a un hombre adulto y de permitirle acariciarla. Ella era una niña sucia y desvergonzada.

Después de ese hombre, un tío suyo también abusó de ella. Y después un primo. Teresa estaba bien desarrollada, y los chicos de su colegio se burlaban de ella y trataban de tocarla. Aprendió a reírse de eso y a pensar que seguramente era normal.

Cuando Teresa comenzó a tener relaciones sexuales, no le pareció que fuera la gran cosa porque sentía que la habían creado para ser mala. Se involucró con un hombre y lo único que hacían era tener relaciones sexuales. No hablaban. No compartían sus sueños. Quedó embarazada, y como el hombre tenía honor, se casó con ella. Pero siguieron viviendo vidas separadas como padres de un niño adorable, hasta que volvió a quedar embarazada.

Cuando se lo dijo a su marido, él sonrió y le dijo: «¿Para qué necesitas otro hijo? Puedes tener a ese niño o puedes tenerme a mí. Tú escoges».

Aunque Teresa no tenía un verdadero matrimonio, creía que sin su esposo no valía nada. No tenía ningún sentimiento de valor propio, pues la habían utilizado durante toda su vida y hacía mucho tiempo el vecino le había dicho que fue por su culpa. Teresa seguía creyéndolo.

Parecía una decisión fácil. El bebé era un accidente. En sus vidas no había lugar para otro hijo, así que fue al hospital a que le practicaran un aborto. Al entrar en el quirófano, una de las enfermeras no hacía más que preguntarle: «¿Estás segura que quieres hacer esto? ¿Estás segura?»

«Claro», respondió Teresa. «¿Por qué no? Tengo un matrimonio miserable. No necesito más problemas».

Teresa se dio cuenta que el aborto le molestaba a la enfermera, pero eso fue todo lo que le dijo esa mujer.

Después del aborto, Teresa se rió al recordar una placa que había en el vestíbulo del hospital: Honramos a Dios sirviendo a la humanidad.

Teresa conocía la dicotomía en esta frase, pues Dios había puesto la verdad en ella cuando la creó. En los días que siguieron al aborto no hacía más que deprimirse. No quería aceptar la responsabilidad de lo que había hecho. *Es culpa de mi esposo,* pensó. La tensión creció en su matrimonio, y Teresa se deprimió aún más.

Un día pensó: *No puedo seguir viviendo como una chica sucia y vil que no tiene nadie que la quiera.* Estaba vacía y hueca. Le parecía haber fallado como persona, esposa y madre.

Esa noche decidió quitarse la vida por ser fea, mala, por ser una niña sucia y desvergonzada que no podía hacer feliz a nadie y que nunca llegaría a conocer el amor que tanto deseaba. Y también iba a matar a su hijo porque no quería que creciera pareciéndose a su padre.

Teresa cayó en el suelo y clamó a Dios: «Sé que estás ahí, Dios. Dime la verdad: ¿Seguro que enviaste a tu Hijo a morir por una niña vil como yo?»

Y esa noche el Dios perfecto, puro y santo llegó hasta ella de una forma muy especial. La rodeó con sus brazos y por primera vez en su vida se sintió amada. Al día siguiente compró una Biblia y comenzó a leerla, lo que la llevó a ver a Cristo como una persona real, como su Señor y Salvador personal.

Pero por muchos años, Teresa tuvo una caja cerrada dentro del corazón. Cada vez que comenzaba a orar, y Dios comenzaba a revelar algo de su pasado, ella le cerraba la puerta a los pensamientos. No podía dejar que Dios supiera lo vil que fue. Si Él supiera todo lo que había permitido que los hombres le hicieran, dejaría de amarla y aceptarla.

Pero un día, en una actividad de un ministerio para mujeres, escuchó a una señora que estaba hablando sobre niños a los que molestaron sexualmente. Cuando esta señora comenzó a hablar, Teresa se levantó para marcharse pues no se sintió muy a gusto. Pero de repente se sintió atraída por lo que estaba diciendo la señora. «Una de las peores cosas que pueden resultar de esto es que Satanás, por medio del abusador, hace que el niño o la niña se sienta responsable de lo que le hicieron otros. El maligno inspira un espíritu de rechazo y de culpa».

Los ojos de Teresa comenzaron a llenarse de lágrimas porque se sentía muy culpable.

Entonces, esa dama comenzó a leer un pasaje de la Palabra. Terminó diciendo: «Él llevó a la cruz tus pecados, tus iniquidades, tus transgresiones, tus heridas y eran tan horribles que Él se deformó de una manera que no hubieras podido reconocerlo». Cuando dijo esto, Teresa entendió que Él había tomado todas sus experiencias, pues sólo esas cosas podrían haber causado que el Dios Santo se viera tan horrible.

Por primera vez en su vida Teresa fue libre. Se había abierto la puerta de esa caja. Ella no era responsable de lo que le había hecho el hombre, sino que el hombre había violado una confianza y le había impartido un espíritu de culpa y rechazo que Teresa cargó durante treinta años.

Durante los años siguientes, la paz que le robaron esos hombres se restituyó. Dios le dio un matrimonio de treinta y un años con un solo hombre. Le dio cuatro hijos que aman al Señor y, más que nada, le dio su gracia y su misericordia.

Y también nos la da a todas nosotras.

UNA EXPERIENCIA SANADORA

Esa noche en la sesión de Mujeres de Dios les pedí a tres grupos diferentes de mujeres que se acercaran juntas al altar para que no se distinguiera a unas de otras. Primero, las mujeres solteras que, después de haber oído la charla sobre enfermedades de transmisión sexual, se preguntaban: *¿Dónde está el marido para mí? ¿Qué hago para encontrarlo? ¿Qué clase de bagaje sexual me traerá?*

Les dije: «Ustedes tienen preocupaciones con respecto al futuro, pero existe un hombre que está haciendo la misma oración por ustedes, y es un hombre que ama a Dios».

Segundo, las mujeres casadas que tenían matrimonios infelices y poco saludables desde el punto de vista sexual, que, como señaló el Dr. Farhart, es síntoma de algo más. «Están cansadas de eso», les dije, «y quieren lo que

Dios ordenó para su relación... Si ustedes se rinden al Señor, Él se encargará del resto».

Sé que algunas mujeres estaban pensando: *No conoces a mi marido.* Y reconocí que así era, desde luego no lo conocía de la misma forma que su mujer. «Pero Jesucristo lo conoce mejor que tú», dije. «Si pones tu vida en sintonía con Él, Dios se encargará del resto».

Y por último llamé al altar a las que sufrieron abuso sexual. Quizá fue de niñas o de adultas o incluso tal vez fue el marido. Sabía que algunas de esas mujeres tenían que haber sufrido abuso, ya que a una de cada cuatro mujeres la molestan sexualmente antes de alcanzar los dieciséis años. Muchas de estas jóvenes cargan la culpa y el dolor por el resto de su vida.

Esa noche hablé directamente con esas mujeres: «Una voz interna te ha estado diciendo durante años que no mereces la felicidad. Quiero cambiar la voz de ese mentiroso con otra voz. Esta voz dice: "Te amo. Me preocupo por ti. Sé lo que te sucedió, para bien o para mal. Esperaba que vinieras buscando sanidad, para poder dártela". Esta es la voz de Jesucristo. Durante todos estos años ha esperado que vengas a Él para recibir sanidad».

Mientras estos tres grupos de mujeres se acercaban al altar, se oían sollozos y gemidos por todo el santuario.

Cuando se unieron en el altar con las facilitadoras y consejeras, el Dr. Farhart se paró enfrente de las mujeres, mirándolas directamente a los ojos. «Soy el hombre que te rechazó», dijo. «Soy el hombre que te molestó». Después dio un paso al frente, inclinó la cabeza y dijo: «Quiero que sepas que lo siento».

En ese momento estaba representando a los hombres que en su interior lamentaban lo que habían hecho y también a otros que nunca iban a sentir remordimientos. Pero eso no puede impedir que los perdonemos. De hecho, el perdón es el primer paso hacia la sanidad. En los puntos de acción que cierran este capítulo, me gustaría que pensara en la persona que abusó de usted. Puede haber sido sexualmente pero también emocional o verbalmente. Después de eso, siga los pasos para perdonar a la persona y para sanar su dolor.

Esa noche en la conferencia, muchas mujeres se acercaron para entregarle su vida y su dolor a su Señor y Salvador. Y se sanaron, igual que puede sanar usted.

⌒ PUNTOS DE ACCIÓN:
DIEZ PREGUNTAS QUE TEME HACERLE A SU GINECÓLOGO

1. Escriba mentalmente el nombre de la persona que abusó de usted, ya sea verbal, física o sexualmente.

Ahora, tome una hoja de papel y escríbale una carta a ese hombre. Dígale cómo se sintió en ese momento y cómo se siente ahora. Sostenga la carta en la mano mientras ora a su Salvador. Entregue la situación al Señor. Pídale que le quite el dolor y la ayude a perdonar a ese hombre. Ponga la carta en un cenicero o en un plato de metal y quémela.

2. Piense en las situaciones que, al igual que Teresa, la hicieron sentirse como una niña sucia. Ahora, tome una hoja de papel y haga una lista breve. Pídale a Dios que la perdone por esas experiencias. Cuando Teresa me vio sostener la vasija agrietada el primer día de la conferencia, pensó: *Esos agujeros no son lo bastante grandes como para representar mis pecados.*

Puede que usted se sienta igual. Pero le recordé a Teresa y a las mujeres de la conferencia que cuanto más grandes sean los agujeros, más brilla la luz a través de ellos.

Recuerde esto al copiar este pasaje al final de su lista:

Venid luego, dice Jehová, y estemos a cuenta: si vuestros pecados fueren como la grana, como la nieve serán emblanquecidos; si fueren rojos como el carmesí, vendrán a ser como blanca lana. Si quisieres y oyereis, comeréis el bien de la tierra (Isaías 1.18-19).

Trace una X grande y negra sobre la lista. Estos pecados se cancelan. La factura se pagó totalmente. Queme también este papel.

3. Deje que la luz del Señor brille a través de sus grietas para todos los que la rodean. Recuerde que el Señor prometió: «Amado, yo deseo que tú seas prosperado en todas las cosas, y que tengas salud, así como prospera tu alma» (3 Juan 2).

Mientras disfruta la bendición de Dios, pídale que le muestre a alguien de quien abusaron y que se beneficiaría de su nuevo entendimiento del amor de Dios.

4. Lea el capítulo 8 del libro de Ester. Elija y haga una de las siguientes oraciones:

⌒ *Para mujeres a las que molestaron* ⌒
o abusaron sexualmente

Padre, reconozco la violación que se cometió contra mí. La pongo ahora mismo sobre las manos perforadas de Cristo. Te pido que me des gracia para perdonar a _____, quien me violó. Fui prisionera de su ofensa y ya no quiero estar cautiva.

Tu Palabra dice: «Porque si perdonáis a los hombres sus ofensas, os perdonará también a vosotros vuestro Padre celestial» (Mateo 6.14). Lo que hizo esa persona no estuvo bien; fue malo. Fue pecado, pero elijo ahora dejar de ser prisionera. Ningún arma levantada contra mí prosperará, y tú harás callar toda lengua que se alce para acusarme, porque ésa es mi herencia como hija del Rey.

En el nombre de Jesús decido perdonar a _____ por lo que me hizo, y te pido, Padre, que lo/la perdones. Te pido que él/ella llegue al conocimiento salvador de Jesucristo y busque tu perdón y sanidad para su vida quebrantada.

Gracias por tu poder sanador, que está trabajando en mi vida ahora mismo; sana mis recuerdos, mis emociones y mi cuerpo por la sangre de Jesucristo. Ato el espíritu de rechazo que me impartieron por medio de esa violación. Recibo el espíritu de adopción que se extiende hacia mí por la cruz de Jesucristo. Restaura en mí la esperanza de mi salvación y las bendiciones que vienen con esa esperanza. Padre, tú me ves vestida con la túnica de la justicia, que tu Hijo compró para mi favor. Me ves pura e íntegra. Padre, estoy completa en ti en el nombre de Jesús. Amén.

ᔰ *Para mujeres que fueron promiscuas* ᔰ

Padre, perdóname, porque pequé contra ti y contra tu templo. Te pido que en el nombre de Jesús me perdones por todos mis pecados y transgresiones. Quiero caminar en compañerismo contigo y disfrutar de tus bendiciones. Me arrepiento de mis pecados y te pido que renueves mi mente cada día. Crea en mí, Señor, un corazón puro. Cámbiame, hazme una mujer de Dios. Deseo tu justicia. Me consagro a ti, Señor, porque eres un Dios santo. En el nombre de Jesús. Amén.

ᔰ *Para mujeres casadas que desean que* ᔰ *sus matrimonios reflejen a Dios y su gloria*

Padre, bendice mi matrimonio. No permitas que ninguna impureza manche lo que uniste. Te doy gracias por mi esposo y por nuestra unión sexual. Te pido que ninguno de nosotros busque en otro lugar para satisfacer nuestras necesidades. Ayúdame a recordar que como esposa tengo el ministerio de satisfacer las necesidades sexuales de mi marido. Deseo presentarme atractiva ante él, como lo haría para el Rey.

Señor, muéstrame cada día una forma para dejarle saber a mi esposo que es especial para mí. Deseo que vea tu amor por él a través de mí. En el nombre de Jesús. Amén.

capítulo diez

⌒

El favor de Dios

uando John y yo estábamos construyendo nuestra primera igle-sia, la iglesia de Castle Hills, estaba embarazada de nuestra pri-mera hija, Christina. En esos momentos sólo había dos personas en el equipo de trabajo de la iglesia aparte de John: un pastor ayudante y la se-cretaria de mi esposo. La secretaria tenía que jubilarse y su sustituta tarda-ría unos meses en llegar, así que lo natural era que yo asumiera ese puesto.

Éramos una congregación nueva, y el dinero escaseaba. Vivíamos de ofrenda dominical a ofrenda dominical. Un lunes, después de haber paga-do las facturas de la iglesia y de que los contratistas tomaron su parte, no quedaba nada de dinero para nuestro salario. No teníamos dinero para la comida de la semana. Normalmente, soy bastante estoica y puedo apoyar a mi esposo, pero ese día no fue así. Estaba muy sensible a causa de mi em-barazo. Comencé a llorar mientras decía: «Mi amor, no tenemos comida. Estoy embarazada. ¿Qué nos va a pasar?»

Podía ver la compasión en los ojos de mi esposo. Como líder de nues-tro hogar, quería proveer para su familia. Su respuesta fue orar: «No sé cómo vas a proveer, Señor, pero sé que dijiste que nunca viste al justo de-samparado ni a su simiente que mendigue pan. Te pido que nos envíes tu favor». Después John me aseguró: «Cariño, todo va a salir bien».

Luego de rebuscar en mi monedero y en la billetera de John, calculé que teníamos suficiente dinero para comparar leche y cereal para el desa-yuno, y salchichas o atún y pan para los almuerzos. No sabía lo que haría-mos para cenar.

Muy poco después sonó el teléfono. Uno de los miembros de nuestra iglesia dijo: «Hola, ¿ya tienen planes para cenar? Ya sé que les aviso con muy poca antelación, pero ¿quieren venir a cenar con nosotros esta noche? Se nos acaba de ocurrir que podrían acompañarnos a cenar». Dije que sí enseguida. Y esa fue la primera de muchas otras llamadas telefónicas.

Antes de que terminara el día habíamos recibido invitaciones espontáneas para cenar el resto de la semana, por lo que cenamos como príncipes todas las noches porque todas las anfitrionas prepararon algo especial para el pastor y su esposa. Nunca olvidaré esta experiencia del favor de Dios. Su provisión llega de muchas formas, y siempre está listo para darnos su favor.

EL FAVOR DE DIOS

Todos anhelamos el favor de Dios, que se define simplemente como «agrado» o «aprobación». El favor de Dios se manifiesta de muchas formas. Lo sentimos cuando comenzamos a madurar espiritualmente. Lo sentimos cuando nos sentimos plenos emocionalmente. Habitamos en el favor de Dios cuando vivimos en salud divina. Nos beneficiamos de su favor cuando tenemos prosperidad económica.

Este capítulo trata de las finanzas. Desde la primera clase, añadí este tema a nuestro seminario porque muchos de los hijos de Dios se encuentran en esclavitud económica. La voluntad de Dios para nuestra vida no es que vivamos así. La voluntad de Dios para sus hijos es que prosperen económicamente: «Amado, yo deseo que tú seas prosperado en todas las cosas, y que tengas salud, así como prospera tu alma» (3 Juan 2).

Encontré cinco pasos para recibir el favor abundante de Dios.

1. TIENE QUE PEDIR Y CREER

Muchas de nosotras, como hijas de Dios, no vemos resueltas nuestras necesidades simplemente porque no creemos que merezcamos verlas resueltas; por esa razón no le pedimos a Dios que lo haga. Las Escrituras verifican este problema: «No tenéis lo que deseáis, porque no pedís» (Santiago 4.2).

Al comenzar nuestro viaje como mujeres de Dios mencioné que es fundamental creer todo lo que nos dice la Palabra de Dios. Además de eso es fundamental creer que toda la Palabra de Dios se aplica a nosotras. Filipenses 4.19 dice: «Mi Dios, pues, suplirá todo lo que os falta conforme a sus riquezas en gloria en Cristo Jesús».

Si Dios puede proveer cualquier cosa para sus hijos, ¿por qué tantos de nosotros estamos endeudados? ¿Por qué parece que siempre tenemos problemas económicos? Porque no pedimos.

2. TIENE QUE OBEDECER LA PALABRA DE DIOS

Por desgracia, a veces desobedecemos su Palabra. El enemigo usa las carencias económicas como herramienta para arruinar muchos matrimonios. Después del adultero, los problemas económicos son la causa más frecuente de divorcio. Y muchas mujeres solteras tienen miedo del matrimonio o ahuyentan a sus futuros maridos debido a sus grandes deudas. Tenemos que aprender a adherirnos a las directrices de Dios para cualificar para su provisión.

Algunos de nosotros hacemos la oración de Jabes de 1 de Crónicas 4.10 («¡Oh, si me dieras bendición, y ensancharas mi territorio, y si tu mano estuviera conmigo, y me libraras de mal, para que no me dañe!») para pedir bendición para nuestras vidas, pero se nos olvida leer o acatar el versículo que hay antes de la oración: «Y Jabes fue más ilustre que sus hermanos» (1 de Crónicas 4.9).

Dios tiene un plan para nosotros, como dije en estos capítulos. Pero muchas veces impedimos su propósito para nuestra vida, al hacer cosas que no deberíamos (desobedecer su Palabra, cometer actos que no estaban en su plan para nosotros). Obedecer la Palabra es fundamental para lograr nuestra misión:

3. TIENE QUE DIEZMAR

Malaquías 3.8-12 expresa la opinión de Dios sobre el diezmo:

¿Robará el hombre a Dios? Pues vosotros me habéis robado. Y dijisteis: ¿En qué te hemos robado? En vuestros diezmos y ofrendas. Malditos sois con maldición, porque vosotros, la nación toda, me habéis robado. Traed todos los diezmos al alfolí y haya alimento en mi casa; y probadme ahora en esto, dice Jehová de los ejércitos, si no os abriré las ventanas de los cielos, y derramaré sobre vosotros bendición hasta que sobreabunde. Reprenderé también por vosotros al devorador, y no os destruirá el fruto de la tierra, ni vuestra vid en el campo será estéril, dice Jehová de los ejércitos. Y todas las naciones os dirán bienaventurados; porque seréis tierra deseable, dice Jehová de los ejércitos.

En estos versículos el Señor nos dice muchas cosas, pero demasiados de nosotros no estamos conscientes de sus deseos para nosotros. En primer lugar, Dios está conversando personalmente con sus hijos. Se preocupa tanto por nosotros que no hay intermediarios cuando habla sobre el tema de dar.

El Señor también nos está informando que sabe que le robamos. Un diezmo es el diez por ciento de nuestros ingresos brutos. Si no le damos a Dios lo que nos pide, le estamos robando. Nuestro diezmo debe ir a la iglesia a la que asistimos. Ese es el lugar de Dios para nosotros.

Luego, el Señor nos dice que habrá maldiciones en nuestro camino si no obedecemos su Palabra. Robarle a Dios es robarnos a nosotros. Esto se ve en todas partes. Vivimos de préstamos y de tarjetas de crédito. Pagamos intereses altísimos y somos realmente esclavos de nuestros acreedores. Las presiones económicas y las deudas minan la paz de nuestra mente y nuestra autoestima.

Dios, nuestro Proveedor, nos pide personalmente que lo probemos. ¿Puede creerlo? Dios, el Creador de los cielos y la tierra, ¡nos pide que le demos una oportunidad! Quiere que prosperemos en todos nuestros caminos. Sabe que su Palabra es verdad. Sabe que si confiamos en su Palabra, con respecto a nuestros diezmos y ofrendas, nunca nos faltará nada. Promete derramar bendición sobre nuestra vida.

Entonces, Él da un paso más y promete reprender a nuestros enemigos. Y Dios nos garantiza personalmente que todo lo que plantemos produce fruto. ¡Asombroso! Pero más asombroso es que hoy día demasiados cristianos no le dan su parte a Dios.

Cierre los ojos un momento y piense en todas sus deudas. Imagínese que va a un banco y está sentada frente a un banquero muy amable. Ya sé que es muy difícil imaginarse eso, pero inténtelo. Le dice que le garantiza que va a quedar libre de su deuda y que prosperará todo aquello en lo que ponga la mano. Además de eso, hay una oferta de tiempo limitado. Si firma ahora mismo, sus agentes del banco se asegurarán que nadie destruya lo que construyó. Ya sea su matrimonio, su casa, sus negocios o su familia. Enseguida le pregunta al banquero qué tiene que hacer a cambio. El banquero le dice que todo lo que necesita es el diez por ciento de sus ingresos. Se detiene a pensar. Ya está gastando el veinticinco o treinta por ciento de sus ingresos en reducir las deudas y sigue hundiéndose cada mes en deudas porque gasta más en crédito, ya que no tiene lo suficiente.

¡Trato hecho!

¿Por qué nos resulta más fácil aceptar los tratos del mundo que las promesas del Señor? Póngalo a prueba. Permítale que derrame bendición económica en su vida. Todo lo que tiene que hacer es escoger obedecerlo.

Quizá se pregunte: «¿Y qué pasa conmigo? Mi marido no es creyente y no me va a permitir diezmar». O puede que diga: «Mi marido es creyente y cree que el diezmo no se aplica a hoy día. ¿Qué hago?»

Cada vez que me preguntan eso, siempre respondo: «El mandato bíblico es que te sometas a los deseos de tu esposo. Si decide desobedecer la Palabra de Dios, ya sufrirá las consecuencias. Si no tienes acceso a las finanzas familiares y no puedes dar un diezmo de esa cantidad, entonces diezma tu tiempo y tu talento para la obra de Dios. El Señor honrará tu deseo de obedecer su Palabra».

Salga de deudas. Con frecuencia escucho este razonamiento: «Ahora no puedo diezmar porque tengo deudas» o «Tan pronto como salga de mis deudas, comenzaré a diezmar». Esta forma de pensar es completamente contraria al plan de Dios. Si guarda el cien por ciento de sus ingresos logrará menos que si le da el diezmo a Dios y le permite que la prospere con el noventa por ciento restante. No ate las manos de Dios; permítale bendecirla. Ya sé que es difícil entender esto, pero nuestros pensamientos no son sus pensamientos, y nuestros caminos no son sus caminos (Isaías 55.9).

La viuda de 1 Reyes 17.12-15, que tenía el aceite y la harina justos para hacer una torta más de pan para su hijo, creía que no podía darle nada al profeta Elías; estaba contando con morirse de hambre después de comer el pan. ¿Cómo podía dar lo poco que tenía? Pero Dios proveyó para Elías, la mujer y su hijo. Hubo alimento en su casa durante muchos días.

Mi amiga Teresa es un ejemplo de hoy día de la fidelidad de Dios durante un tiempo muy difícil, como la situación de la viuda. Su marido perdió su empleo en una empresa en la que llevaba trabajando más de veintitrés años. Estaba deprimido y desanimado porque no parecía haber nada para él en el mercado laboral. ¿Cómo iba a proveer para su familia? Pero en obediencia a Dios, la familia siguió dándole a la iglesia con regularidad.

Había veces que los pocos dólares que daban como ofrenda eran los últimos que tenían en el bolsillo. No tenían ni idea de dónde llegaría el siguiente dólar. Su marido hacía trabajitos aquí y allá, pero no tenían ingresos de los que pudieran depender.

Para empeorar las cosas, cuando llevaba dos años de empleo irregular, se llevaron un susto al recibir una carta del Departamento de Rentas Internas. Les iban a hacer una auditoría. De un ingreso de $50.000 al año bajaron a $8.000. ¿Cómo era esto posible?

Un caluroso día de julio, la auditora de cuentas de Rentas Internas vino a su casa y se sentó en la mesa del comedor de Teresa. No había aire acondicionado, y todo lo que Teresa le pudo ofrecer a la señora fue un vaso de agua, ya que en la casa no había nada más de beber. La auditora sacó un formulario y le pidió a Teresa que le explicara su presupuesto. No había asignación para ropa, ni para actividades recreativas, no tenían seguro médico. Había pagos de agua, electricidad y de hipoteca.

La auditora le preguntó a mi amiga cuál era el presupuesto familiar para alimentos. Teresa se rió y dijo: «¡Lo que sobre!»

La auditora estaba confusa. No entendía por qué Teresa tenía tanta paz y gozo en medio de una situación tan deprimente.

El siguiente apartado del formulario era para contribuciones, donaciones y regalos. La auditora descartó esa parte diciendo: «Es imposible que tengan algo en esta categoría».

Teresa la interrumpió: «Seguro que tenemos». Entonces le presentó a la dama las declaraciones de ofrendas de nuestra iglesia y de otros tres ministerios.

La auditora estaba sorprendida. La cantidad total de ofrendas era de más de $1.000. Eso era imposible. Una familia de seis estaba viviendo de unos ingresos de $8.000, sin tener estampillas para alimentos ni beneficios sociales, ¿y regalaban $1.000? La auditora no podía creerlo. Teresa tuvo

que mostrarle todos los cheques cancelados y todas las deducciones banca-
rias para probarle a la auditora que no se estaba inventando las cantidades.

Entonces Teresa le dijo a la auditora que Dios les había provisto, ese
mismo año, para que su hijo mayor fuera a una universidad privada. El Señor también le había provisto un guardarropa completo, la cubrecama y
otras cosas para la residencia estudiantil e incluso el traslado de todas esas
cosas hasta la universidad, ya que en ese momento no tenían coche.

La auditora seguía insistiendo en que eso era imposible: la familia de
Teresa no podía sobrevivir viviendo así.

«Sí, sí podemos», contestó Teresa. Le dijo a la auditora que su familia
había estado siguiendo los principios de Dios. Pagaban su diezmo y sem-
braban semillas con sus ofrendas. Ella estaba segura de que la única razón
por la que podían sobrevivir con esos ingresos era por que ofrendaban.
Dios había multiplicado y estirado cada dólar para cubrir cada necesidad.

La mano de Dios se alargará todo lo necesario para ayudar a sus hijas.
Mi amiga no quería estar en esa situación, pero vio la poderosa mano de
Dios alcanzándolos para suplir todas las necesidades de su hogar.

Teresa conoció el poder de la fidelidad y del favor de Dios, igual que la
viuda de 1 Reyes: «Y la harina de la tinaja no escaseó, ni el aceite de la vasija
menguó, conforme a la palabra que Jehová había dicho por Elías» (17.16).

Varios meses después de la auditoría, la auditora llamó a Teresa. El esposo de la auditora estaba en otro estado y se encontraba muy grave porque sufrió un infarto. La auditora le pidió que orara. Le dijo que ella fue la
primera persona que le vino a la mente porque sabía que Dios escuchaba
sus oraciones.

Si en este momento tiene deudas, no se agobie. Una vez que califique
para la abundancia de Dios, se asombrará al ver todo lo que es posible.

Lo primero que tiene que hacer es orar. Pida ayuda, permanezca en la
Palabra de Dios y tenga por seguro que con su ayuda puede lograr todo.

Lo segundo es hacer un plan. Escríbalo, y asegúrese que es realista.
Incluya una fecha para su meta para que anticipe un final para su deuda.

Tercero, deje de gastar. No compre nada que no tenga que comprar.

Cuarto, destruya todas las tarjetas de crédito excepto una para usarla
en caso de emergencias; asegúrese que la tasa de interés de esa tarjeta es la

más baja posible. Si tiene que usarla, pague la cantidad total cada mes para que evite los cargos por intereses.

Y por último, cuando pague su deuda, no vuelva a caer en esa trampa. Cuando esté libre de deudas se sentirá liberada de una ancla que no le permite elevarse a las alturas que Dios tiene para usted.

El siguiente paso para recibir el favor abundante de Dios es trabajar.

4. TIENE QUE TRABAJAR

Nos guste o no, el trabajo es un mandato que Dios nos dio para recibir su favor y bendición. Proverbios 13.4 nos dice: «El alma del perezoso desea, y nada alcanza; mas el alma de los diligentes será prosperada». Segunda de Tesalonicenses 3.10 también incluye un comentario sobre el trabajo: «Si alguno no quiere trabajar, tampoco coma».

Si es soltera, sabe que tiene que trabajar para satisfacer sus necesidades y deseos diarios. Si es casada, quizá se pueda permitir el lujo de elegir entre quedarse en casa y ocuparse de las necesidades domésticas o trabajar fuera de casa. Sea como sea, tiene que trabajar para recibir los beneficios de Dios.

Es triste decirlo, pero he conocido hombres y mujeres que ignoran estos pasajes y quieren que Dios y su pueblo suplan sus necesidades mientras ellos no hacen nada. Eso no va a suceder, simplemente porque contradice la Palabra de Dios.

Tanto si trabajamos fuera de casa como en ella, tenemos que vivir dentro de nuestras posibilidades. Muchos maridos les confían a sus esposas el cheque de su salario para que ellas cuiden de las necesidades familiares, y eso está bien. Recibir ese tipo de confianza es un cumplido maravilloso. Pero es doblemente importante ser una buena mayordoma del dinero de su familia.

La mujer virtuosa de Proverbios 31 estaba muy consciente de las finanzas:

> Busca lana y lino,
> y con voluntad trabaja con sus manos.
> Es como nave de mercader;
> Trae su pan de lejos.

Se levanta aun de noche
y da comida a su familia
y su ración a sus criadas.
Considera la heredad, y la compra,
y planta viña del fruto de sus manos.

Esta mujer no tenía miedo del trabajo. Buscaba buena calidad y buenos precios. No tomaba las ganancias y se iba de compras, sino que las invertía en una viña, que en el futuro produciría más fruto para su familia.

Tiene que aprender a vivir no sólo de día en día, sino también a mirar hacia el futuro. Considere su vida y decida qué es lo que quiere. Con su obediencia y la provisión de Dios se asombrará al ver lo que pasa.

Una de mis amigas más queridas es soltera. Desde que murió su padre, ella y su madre viven en un apartamento. Un día vino a mi oficina y me compartió su deseo de comprar una casa. Tenía un poco de miedo porque, como mujer soltera, sabía que la carga financiera dependía completamente de ella. Pero como sabía que el temor nunca viene de Dios, me dijo que escribió su visión y la formuló claramente. Oró y fue a la Palabra de Dios para buscar confirmación. El Señor fue fiel, y le dio Salmo 113.9: «Él hace habitar en familia a la estéril, que se goza en ser madre de hijos. Aleluya».

Oramos juntas. Oramos muy específicamente en cuanto a sus necesidades y deseos. Siempre quiso tener una piscina y era demasiado tímida para pedírsela a Dios, pero lo hicimos. (Si es específica con sus peticiones, y Dios le envía su provisión, no hay confusión de que Dios proveyó.) Esta mujer y su madre encontraron la casa perfecta. Y sí, tenía piscina. Un día nos reunimos en la casa y oramos, pidiendo que Dios abriera un camino para que esa casa pudiera ser suya. Ella le hizo una oferta al banco, algo dentro de sus posibilidades, pero en el banco le denegaron la oferta, diciéndole que «las posibilidades de que se reduzca el precio de la casa son nulas».

Una noche tuve un sueño. Créame; no hago esto con frecuencia, pero el Señor me dijo claramente que le dijera que tenía que apartar dinero como si ya tuviera la casa. Dijo que honraría su acto de obediencia. Al día siguiente le conté mi sueño. Dijo que no entendía porqué Dios le pedía que apartara dinero para una casa que no podía permitirse, pero obedecería su petición.

Comenzó a hacer lo que Dios le dijo que hiciera por pura fe y obediencia y esperó. Diezmó. Le dio a su patrono más de lo que es un día normal de trabajo. Seis semanas más tarde, ¡el mismo agente del banco que se rió de su oferta inicial para la casa la llamó para decirle que la casa era suya! Dios proveyó.

Regresamos juntas a la que ahora era su casa, nos tomamos de la mano y le dimos la gloria a Dios por su provisión y su favor. Impregnamos de aceite las puertas de la casa y le pedimos al Dios vivo que la convirtiera en un faro de su amor. Su casa se convirtió en un lugar de encuentro y reunión para toda su familia, y todos los que pasan por sus puertas sienten la presencia de Dios.

Esto también puede sucederle a usted. No olvide escribir la visión de forma clara. Luego asegúrese que está obedeciendo la Palabra, y confíe en sus promesas para que pueda ver obrar a Dios.

5. TIENE QUE OFRENDAR

Dios también le pide una ofrenda, que está por encima del diezmo. Su ofrenda puede ir a cualquier ministerio de Dios fuera o dentro de su iglesia, ya sea un depósito para un edificio o la obra misionera. Su ofrenda va un poco más allá.

Mi esposo le enseña a nuestra congregación que en este mundo existen dos formas de dar: por razonamiento y por revelación.

Los que dan por razonamiento no oran para preguntarle a Dios cuánto darle a su reino. Les preguntan a sus contables o consultan el código del pago de impuestos. Suelen tener la impresión de que dan demasiado para la obra de Dios, pero quieren asegurarse de que reúnen las condiciones necesarias para obtener las mayores deducciones fiscales posibles.

Los dadores por revelación los controla el Espíritu Santo. Saben que Dios es quien les suple. No dan conforme a lo que tienen, sino conforme a lo que Dios puede suplir. Mi esposo usa una bella historia que hay en Mateo 26.6-13 para ilustrar este punto.

María de Betania era una mujer soltera que vivía con su hermana mayor, Marta, y su hermano Lázaro. Ella es la mujer que se sentó a los pies de Jesús buscando verdad y entendimiento espirituales. Antes de la crucifixión de Jesús, ungió al Señor con nardo, un perfume muy caro: trescientos gramos de nardo equivalían al salario de un año entero. Al sentarse a la mesa en la casa de Simón el leproso, María derramó sobre la cabeza de Jesús el salario de un año entero.

Algunos de los presentes criticaron lo que hizo María: «¿Para qué este desperdicio? Porque esto podía haberse vendido a gran precio, y haberse dado a los pobres».

Pero Jesús les dijo: «¿Por qué molestáis a esta mujer? pues ha hecho conmigo una buena obra [...] Porque al derramar este perfume sobre mi cuerpo, lo ha hecho a fin de prepararme para la sepultura. De cierto os digo que dondequiera que se predique este evangelio, en todo el mundo, también se contará lo que esta ha hecho, para memoria de ella».

Cuando estaba orando en el huerto de Getsemaní, agonizando ante su muerte inminente, la fragancia que tenía en la frente le recordó el amor que alguien le tenía. Cuando lo llevaron ante sus acusadores y se burlaron de Él y lo trataron de insurrecto, el aroma del sacrificio de María le recordó que no estaba solo. Cuando cargó la cruz hasta la colina del Gólgota, la dulce presencia del aceite le dijo que alguien se preocupaba por Él. Cuando luchó por su último suspiro en esta tierra, la ofrenda de alabanza que le otorgó María de Betania alentó su espíritu mientras la muerte se lo llevaba.

María hizo lo que hizo motivada por amor al Señor. No pensó en el precio del sacrificio que hizo para obtener el perfume; sólo pensó en su amor por Él. Y Jesús cumplió su palabra: su ofrenda se inmortalizó en Marcos 14.1-9 y Juan 11.1-6.

Hace relativamente poco tiempo, nuestra hija sintió que Dios la llamaba a darle una ofrenda por encima de su diezmo. Ella siempre fue la más austera de nuestros cinco hijos. Cuando cumplió dieciocho años le preguntamos qué quería para esa ocasión tan especial. Nos contestó con su respuesta habitual: «Tengo todo lo que necesito». Obviamente insistimos, y más tarde nos vino con una respuesta muy peculiar: «Mamá, papá, me gustaría tener una cuenta de fondos mutuos. Si voy añadiéndole, ¡algún día podré dar el pago inicial para comprar mi casa!» Encantados por su sabia petición, le dimos lo que deseaba.

Durante los años siguientes añadió fielmente a ese fondo. Aparte de su diezmo a la iglesia, ponía en el fondo cada céntimo que le llegaba. Christina se graduó de la universidad y comenzó a trabajar en su primer empleo. De nuevo, todo lo que ganaba, aparte del diezmo, iba a sus ahorros.

Un día me preguntó si podíamos hablar. Fuimos a almorzar, y me dijo que sentía que el Señor le pedía que entregara todo el cheque de su salario como ofrenda por encima de su diezmo, por lo que no quedaría nada para su fondo de inversiones.

Sabía que ese era un paso grande para ella o para cualquiera. Le pregunté si estaba segura de haber oído la voz de Dios. Me dijo que sí. «Entonces, adelante», dije. «Dios debe tener algún plan para ti». Sabía que Dios no le diría que hiciera eso a menos que fuera a suplir sus necesidades más tarde. Si hace algo así de radical, Dios está abriendo una puerta que quizá ahora no sea obvia.

Más tarde, cuando Christina se comprometió con Nathan, comenzamos a buscar un solar para su futuro hogar. Mi hija sabía exactamente lo que quería pero no lo encontraba. Luego de un tiempo, se sintió frustrada y lo que podría haber sido una experiencia muy grata se convirtió en algo desagradable. Detuve el coche y le dije que orara conmigo. «Tina, haz una lista de las cosas que quieres en tu solar, y Dios las proveerá».

Tina me hizo caso. Su oración fue muy concreta. Quería un solar con vista y no quería que se vieran cables de teléfono desde ningún lugar del solar. Quería que el precio estuviera en su presupuesto. Sonreí. La petición de los «cables de teléfono» iba a ser difícil, pero eso era algo entre Tina y el Señor. Seguimos buscando.

Varios días más tarde, mi esposo y yo, y Tina y su prometido estábamos buscando una vez más, esta vez en una zona que no habíamos visto antes. Fuimos al solar que estaba anunciado en el periódico y acordamos que ese no era. Nathan insistió en que ellos dos caminaran un poco más por esa cuadra. Tina se mostró un poco reacia, pero al final se dejó convencer. Mi marido y yo los esperamos en el coche. Nos alegramos muchísimo al verlos regresar corriendo al coche poco después.

La mirada que había en la cara de Tina hizo que se me saltaran las lágrimas. Sabía que Dios había provisto. Nos llevaron rápidamente al solar. Allí estaba, enfrente de una hermosa colina verde y exuberante. Vivimos en Texas, pero la vista del solar era como si estuviéramos en Colorado. Miré en todas direcciones. No se veía ni un solo cable de teléfono. Sabía que el precio no sería problema y efectivamente, no lo fue.

Dios había abierto las ventanas de los cielos y estaba derramando bendiciones sobre nuestra hija. Estaba resplandeciente, y pude ver que su rostro estaba lleno de confianza; el Señor había respondido su petición. Cuando el Señor le pidió todo su cheque no necesitaba su dinero. Lo que quería era su confianza y su obediencia, exactamente lo mismo que quiere de nosotros. En la iglesia cantamos una canción muy sencilla, pero llena de verdad:

> Confía y obedece,
> Porque es la única forma
> De ser dichoso en Cristo,
> Confía y obedece.

Una ofrenda de su tiempo. Su ofrenda puede ser tiempo en lugar de dinero. Uno de los lujos más valiosos de nuestra vida es el tiempo. El tiempo es bien valioso. El tiempo es una rareza. Precisamente por eso el Señor quiere que donemos parte de nuestro tiempo a su obra. Él sabe que es un sacrificio de amor. Una de las formas de regalarle nuestro tiempo es en la oración de intercesión o sirviendo a otros para engrandecer el Reino de Dios.

A mí me llaman la «reina voluntaria» de la iglesia de Cornerstone. Creo de todo corazón que le hacemos un mal servicio al Cuerpo de Cristo si no permitimos que los cristianos sirvan.

Hace tiempo una de mis amigas se me acercó con el rostro bañado de lágrimas. Sabía que «Dios la había besado en la frente», la expresión que utilizo para referirme a una bendición especial o aprobación de Dios, nuestro Padre. Me dijo que el Señor estaba tratando con ella acerca de ofrecer su tiempo para la cadena de oración de nuestro ministerio de televisión. Esta amiga trabajaba fuera de casa y era muy activa como voluntaria en los colegios privados de sus hijos, así que no se imaginaba de dónde iba a sacar más tiempo, ya que su horario era una locura.

El Espíritu Santo fue implacable; ella no podía escapar a su voz. Por fin decidió ofrecerse como voluntaria para la cadena de oración. Ese día oró y le pidió al Señor que bendijera su tiempo. La primera llamada que recibió era de un padre de California que estaba frenético. Su hija adolescente le acababa de decir que estaba embarazada y que iba a abortar en dos días. Padre e hija debatían si estaba a punto de asesinar a un niño o de eliminar de su cuerpo tejido sin vida. Él le suplicó que esperara, pero ella no cambiaba de idea. Al final, la chica llegó a un compromiso con su padre: si la convencía de que de verdad llevaba un niño, ella no pasaría por el aborto. Este papá quería oración y dirección, pues la vida de su nieto dependía de él.

Mi amiga oró con él. Al final de la oración se acordó que John tenía una serie de sermones sobre la vida del nonato. Le dijo a este papá que le iba a enviar las cintas esa noche y le pidió que las escuchara con su hija.

Después esperó. Y oró a lo largo de todo el día siguiente.

El mismo día para el que estaba programado el aborto, el padre llamó muy feliz y le dijo a mi amiga que su hija había oído la Palabra de Dios. Y esta no volvió vacía. El bebé se salvó.

Mi amiga dio su tiempo. El Espíritu Santo la usó para salvar la vida de un ser nonato. Ella obedeció su llamado.

Tenemos que darle lo mejor a Dios. Muchas veces les pido a las mujeres líderes que traigan un plato de comida a nuestras reuniones. Una amiga mía pasaba por dificultades económicas porque su esposo se quedó sin empleo de repente. No la llamé para pedirle que trajera un plato para no añadir más carga a su presupuesto. Entonces, ella me llamó y me preguntó qué podía llevar al evento. Como los ingredientes no son caros, le dije que trajera suficiente arroz a la mexicana para unas diez personas.

Esa noche mi amiga entró en la sala con una bella sonrisa y su fragante ofrenda. Había traído más que suficiente. ¡Su amorosa ofrenda fue suficiente para más de setenta y cinco personas! A lo largo de estos años Dios ha provisto generosamente para ella y para su familia, y son voluntarios fieles en el trabajo de Dios. Muchas veces la considero una mujer que dio lo mejor de sí dándole a Dios lo que pudo.

Le di cinco pasos para alcanzar el favor abundante de Dios. Tiene que *pedir* y *creer* que va a recibir de acuerdo a sus riquezas y gloria. Tiene que *obedecer* la Palabra de Dios. Así como usted provee para sus hijos, que viven bajo sus directrices, su Padre celestial proveerá para usted, que obedece su Palabra. Tiene que darle a Dios lo que le pertenece y no robarle su *diezmo*. Tiene que *trabajar* en consonancia con su Palabra. Y debe *dar una ofrenda* al trabajo del Señor y a otros y, a cambio, Dios le dará a usted de formas que ni se imagina.

UNA PROCLAMACIÓN DEL FAVOR DE DIOS

Desde el principio de nuestro viaje hemos hecho proclamaciones sobre nuestra vida y la vida de nuestros seres amados. Estamos a punto de embarcar en un camino nuevo en nuestro viaje para convertirnos en hijas del Rey, un camino que nos llevará hasta su favor. David, un rey que recibió mucho favor de Dios, nos contó su experiencia:

> Pero alégrense todos los que en ti confían;
> den voces de júbilo para siempre,
> porque tú los defiendes;
> en ti se regocijen los que aman tu nombre.
> Porque tú, oh Jehová, bendecirás al justo;
> como un escudo lo rodearás de tu *favor*
> (Salmo 5.11-12, énfasis añadido).

David también nos aseguró que el favor de Dios es un escudo protector permanente para nuestras vidas:

> Porque un momento será su ira,
> pero su *favor* dura toda la vida.
> Por la noche durará el lloro,
> Y a la mañana vendrá la alegría [...]
> Porque tú, oh Jehová, con tu favor
> me afirmaste como monte fuerte.
> Escondiste tu rostro, fui turbado
> (Salmo 30.5, 7, énfasis añadido).

Y el libro de Salmos confirma que podemos confiar en el favor de Dios:

Acuérdate de mí, oh Jehová, según tu benevolencia para con
  tu pueblo;
visítame con tu salvación,
para que yo vea el bien de tus escogidos,
para que me goce en la alegría de tu nación,
y me gloríe con tu heredad
(Salmo 106.4-5).

En su serie de sermones, llamada El favor de Dios[1], Jerry Savelle hace una lista de algunos de los beneficios derivados de caminar en el favor de Dios. Hay una lista de ellos en la página 183. Lea estos beneficios y recuerde que están disponibles para usted como hija del Rey.

Tenemos que creer la Palabra del Señor de nuestra vida. Él quiere que sus hijas prosperen en todos sus caminos. Nos extiende su favor; todo lo que tenemos que hacer es pedir, obedecer y recibir.

Al igual que lo hicimos en capítulos anteriores, proclamemos el favor de Dios sobre nuestra vida.

En el nombre de Jesús, soy la justicia de Dios; por lo tanto, tengo derecho a convenir amor y favor. El favor de Dios está entre los justos. El favor rodea a los justos; por lo tanto, me rodea a mí. Vaya donde vaya, haga lo que haga, espero que se manifieste el favor de Dios. No quiero volver a estar sin él.

Satanás, los días que pasé en Lo-debar, lugar de esterilidad, terminan hoy. Voy a abandonar el lugar de carencia y necesidad. Voy a pasar hoy del hoyo al palacio porque el favor de Dios está en mí. Descansa con abundancia sobre mí. Abunda profusamente en mí, y formo parte de la generación que experimentará el favor de Dios sin medida ni límites, que excede todo. Por lo tanto, el favor de Dios produce en mi vida incrementos sobrenaturales, promoción, prominencia, trato preferencial, restauración, honor, incremento en las ventajas, grandes victorias, reconocimiento, peticiones concedidas, políticas y reglas alteradas a mi favor y batallas ganadas que no tengo que luchar. El favor de Dios está sobre mí y va delante de mí; mi vida nunca será la misma. Amén.

LOS BENEFICIOS DE CAMINAR EN EL FAVOR DE DIOS

Usted, como hija del Rey, será bendecida de las siguientes maneras:
Incremento y promoción sobrenaturales. El Señor hizo esto por José cuando lo condenaron de forma injusta por un crimen: «Pero Jehová estaba con José y le extendió su misericordia, y le dio gracia en los ojos del jefe de la cárcel» (Génesis 39.21).

Restauración de todo lo que le robó el enemigo. El Señor les restauró todo a los israelitas cuando por fin los liberaron de la esclavitud en Egipto: «Y yo daré a este pueblo gracia en los ojos de los egipcios, para que cuando salgáis, no vayáis con las manos vacías» (Éxodo 3.21).

Honor en medio de sus adversarios. «Y Jehová dio gracia al pueblo en los ojos de los egipcios. También Moisés era tenido por gran varón en la tierra de Egipto, a los ojos de los siervos de faraón, y a los ojos del pueblo» (Éxodo 11.3).

Incremento en las ventajas:

Neftalí, saciado de favores, y lleno de la bendición de Jehová, posee el occidente y el sur (Deuteronomio 33.23).

Grandes victorias en medio de probabilidades imposibles.

Oíd, Judá todo, y vosotros moradores de Jerusalén, y tú, rey Josafat. Jehová os dice así: No temáis ni os amedrentéis delante de esta multitud tan grande, porque no es vuestra la guerra, sino de Dios. [...] Y el pavor de Dios cayó sobre todos los reinos de aquella tierra, cuando oyeron que Jehová había peleado contra los enemigos de Israel (2 Crónicas 20.15, 29).

Reconocimiento en medio de muchos. «Y Saúl envió a decir a Isaí: Yo te ruego que esté David conmigo, pues ha hallado gracia en mis ojos» (1 Samuel 16.22).

Prominencia y trato preferencial. «Y el rey amó a Ester más que a todas las otras mujeres, y halló ella gracia y benevolencia delante de él más que todas las demás vírgenes; y puso la corona real en su cabeza, y la hizo reina en lugar de Vasti» (Ester 2.17).

Peticiones concedidas, incluso por autoridades no piadosas. «Si he hallado gracia ante los ojos del rey, y si place al rey otorgar mi petición y conceder mi demanda, que venga el rey con Amán a otro banquete que les prepararé; y mañana haré conforme a lo que el rey ha mandado» (Ester 5.8).

Políticas, reglas, regulaciones y leyes alteradas en su favor.

> Si place al rey, y si he hallado gracia delante de él, y si le parece acertado al rey, y yo soy agradable a sus ojos, que se dé orden escrita para revocar las cartas que autorizan la trama de Amán hijo de Hamedata agagueo, que escribió para destruir a los judíos que están en todas las provincias del rey. [...] Escribid, pues, vosotros a los judíos como bien os pareciere, en nombre del rey, y selladlo con el anillo del rey; porque un edicto que se escribe en nombre del rey, y se sella con el anillo del rey, no puede ser revocado (Ester 8.5, 8).

Territorio ganado para usted por medio de la intervención de Dios.

> Porque no se apoderaron de la tierra por su espada,
> ni su brazo los libró;
> sino tu diestra, y tu brazo,
> y la luz de tu rostro,
> porque te complaciste en ellos (Salmo 44.3).

Acabamos de proclamar algo que nunca creímos posible. Ya es hora de empezar a vivir en la herencia que nuestro Padre celestial nos dio de forma gratuita. La Palabra de Dios dice que Él nunca vio al justo desamparado o que mendigue pan (Salmo 37.25).

La Palabra nos dice que no tomemos préstamos porque nos convertimos en siervos de los prestamistas (Proverbios 22.7). La Palabra declara que Dios nos da poder para hacer riquezas (Deuteronomio 8.18). Pero seguimos viviendo fuera de nuestra herencia.

Somos las hijas del Rey. Tenemos que empezar a creer que tenemos derecho a su provisión y favor. Tenemos que comenzar a pensar como las hijas del Rey. Y tenemos que empezar a vivir como las hijas del Rey.

ᥱᕽ Puntos de acción: El favor de Dios

1. Hay más de mil pasajes bíblicos que hablan sobre el dinero. Eso no es casualidad. Los sicólogos dicen que la forma en que manejamos nuestro dinero indica lo que es importante para nosotros. Esta semana, ore para que Dios aumente su perspectiva en cuanto a cómo quiere que maneje su dinero.

Primero, lea algunos pasajes que tratan sobre el crédito y el préstamo.

- Deuteronomio 15.1-11
- Salmo 37.21
- Proverbios 22.7
- Romanos 13.8
- 2 Reyes 4.11

¿Qué cree que Dios le está diciendo que haga por medio de estos pasajes?

_____

_____

_____

Haga una lista de los pasos que piensa dar.

_____

_____

_____

_____

2. Ahora lea estos pasajes sobre dar:

- Proverbios 3.9
- Lucas 6.38
- 2 Corintios 8.14
- 2 Corintios 9.13
- 1 Juan 3.17-18

¿Qué cree que Dios le está diciendo que haga por medio de estos pasajes?

_____

_____

_____

_____

Haga una lista de los pasos que piensa dar.

_____

_____

_____

_____

3. Lea los pasajes relacionados con el trabajo:

- Proverbios 12.24
- Proverbios 16.26
- Proverbios 21.5
- 1 Timoteo 5.8

¿Qué cree que Dios le está diciendo que haga por medio de estos pasajes?

_____

_____

Haga una lista de los pasos que piensa dar, al cumplir el llamado de Dios en 2 Reyes 20.1: «Jehová dice así: Ordena tu casa».

_____

_____

_____

_____

4. Lea el capítulo 9 del libro de Ester. Termine haciendo la siguiente oración:

Padre, te alabo y te doy gracias por tu fidelidad, misericordia y gracia. Gracias por tu amor. Cuidas de todas mis necesidades y quieres bendecirme a mí y a mi hogar. Padre, tu Palabra dice que deseas que prospere y que tenga buena salud, así como prospera mi alma. Dame hambre y sed de ti porque seré satisfecha. Elijo caminar en bendición y obedecer tu ley.

Doy mi diezmo como un acto de alabanza porque la obediencia es mejor que el sacrificio. Planto semillas de ofrenda para ministrar a tus santos y engrandecer tu reino. Padre, te pido que me bendigas y que suplas todas mis necesidades de acuerdo a tus riquezas en gloria. Te alabo porque los tesoros del cielo están abiertos y se derraman sobre mí. Según tu Palabra, todas esas bendiciones vendrán sobre mí y me alcanzarán porque obedezco la voz de mi Señor, mi Dios. Deseo ser más ilustre que mis hermanos, para que de verdad me bendigas, ensanches mi territorio y pongas tu mano sobre mí. Gracias, Padre. Soy hija del Rey. Camino en abundancia, y en mi hogar nunca faltará nada. Amén.

capítulo once

~o

La hospitalidad:
Una actitud del corazón

*¿E*res una mujer que se despierta a las 4:30 de la mañana, pasa una hora a solas con Dios, y después le prepara un desayuno caliente a su familia, incluyendo la famosa tarta de su abuela, con conservas frescas que enlató?

Después de quitar la mesa del desayuno, revisa una vez más la tarea de sus hijos y envía a su familia al trabajo y a la escuela. Luego limpia el resto de la casa y hecha a lavar por lo menos dos tandas de ropa. Se prepara para ir a trabajar decidiendo qué traje ponerse, todos diseñados personalmente por usted y hechos a mano. Sale de casa a las 7:30 de la mañana con una bandeja llena de galletas de chocolate hechas en casa para la reunión de la Asociación de Padres que hay por la tarde porque, después de todo, usted es la presidenta.

Luego de todo un día de trabajo, va al supermercado para comprar lo necesario para preparar un hermoso banquete para su familia y diez invitados. Esa misma noche, más tarde, ya están limpios los platos de la cena, los invitados se fueron (llevándose copias impresas de sus recetas originales), los niños terminaron la tarea y los prepara para irse a la cama.

Después de revisar en Internet las inversiones familiares, paga las facturas y hace el balance de la chequera. Ahora es el momento de hacer una hora de gimnasia con un vídeo de ejercicios. Después, se prepara para la cama y se pone el negligé preferido de su esposo. Para terminar, pone su canción romántica favorita, mientras lo llama a la cama.

Hace todo esto con una actitud fabulosa y una sonrisa radiante, sin entender porqué sus amigas se quejan de los efectos secundarios del síndrome premenstrual.

Si lo anterior la describe, espero por su bien que nunca nos conozcamos, pues me temo que las mujeres de mi iglesia y yo podríamos agredirla. La mujer de Proverbios 31 es el retrato de la mujer perfecta; no existe en una sola persona. Ni tampoco la mujer que acabo de describir. El retrato de la mujer de Proverbios 31 es una mezcla de muchas mujeres con muchos atributos maravillosos. Quiero liberarla de la carga de pensar que tiene que serlo todo para todos. Esa es una tarea imposible. Sin embargo, usted puede ser una mujer que desea agradar al Señor y que lo que más quiere es hacer su voluntad para su vida.

Cuanto más tiempo llevo como esposa de un pastor, más comprendo que la vida es, como describió Santiago, «neblina que se aparece por un poco de tiempo, y luego se desvanece» (Santiago 4.14). Viene y se va muy rápido, y una vez que identificamos nuestros dones y estamos dispuestas a usarlos para bendecir a otros, la calidad de nuestra vida será tan dulce como Dios quiere que sea.

¡Yo tengo el don de la hospitalidad!

Me encanta este don. Por naturaleza, me gusta agradar a la gente, y este don me lo permite. Ya sé que es imposible agradar a todo el mundo todo el tiempo, pero cada vez que mi don le arranca una sonrisa a un rostro antipático compensa por las otras veces que no pude cumplir con las expectativas irrazonables de otras personas.

Aunque no puedo tocar el alma de nadie con una linda canción, como hacen mis hijos, puedo ser la vasija que usa Jesús para sanar un corazón herido. En las páginas siguientes me gustaría compartir con usted lo que Dios puede hacer a través de usted cuando adopta una actitud de hospitalidad en el corazón. El apóstol Pedro aconsejó: «Hospedaos los unos a los otros sin murmuraciones. Cada uno según el don que ha recibido, minístrelo a otros, como buenos administradores de la multiforme gracia de Dios» (1 Pedro 4.9-10).

Al compartir mi don con usted, espero romper el mito de que ser hospitalaria y ser una buena anfitriona significa que tiene que hacer lucir a Martha Stewart como una aprendiz. Su don no aparece de repente, sino que se desarrolla por medio de la obediencia y la disponibilidad de convertirse en una vasija del amor de Dios, al adoptar su misma actitud con su pueblo.

LA HOSPITALIDAD EN EL HOGAR

Después del Señor, su familia es su mayor prioridad y debería tratar siempre a cada miembro de su familia como a una bendición en su vida. Una regla de nuestro hogar es cenar juntos, ya que algunos de nuestros recuerdos más bellos sucedieron en torno a la mesa. Creo que es lamentable que esta práctica no ocurra en todos los hogares. Por causa de horarios frenéticos, hay familias que prefieren encajar su comida rápida favorita dentro de sus horarios.

Su casa nunca será un hogar hasta que no esté llena de amor y alegría. Nosotras, como mujeres del hogar, tenemos que hacer lo mejor de nuestra parte para convertirlos en lugares donde habite el amor de Dios.

Obviamente, la situación ideal sería hacer una cena muy especial cada noche, pero este mundo no es perfecto, y lograr ese objetivo no siempre es posible. Nuestro deseo de agradar a la familia es tan importante como nuestro éxito. Nosotras ofrecemos el esfuerzo y el amor, y el Señor, que es sensible a nuestro deseo de hacer lo mejor, nos ayudará a cumplir nuestra misión.

Encontré varias formas de mostrarle hospitalidad a mi familia y quiero compartirlas con usted.

1. COCINAR EN CASA Y TENER UN AMBIENTE AGRADABLE

Para todas las comidas, pongo la cena con manteles individuales y platos de vajilla, incluso si vamos a pedir pizza. Mis hijas se quejaron durante muchos años porque sabían que eso significaba que había que lavar más platos, pero su mamá insistía porque este toque enfatizaba el hecho de que el tiempo que íbamos a pasar juntos era una ocasión especial. ¿Qué diferencia hace tardarse un poco más en recoger la mesa?

Me encanta ver a mis hijas poner la mesa con manteles individuales y «platos de verdad», como ellas los llaman, porque sé que están estableciendo una tradición para sus familias en el futuro. Incluso nuestros hijos van a buscar los manteles cuando les pido que ayuden a poner la mesa.

Ya puedo escuchar su pregunta: «¿Qué pasa cuando tengo un día malo?» Cuando mis hijos eran pequeños me resultaba mucho más fácil preparar la cena porque pasaba más tiempo en casa. Debo explicar que esa fue una decisión que tomé para beneficio de mi familia. Mi esposo siempre me apoyó mucho todos estos años, y me ayudó al traer comida ya preparada cuando yo tenía que cuidar a algún hijo enfermo o me llevaba a comer una hamburguesa cuando había tenido un día muy duro. Dios promete cuidados especiales para las que están criando (Isaías 40.11).

Cuando ya todos mis hijos estaban en la escuela, trabajaba en la iglesia durante la mayor parte del día, por lo que me resultaba más difícil lograr mi objetivo. Comencé a organizarme mejor, y la creatividad se convirtió en una necesidad. Lo que hacía entonces era hacer un menú semanal y comprar todos los ingredientes necesarios para esos menús. Luego apartaba un día para cocinar. Después de preparar los platos principales, hacía una lista y los congelaba.

Cuando tenía un día especialmente largo, dejaba la mesa puesta antes de salir de casa por la mañana y sacaba del congelador la salsa para los espaguetis. Al llegar a casa calentaba la salsa, hervía la pasta, hacía una ensalada sencilla y calentaba el pan. La cena estaba lista.

¿Y qué hacía con las sobras o la comida traída de algún restaurante? Si traía a casa comida ya preparada, la servía en platos de vajilla y no en los contenedores en que viene. Uno de mis secretos a la hora de hacer la compra, que no quiero que lo repita, sobre todo a mi familia, es usar pollo asado del área de comida preparada del supermercado. Le pido al carnicero que lo parta en trozos (eso me ahorra tiempo en casa) mientras termino de hacer la compra.

Cuando llego a casa, coloco los trozos de pollo en una cacerola grande de hornear y le añado champiñones escurridos y salsa de pollo de la que venden preparada. Tapo la cacerola con papel de aluminio y la meto en el horno durante treinta minutos. Mientras tanto, cuezo zanahorias pequeñitas y las sazono con mantequilla, canela y azúcar. Mientras las zanahorias se cuecen, preparo arroz integral según las instrucciones del paquete. (Me gusta el arroz integral de Uncle Ben porque sólo tarda treinta minutos.) Para la ensalada, añado tomates, pepinos y aguacate en trozos a un paquete de ensalada verde. En los últimos cinco minutos meto en el horno panecillos de trigo de los que venden ya hechos, y la cena, que me tomó menos de una hora preparar, está lista. Una comida puede cambiar por completo si le añade un poco de amor y cariño.

Con las sobras, trate de ser creativa. Si el lunes por la noche tengo espagueti con salsa, de seguro mi familia tendrá lasaña el martes por la noche. Es rápido, barato, y la familia casi no se da cuenta que se hizo con sobras.

Muchas de mis amigas me dicen que odian la cocina. Les pido que dejen de considerarlo una tarea y lo vean más como una forma de darle a su familia una ofrenda de amor. Cuando el Señor recibía un sacrificio que le agradaba, un «olor fragante» subía hasta el cielo: «Y tomará el sacerdote de aquella ofrenda lo que sea para su memorial, y lo hará arder sobre el altar; ofrenda encendida de olor grato a Jehová» (Levítico 2.9). Cuando perciba el aroma de algo que se está preparando en su cocina, considérelo como una ofrenda de olor fragante de amor que le agrada a Dios Padre.

Otra forma de bendecir a su familia con el don de la hospitalidad es honrar las celebraciones familiares.

2. CELEBRACIONES FAMILIARES

Los cumpleaños son ocasiones especiales en nuestra familia. Como en muchos hogares norteamericanos, nuestra tradición es que la persona que cumple años escoge su menú favorito. Entonces, mamá se lo prepara como regalo. Cuando los niños eran pequeños preparaba dos platos principales: espaguetis con albóndigas y macarrones con queso; tres platos para acompañar: papas fritas, puré de papas con salsa y papitas pequeñas; y, ¡gracias a Dios!, un solo postre: pastel de chocolate. Todo eso en la misma comida. No es lo que un nutricionista llamaría una comida equilibrada, pero con esta ofrenda especial estaba nutriendo el espíritu, no el cuerpo.

Otra forma para bendecir a su familia es tener una política de puertas abiertas cuando se trata de invitar a amigos a comer o a cenar. Siempre tenía suficiente para invitados adicionales, y los niños se encargaban de que hubiera lugar para sus amigos del barrio en nuestra mesa. La emoción que había en los ojos de mis hijos cuando preguntaban si podían invitar a cenar a un amigo valía más de un millón de dólares. La gran pregunta del día sigue siendo: «Mamá, ¿para cuántos pongo la mesa?»

Esta política sigue en vigor hoy día. La semana pasada invité a un miembro de nuestra iglesia a cenar cuando su familia estaba de viaje. Lo invité como dos horas antes de que fuéramos a comer, aunque no tuviera tiempo de preparar algo fuera de lo normal. Cuando nos sentamos a la mesa abrió los ojos asombrado y preguntó: «¿Cenan así todas las noches? ¡Qué lujo!»

Me sentí muy honrada. Mi marido y mis hijos dijeron con orgullo que así es como comen la mayoría de las noches. No me podría haber sentido mejor. Por medio de mi ofrenda de comida sienten el amor que les tengo. La Biblia nos dice: «Porque Dios no es injusto para olvidar vuestra obra y trabajo de amor que habéis mostrado hacia su nombre, habiendo servido a los santos y sirviéndoles aún» (Hebreos 6.10).

Otras ocasiones muy especiales para mi familia son los días festivos. El día de Acción de Gracias y Navidad son ocasiones para reuniones familiares. Como nosotros tenemos la casa más grande, y soy la mayor de nuestra familia, casi siempre nos reunimos aquí. Para el día de Acción de Gracias suelo tener unas veinticinco personas. Un año muy especial serví dos turnos de comida: uno al principio de la tarde y otro por la noche, con un total de más de cincuenta personas.

Me gusta planear los menús con antelación y delegar tareas para la comida entre los invitados, pero no les digo lo que tienen que traer, sino que normalmente sólo les digo: «Voy a preparar un jamón. ¿Tienes algún plato favorito que vaya bien con jamón?» Así se sienten cómodos con lo que traen. Pasamos juntos un tiempo muy agradable, y los recuerdos tan maravillosos que tenemos sobre esas ocasiones son algo que no tienen precio.

Hace varios años, le pidieron a mi esposo que predicara el día de Acción de Gracias en un encuentro cristiano en otro estado. Les dijimos a las personas de ese ministerio que sólo aceptaríamos la invitación si nuestros hijos también podían venir con nosotros. Ellos estuvieron de acuerdo y dijeron que iban a tener una comida de Acción de Gracias en la sala de banquetes. Nos aseguraron que podríamos comer allí con nuestros hijos. Todos estuvimos de acuerdo en que sería una nueva aventura.

Pero las cosas no se dieron como las planeamos. Nuestros anfitriones eran muy amables, pero querían pasar tiempo con mi esposo y conmigo, así que nuestros asientos estaban junto a los suyos. A nuestros hijos los sentaron justo al otro extremo de la gran sala de banquetes. Apenas podíamos tragar la comida, ya que las caras tristes de nuestros hijos hablaban por sí solas. Esa noche tuvimos una reunión familiar en el hotel y tomamos una decisión conjunta: ¡nunca más!

Eso fue hace quince años, y desde entonces siempre hemos celebrado en casa todos los días de Acción de Gracias y todas las Navidades. Es muy importante que continúe con las tradiciones de su familia. Uno de mis recuerdos más bonitos de Navidad era mi madre haciendo tamales. Si no ha heredado tradiciones familiares, entonces comience a hacer las suyas. No permita que la falta de un pasado se perpetúe para las generaciones futuras. En las Escrituras aprendemos lo siguiente: «Por tanto, guárdate, y guarda tu alma con diligencia, para que no te olvides de las cosas que tus ojos han visto, ni que se aparten de tu corazón todos los días de tu vida; antes bien, las enseñarás a tus hijos, y a los hijos de tus hijos» (Deuteronomio 4.9).

MI CASA ES SU CASA

Por mi herencia mexicana, me resulta natural equiparar hospitalidad con comida. «Mi casa es su casa» era el lema familiar cuando abríamos nuestra casa para invitados cuando yo era niña. Nunca me habría imaginado que este don de la hospitalidad influiría no sólo en mi futuro hogar, sino también en la iglesia que más tarde ayudaría a pastorear con mi esposo. Nos tomamos muy en serio las Escrituras cuando dicen que «No os olvidéis de la hospitalidad, porque por ella algunos, sin saberlo, hospedaron ángeles» (Hebreos 13.2).

John y yo llevamos casi dieciséis años viviendo en la casa en la que estamos ahora, y hemos tenido por lo menos doce mil invitados a cenar. No lo digo para jactarme, sino porque para mí es un privilegio. Desde comidas familiares y ocasiones especiales hasta despedidas de soltera y recepciones de boda, todo lo hemos disfrutado muchísimo. El número de personas en estas ocasiones oscila entre uno y trescientos. Nuestro objetivo siempre es hacer que la gente se sienta bienvenida cuando llega, y satisfecha cuando se va.

Esta práctica de tener invitados en casa comenzó hace más de veinticinco años, cuando mi esposo y yo nos acabábamos de casar. Nuestra iglesia era muy pequeña, y mi esposo quería identificar a los que eran líderes por naturaleza para comenzar a entrenarlos para ganar a otros para Cristo. No teníamos nada de dinero para llevarlos a cenar a algún sitio, así que sugerí que los invitáramos a cenar a nuestra casa para tener compañerismo con ellos los domingos por la noche después de la iglesia.

Durante el culto, mi esposo se fijaba desde el púlpito en matrimonios nuevos y los invitaba a casa después. Por lo general, aceptaban contentos esta invitación espontánea a la casa del pastor. Una vez que estaban en casa, a nuestros invitados no les preocupaba lo que se les servía, ni como se veía nuestra casa; estaban encantados de estar con nosotros.

Recuerdo que mi esposo y yo nos tomábamos de la mano y hacíamos una oración sencilla pero poderosa: «Señor, bendice a nuestros invitados cuando atraviesen la puerta de nuestra casa. Permíteles sentir tu presencia, tu consuelo y tu gozo. Si necesitan sanidad, sánalos por medio de nosotros. Si necesitan compañerismo, permítenos llenar la soledad que haya en su vida. Te pedimos que se sienta tu amor en esta casa que nos diste. Permite que todos los invitados se alimenten en cuerpo, alma y espíritu. Amén».

El Señor siempre responde esta oración. Los menús que planeaba para estas reuniones eran cosas simples que les gustan a la mayoría. Serví muchas hamburguesas. Alternaba espaguetis con salsa, tacos con toda la guarnición y chile con frijoles. Esas comidas eran baratas y fáciles de preparar, y podía repetirlas tan a menudo como quería, porque siempre teníamos gente diferente.

Por favor, no piense que para abrirle su casa a gente que no conoce muy bien, o a otros con los que le gustaría desarrollar una relación más estrecha, tiene que estar casada con un pastor. Sea cual sea su posición, la hospitalidad siempre es bien recibida.

Aquí tiene unos pasos sencillos para comenzar su aventura:

1. *Ore.* Pídale al Señor que la ayude con el evento que quiere planear. Decida que va a ser una gran aventura.

2. *Decida a quién quiere invitar a cenar.*

3. *Invite a sus huéspedes cuando le resulte cómodo en su horario.* No se cree estrés adicional.

4. *Planee su menú con varios días de antelación.* Cuanto más elaborado sea el menú, con más antelación tendrá que planificar. Disfruto mucho planeando los menús. Cuando todos en casa se acuestan, me tiro en la cama y miro libros de cocina para tomar ideas de recetas. Asegúrese que el menú entre en su presupuesto. Escoja algo fácil de preparar y no trate de ser demasiado exótica. Las recetas caseras ya casi son una rareza.

5. *Haga la lista de la compra.* Tenga cuidado y no compre cosas que ya tiene en la despensa; usted quiere ser una buena administradora del dinero. Se puede hacer mucho con un presupuesto bajo. Con la actitud correcta y una chispa de creatividad puede hacer que un poco se convierta en un mucho.

6. *Haga las compras con tiempo.* No espere a que falte poco para la fecha de la cena para conseguir todos los ingredientes necesarios, pues de lo contrario estará añadiendo estrés. Si tiene un presupuesto bajo puede comprar con tiempo los ingredientes más caros para no gastar todo el dinero de un cheque de salario. Comprar con tiempo también le permitirá preparar con antelación ciertos platos.

7. *Si puede preparar parte del menú con antelación, hágalo.* Asegúrese de tener suficiente espacio en el congelador y en la nevera cuando haga comida de antemano.

8. *Tenga lista la mesa la noche antes.* Este paso es casi obligado. Le sorprenderá saber cuánto tiempo le ahorra esto, por no mencionar la tranquilidad que resulta saber que ya está hecha esa tarea que quita tanto tiempo.

9. *Organice un horario.* Para que no me interrumpan cuando cocino ese día, suelo llamar a las personas más importantes para mí (mi esposo y mi madre, por ejemplo) y les digo lo que estoy haciendo: «Esta mañana no voy a contestar el teléfono, pero te volveré a llamar a la hora de almuerzo». Después organizo un horario para todos los platos que voy a preparar. Y antes de eso pongo un poco de música inspiradora que me ayude a disfrutar del viaje.

10. *Tenga todo listo a tiempo.* Me aseguro que la comida esté en el horno una hora antes de que lleguen mis invitados. Al hacer esto tengo treinta

minutos para arreglarme y treinta minutos para controlar con calma los últimos detalles.

Algo que no suele fallar es que cuando los invitados llegan le preguntan si pueden ayudarle en algo. Siempre les digo: «No, pero puedes ayudarme luego a recoger la mesa». Me parece que la mejor parte de la visita suele ser cuando está limpiando y quitando la mesa. Las amistades se desarrollan cuando mis invitados se sienten parte de nuestro hogar durante ese tiempo personal en la cocina.

Debe saber que estas directrices las desarrollé para ayudarme a que me sea fácil preparar las comidas. Usted puede tener sus propias ideas, y la animo a ser creativa y a encontrar formas para hacer que esto sea lo más fácil posible. También debe saber que he violado todas esas directrices, y mis comidas fueron, aun así, un éxito. La clave está en ser flexible y en centrarse en la razón de ser de su evento. Les está dando a sus invitados dos de sus dones más valiosos: abrirle su hogar y brindarle su tiempo.

No se preocupe pensando que estas actividades pueden dañar su casa. Nuestro recibidor tiene el suelo de madera, y en estos dieciséis años sólo tuve que encargar una limpieza profesional dos veces. Cuando el especialista en suelos estuvo en nuestra casa por última vez, me comentó: «Señora, usted cuidó muy bien este suelo. Obviamente no viene mucha gente a esta casa. El suelo está en muy buenas condiciones».

Me apresuré a corregirlo, hablándole de las miles de personas que han pasado por nuestra casa durante estos años. Se quedó pasmado. Sonreí, pues sabía que Dios cuidó mi hogar de las «agresiones» de tacones altos, barro, ponche vertido y migas de galletas. Si dedica su hogar a la obra del Señor, Él se encargará que sus ángeles lo cuiden.

Un refugio para la noche

Mi esposo y yo estamos tan agradecidos por el hogar que Dios nos dio que siempre les hemos pedido a los miembros de la familia, amigos, misioneros, evangelistas y profetas que se hospeden en nuestra casa. Creo que todo lo que le ofrezcamos al pueblo de Dios se lo estamos ofreciendo a Dios. El apóstol Pablo les dijo a los cristianos del primer siglo: «Por tanto, recibíos los unos a los otros, como también Cristo nos recibió, para gloria de Dios» (Romanos 15.7).

Créame: no todas las circunstancias serán perfectas ni estarán bien planificadas. Cuando mis hijos eran pequeños, nunca los dejaba solos. Pero en una ocasión mi esposo tenía cita con el oculista porque necesitaba lentes nuevos y quería que le ayudara a escoger la montura. Los niños me convencieron de que estarían bien solos, que verían su vídeo favorito mientras estábamos fuera. Sandy, nuestra hija menor, tenía diez años y se autonombró con orgullo secretaria oficial: mientras no estuviéramos en casa, ella contestaría todas las llamadas telefónicas, las que a veces son muy importantes. Cariñosamente la llamamos «John Hagee con falda». Con ella en el mando, me pareció que todo saldría bien.

Cuando llegamos a la consulta del médico llamé inmediatamente para ver cómo iba todo. Mi hija comenzó a recitar eficientemente los tres mensajes que recibió durante los quince minutos que llevábamos fuera. Después de oír el tercer mensaje, le pedí rápidamente que lo repitiera.

«Oral Roberts viene a nuestra casa para pasar la noche. Llegará dentro de dos horas» repitió despacio. «Va a llegar al aeropuerto de Hallmark».

Un poco pasmada y aturdida me volví hacia mi esposo, que estaba probándose anteojos, y le pregunté: «¿Sabes algo con respecto a que Oral Roberts venga a nuestra casa, dentro de horas para pasar la noche?»

Vi una mirada de culpabilidad en su cara. Lo atrapé. Había olvidado decirme que existía esa posibilidad. Por ser hombre, no entendía que me preocupara tanto no saberlo de antemano. Como mujer, no entendía porqué no se solidarizaba con mi malestar. Fue un ejemplo típico de hemisferio cerebral derecho y hemisferio cerebral izquierdo en colisión total. Oral Roberts iba a llegar a mi casa en una hora y cuarenta y cinco minutos.

¿Tenía la casa preparada para un huésped que iba a pasar la noche en ella? ¡No! ¿Estaba hecha la cama del cuarto de invitados? ¡No!

Decidimos por unanimidad que ese no era momento para elegir anteojos y nos marchamos rápidamente de la consulta. Durante los primeros minutos del trayecto a casa no nos dijimos ni una palabra. Entonces me di cuenta que tenía que ponerme en acción. Necesitaba un plan. Mi marido y yo acordamos que él me dejaría en casa, donde los niños y yo nos daríamos prisa para preparar la casa para tan importante visita.

John iría rápidamente al aeropuerto para llegar justo a tiempo para recibir al avión privado. Cuando Oral Roberts estuviera en el coche, John me llamaría desde el celular para que supiera aproximadamente cuándo iban a llegar a casa. Le pedí a mi esposo que fuera discreto para que Oral no sospechara que no estaba preparada para un invitado.

Hay mujeres que siempre tienen sus casas preparadas para invitados de fuera. Con cinco hijos y sus amigos en el Hotel Hagee, no soy una de esas mujeres. Puede que mi hogar no esté reluciente todo el tiempo, pero siempre hay gozo abundante. Sin embargo, *gozo* no era la palabra que describía mi actitud cuando llegué a la casa.

Les di tareas a los niños que parecían el simulacro de un sargento de la marina para la invasión de Normandía. Después marqué el tiempo en el microondas para enfatizar la importancia de la cuenta regresiva: teníamos menos de una hora para prepararnos.

Poco después, me llamó mi esposo con un código especial que se le había ocurrido: «El águila ha aterrizado y se dirige al nido».

¡Madre mía! Me parecía increíble que no se le ocurriera nada más original. Sea como fuera, mi casa estaba preparada, y mis hijos eran todo sonrisas porque les había prometido recompensarlos llevándolos al cine y a comer una hamburguesa. El tiempo que Oral Roberts pasó en nuestra casa fue muy especial, y mi esposo accedió a servir en la Junta de Regentes de Oral Roberts, un honor que aprecia desde hace más de diez años.

Compartí esta historia con usted para mostrarle que lo más importante no es que su casa esté lista en temporada o fuera de temporada, sino que su corazón y actitud estén listos para recibir a quien quiera que Dios ponga en su camino. «El que recibe a un profeta por cuanto es profeta, recompensa de profeta recibirá; y el que recibe a un justo por cuanto es justo, recompensa de justo recibirá» (Mateo 10.41).

LANCE SU PAN AL AGUA

Cuando comience a alcanzar a otros fuera de su casa, Dios le proporcionará más oportunidades de ministrarlos. Cuando lleguen vecinos nuevos a su barrio, deles la bienvenida llevándoles a sus casas una tarta o incluso una comida completa. Si sabe de alguna persona de su cuadra que está enferma, déjele saber que está orando por ella y que le gustaría llevarle algo de comer. No sabe cuánto puede ayudar eso a alguien que está necesitado.

Por medio del sistema de liderazgo llamado Gobierno de los Doce Líderes, nuestra iglesia puede atender las necesidades de nuestra congregación de una forma personal y compasiva. Este sistema organizativo permite ayudar a cualquier persona de la iglesia que está enferma o que perdió a un ser querido.

Escogí veinticuatro mujeres para que sirvan conmigo como miembros de Mujeres de Ester. Muchas de ellas organizaron conmigo las conferencias de Mujeres de Dios. Cuando las elegí, les regalé dos cosas: una botella de aceite para ungir y un delantal. Sabía que podrían usar esas dos herramientas al servir al Cuerpo de Cristo.

Mi marido le enseñó a nuestra congregación que un líder «dirige desde el frente». Si hay que lavar platos, el líder es el primero que lo hace. Si hay que cocinar, el líder es quien primero lo hace. Y Dios ha honrado esta forma de pensar.

Cuando mi esposo escogió a los líderes para el Gobierno de los Doce, se preguntaba cómo enseñarles a servir a la gente a quien iban a liderar. Después de mucho orar, obtuvo la respuesta. Un domingo por la noche, se arrodilló en la tarima de nuestra iglesia, en presencia de toda la congregación, y les lavó los pies a los doce hombres que había elegido para trabajar con él. Automáticamente nuestra iglesia se dio cuenta de la importancia del servicio; la expresión de amor de Dios se muestra con un corazón de siervo.

Mateo, el apóstol de Jesús, contó lo que hizo Jesús cuando estaba listo para enviar al mundo a sus discípulos: «Entonces llamando a sus doce discípulos, les dio autoridad sobre los espíritus inmundos, para que los echasen fuera, y para sanar toda enfermedad y toda dolencia» (Mateo 10.1).

Nosotros enviamos así a nuestros líderes con el don añadido de la hospitalidad. Estoy firmemente convencida de que si no les damos a las ovejas la oportunidad de servirse unas a otras, les estamos quitando la oportunidad de que Dios las bendiga, ya que la Palabra de Dios dice que si bendices a otros serás bendecido.

Una de las metas que tengo para nuestra iglesia es que sea una «iglesia hospitalaria». Cuando la gente atraviesa las puertas de nuestra iglesia, hay personas designadas para darles la bienvenida. Hemos oído testimonios de personas que estaban solas, y no habían oído ni una voz amable durante varios días hasta que entraron en nuestra iglesia.

Cuando tenemos oradores o cantantes especiales, nos aseguramos que se les reciba en el aeropuerto con brazos abiertos y rostros sonrientes. Estos anfitriones designados se ofrecen como voluntarios siempre que pueden para representar a Cristo y atender las necesidades del pueblo de Dios.

John y yo tratamos de comer con nuestros invitados comidas preparadas y servidas por voluntarios que se adelantan a ministrar a hombres y a mujeres de Dios. Me siento muy orgullosa de nuestras mujeres cuando les sirven a otros con sonrisas y corazones abiertos. El mejor cumplido que puede recibir nuestra iglesia es oír que desde el púlpito se predica la Palabra de Dios y que el amor de Dios habita entre nuestras paredes.

También les ofrecemos hospitalidad a los miembros de nuestra iglesia. Cuando muere algún familiar de uno de nuestros miembros, llamamos a la familia para decirles que les llevaremos comida inmediatamente y también durante los días siguientes, y la última comida es después del funeral.

Cuando llevamos comida a los hogares, nos ponemos delantales rojos con las palabras *Cornerstone se preocupa*. Nos aseguramos de servir la comida y que la cocina quede limpia luego que la gente se va. Hacemos esto en el nombre del Señor como ejemplo vivo de nuestro amor y obediencia por Él. Este sacrificio de amor nunca vuelve vacío, ni volverá. Probó ser una herramienta eficaz para testificarles a los miembros no salvos de esas familias.

Si alguien está en el hospital por un período largo de tiempo o hay miembros de una familia esperando por horas en la unidad de cuidados intensivos para tener noticias de un ser querido, les llevamos un «cesto de hospitalidad». Como la familia no va a salir de la sala de espera y no tiene oportunidad de comer, nos aseguramos que el canasto tenga comida y bebida: frutas, galletas dulces, queso y galletas saladas, jugos y bolsas de té. (Véase la página 203 para una lista completa de los artículos de esta cesta de hospitalidad.) Siempre incluimos platos de papel, servilletas y cubiertos para su conveniencia.

Aprenda a ser creativa. Pídale al Señor que le muestre cómo personalizar cada cesto para convertirlo en algo único. Por ejemplo: puede incluir un pequeño devocional para ayudarles a enfocarse en la fuente de sanidad para su ser amado. También puede poner una nota especial de aliento para sus amigos y su familia.

La hospitalidad se presenta de muchas formas. Puede ser tan creativa y extensa como quiera. Los ingredientes principales son el amor y un corazón puro, dos ingredientes que nunca fallan a la hora de sanar un corazón herido. Cuanto más extienda la hospitalidad, más se parecerá a Cristo. Y cuanto más se parezca a Cristo, más la reconocerán como hija del Rey.

El olvidado arte de la etiqueta

Aunque no lo crea, la etiqueta es una forma de hospitalidad. Cuando invita personas a comer en su casa, tiene que conocer las reglas de etiqueta necesarias para que sus invitados se sientan tan especiales como realmente son.

Cuando tuvimos en Cornerstone el seminario Mujeres de Dios, nos dimos cuenta que muchas de las mujeres mayores, y también la mayoría de las chicas más jóvenes, no tenían ni idea de cómo poner una mesa en forma apropiada. Puede que esté pensando: «¿A quién le preocupa eso?» A Dios, nuestro padre. Quiere que hagamos todo con excelencia. No es que estemos tratando de presumir, sino de esforzarnos en lo posible cuando representamos a nuestro Rey. (Vea las ilustraciones 11.1 y 11.2 en la página 205) relativas a cómo poner una mesa formal y una informal.)

Cuando la invitan a una fiesta, ¿responde en cuanto le llega la invitación? Soy culpable de asumir que mis anfitriones saben si voy a ir o no a su actividad, así que no les respondo formalmente. Sin embargo, me honran con invitaciones a ocasiones muy importantes en su vida y tengo que responderles tan pronto como sea posible.

Luego de cenar en casa de alguien, ¿le envía una tarjeta de agradecimiento por su hospitalidad? Si le hacen un regalo, ¿llama a la persona o le envía una nota de agradecimiento? Nuestra hija Tish hace que todos nos avergoncemos en esa área. Está muy consciente de enviar sus tarjetas de agradecimiento para todas las ocasiones casi inmediatamente después de

CANASTA DE HOSPITALIDAD PARA EL HOSPITAL

◦◦

Platos pequeños de postre
Servilletas
Cubiertos de plástico
Un cuchillo para pelar
Seis botellas de agua
Cuatro envases pequeños de jugo de naranja
Una caja de té de sabores variados
Una caja de galletas saladas
Dos paquetes de galletas dulces de varios sabores
Una lata de queso para untar
Embutidos
Queso Cheddar en barra
Una bolsa de *Fritos Scoops*
Una lata de salsa para tortillas
Una bolsa de frutas secas
Una bolsa de *Snickers* en miniatura
Paquetes de galletas de queso y mantequilla de cacahuete
Cinco ciruelas
Seis bananas
Naranjas
Una crema pequeña para las manos
Una tarjeta con un mensaje de aliento

recibir un regalo o asistir a un evento. Vivimos en una sociedad muy desa-gradecida. Rara vez nos damos las gracias unos a otros o le demos las gra-cias al Señor por su provisión. Pero es importante vivir con un corazón agradecido y con una alabanza en nuestros labios como norma de vida. «Porque la ministración de este servicio no solamente suple lo que a los santos falta, sino que también abunda en muchas acciones de gracias a Dios» (2 Corintios 9.12).

En nuestras sesiones de Mujeres de Dios les pedimos a las mujeres que respondan un cuestionario breve para probar su coeficiente de etiqueta. ¿Cómo respondería las siguientes cinco preguntas?

1. ¿Cuál es el plazo de tiempo para enviar notas de agradecimiento?
2. ¿Qué tipo de tenedor se usa para una cena?
3. ¿Cuál es la señal de «Terminé»?
4. ¿Qué es un anfitrión cristiano?
5. ¿Está bien llegar un poquito tarde?

Compare sus respuestas con las que les dimos a las mujeres de nuestra conferencia.

1. ¿Cuál es el plazo de tiempo para enviar notas de agradecimiento?

Obviamente, lo antes posible, mientras el regalo o la actividad todavía está reciente en la memoria de quien lo dio. Lo normal es hacerlo en el pla-zo de una semana. Las tarjetas de agradecimiento se envían por muchos motivos diferentes, por ejemplo, para darle las gracias a un maestro de es-cuela dominical al final de un año de clases o a su entrenador favorito o a un líder de los niños exploradores. A veces, los miembros de las iglesias les envían notas de agradecimiento a sus pastores por algún sermón especial-mente significativo. El programa Enfoque a la Familia anima a los creyen-tes a enviarles notas de agradecimiento a sus pastores el Día del Pastor, pero una nota de aliento siempre resulta apropiada. También se puede usar el fax o el correo electrónico para agradecer y animar a otros.

2. ¿Qué tipo de tenedor se usa para una cena?

Mire las ilustraciones 11.1 y 11.2 en la página siguiente, que dan ejem-

Ilustración 11.1 CENA FORMAL

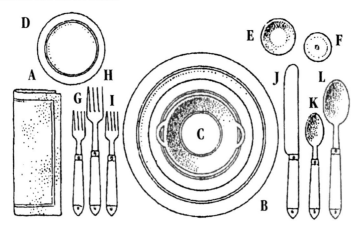

A. Servilleta
B. Plato para la cena
C. Tazón para el primer plato y plato pequeño
D. Plato para ensalada

E. Copa para el agua
F. Taza para el té
G. Tenedor para la ensalada
H. Tenedor para la cena

I. Tenedor para el postre
J. Cuchillo para la cena
K. Cucharita para el postre
L. Cuchara para la sopa

Ilustración 11.2 CENA INFORMAL

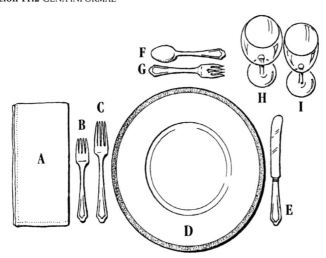

A. Servilleta
B. Tenedor para la ensalada
C. Tenedor para la cena

D. Plato para la cena
E. Cuchillo para la cena
F. Cucharita para el postre
G. Tenedor para el postre

H. Taza para el té
I. Copa para el agua

206 LA HIJA DEL REY

plos de cómo poner una mesa formal y una informal. También le indican qué tipo de cubiertos debe usar. Lo normal es comenzar de afuera hacia adentro: el tenedor para ensalada es el primero y el del plato fuerte es el siguiente. El tenedor de postre o la cuchara siempre se colocan delante del plato. El cuchillo y el plato para el pan y la mantequilla se ponen delante de los cuchillos y la servilleta.

3. ¿Cuál es la señal de «Terminé»?

Cuando alguien termina de comer, la persona coloca juntos el tenedor y el cuchillo, con los mangos apuntando a las cuatro en punto, y las puntas apuntando a las doce en punto. Para indicar que se va a regresar, el cuchillo y el tenedor se cruzan sobre el plato.

4. ¿Qué es un anfitrión cristiano?

Pablo les dijo a los cristianos hebreos:

> Amaos los unos a los otros con amor fraternal; en cuanto a la honra, prefiriéndoos los unos a los otros. En lo que requiere diligencia, no perezosos; fervientes en espíritu, sirviendo al Señor; gozosos en la esperanza; sufridos en la tribulación; constantes en la oración; compartiendo para las necesidades de los santos; practicando la hospitalidad (Romanos 12.10-13).

Nuestros líderes de célula ponen muchas veces un letrero fuera de sus casas cuando tienen un estudio bíblico. El letrero dice: «Estudio bíblico esta noche a las 7:30 p.m. Todos están bienvenidos». Queremos que esos encuentros estén abiertos a cualquier vecino que desee pasar tiempo con amigos. Con frecuencia, más tarde esas personas forman parte del grupo.

6. ¿Está bien llegar un poquito tarde?

No. A la anfitriona le costó mucho trabajo preparar la comida para una hora determinada. Si no es puntual, está mostrando falta de aprecio por su trabajo y preparación.

Tampoco es aceptable llegar tarde a la iglesia. Siempre me asombro cuando vamos al teatro; todo el mundo se apresura para llegar a tiempo porque, por respeto a los actores, la gerencia no permite que entre nadie luego que empieza el primer acto. Pero hay mucha gente que llega tarde a la iglesia, como si para Dios fuera un privilegio tenerlos allí. Tenemos que honrar su presencia igual que si su cuerpo físico estuviera parado en el púlpito. Cuando estamos enfermos, queremos que nos ayude enseguida. Cuando tenemos necesidades financieras pedimos que su provisión llegue rápido. Cuando entramos en el santuario, tenemos que dar honor a quien honor merece.

Tampoco es apropiado salirse de la iglesia antes de que termine el servicio. Muchas veces mi esposo es testigo de la trágica escena de alguna persona con los ojos llenos de lágrimas, casi lista para comprometerse con Cristo, y otro individuo la interrumpe por querer pasar delante de ella porque se está marchando temprano. El momento pasó, la compostura vuelve, y el alma se perdió. En vez de marcharnos temprano para ser los primeros en llegar al coche, deberíamos esperar, orar y alegrarnos cuando los pecadores regresan a casa.

De todas las cosas que comentamos, hay una que es esencial para la hospitalidad: un corazón dispuesto y lleno de amor. Si prepara comida para alguien necesitado, asegúrese que tiene una actitud amorosa mientras trabaja. El Dios vivo recibirá este sacrificio como olor fragante. Mi querido amigo Quin Sherrer escribió *The Warm and Welcome heart* [El corazón cálido y acogedor].[1] Es una excelente referencia para la hospitalidad cristiana.

Si tiene invitados en su casa, debe saber que la primera persona a quien invita es al Señor en la presencia del Espíritu Santo. Cuando hace esto, todos los demás invitados se sentirán bienvenidos. Una de las cosas hermosas de servir al Señor es que siempre le bendecirá al servir a otros. Sentirá la aprobación del Señor como una frazada tibia en una noche fría. Cuando ministra al pueblo de Dios, sabe que Él sonríe cuando menciona su nombre.

✑ PUNTOS DE ACCIÓN:
LA HOSPITALIDAD: UNA ACTITUD DEL CORAZÓN

1. Al considerar la idea de abrir su casa para el trabajo del Señor, lea estos pasajes bíblicos.

Usted es una hija del Rey y es

- llamada por Dios (2 Timoteo 1.9).
- su discípula, porque amo a otros (Juan 13.34-35).
- una seguidora fiel (Efesios 5.1; Apocalipsis 17.14).
- elegida (Romanos 8.33; Colosenses 3.12).
- una persona arraigada con firmeza y que abunda en acciones de gracias (Colosenses 2.7).

Escriba el texto de su versículo favorito.

_____

_____

2. ¿En qué piensa al oír hablar de la hospitalidad? ¿En algo que todos los demás hacen perfectamente? ¿En algo que le ofrece sólo a sus amigos? El *Diccionario de uso del español* define *hospitalario* como «la persona que acoge amablemente a los visitantes, a los forasteros o a los extranjeros». ¿Cuál es su definición? Responda este conveniente cuestionario. Señale todas las respuestas que cree que pueden aplicarse a su vida.

Para mí la hospitalidad significa:

____ A. tener lasaña para más de uno.

____ B. pasar tiempo en casa de otros.

____ C. invitar a gente a mi casa y dejar que traigan su comida.

____ D. hacer que la gente se sienta como en casa.

Para ser hospitalaria tengo que ser:

____ A. una persona completamente diferente.

____ B. bastante más extrovertida de lo que soy.

____ C. gemela de Martha Stewart.

____ D. yo misma, pero más relajada.

La hospitalidad requiere:

____ A. demasiado tiempo y dinero para ejercerla bien.

____ B. más energía de la que estoy dispuesta a dar ahora.

____ C. menos energía y estrés de los que tuve en el pasado.

____ D. sólo el esfuerzo necesario para asegurarme que mis invitados se sienten bienvenidos.

Cuando pienso en quién invitar, pienso en:

____ A. sólo mis amigos y mi familia.

____ B. la gente popular de nuestro club.

____ C. gente a quien me gustaría conocer.

____ D. todo el mundo, incluso desconocidos.

Si respondió todas las preguntas con D, es una alumna de A —no de D— porque esas eran las respuestas correctas.

3. La hospitalidad genuina comienza en el corazón, con una actitud generosa y un deseo genuino de dar y recibir de otros. ¿Qué ofrece? Su tiempo y su esfuerzo. ¿Qué recibe? Recuerdos que pueden durar para siempre. ¿Qué hay detrás de todo ello? ¡Amor!

La hospitalidad era muy importante durante los tiempos bíblicos. A las leyes de Dios se les añadieron ciertas reglas para recordarles a los israelitas que se preocuparan por otros, sobre todo por los extranjeros, pobres, huérfanos y las viudas.

Lea estos pasajes para verificar este punto:

- Levítico 19.9-10
- Deuteronomio 24.19-22

Lea Romanos 12.13 y decida compartir con el pueblo de Dios que está necesitado.

4. Lea el capítulo 10, el último del libro de Ester. Termine con esta oración.

Padre, vengo hasta ti con un espíritu de gratitud. Te doy gracias por el amor, la misericordia y la gracia que me ofreces. Ayúdame a pensar en otros antes que en mí y a tener la mente de Cristo, que era igual que tú, pero tomó el carácter de siervo.

Señor, úsame para bendecir a otros. Ayúdame a ser creativa para ofrecer hospitalidad y amabilidad. Permite que el amor de Cristo brille por medio de la mayordomía de tus bendiciones al darles a otros, que se atiendan las necesidades de los santos y que te demos un coro de agradecimientos.

Padre, no me pertenezco, mi casa no me pertenece, mis recursos no me pertenecen. Todo lo que tengo y soy es tuyo. Guíame y dirígeme. Señor, me has mostrado lo que es bueno, y lo que quieres de mí: mostrar amabilidad y misericordia y caminar humildemente con mi Dios. Crea en mí un corazón nuevo que desee alcanzar a otros y decir: «Bienvenido, amigo».

Padre, gracias por la oportunidad de crecer y servir a tus hijos. Amén.

capítulo doce

~⊙

La belleza

Como ya mencioné antes, nunca me ha gustado mi nariz. Mi madre tiene una nariz muy bonita, cincelada con un bultito pequeño en el puente para mostrar carácter. Mi padre tiene una nariz romana muy distinguida. Cualquiera de las dos hubiera estado bien para mí, pero no, saqué una mezcla de las dos y no es bonita.

Durante muchos años, quise ir a un cirujano plástico a corregir este error que Dios cometió. Un día reuní el valor necesario para hacer una cita para una consulta. Mientras esperaba, le eché un vistazo a los libros que había en el despacho del médico. Me asombré al ver el gran trabajo quirúrgico que haría falta, pero seguí en mi asiento y mantuve la compostura.

Sabía que en cuanto viera mi nariz me diría: «Ya *sabemos* para qué vino». Unos minutos después, el médico entró en el cuarto de examen. Me sorprendí mucho cuando se acercó a mí, me puso la mano sobre la frente y comenzó a estirarme la piel hacia atrás.

Lo miré y le dije: «¡*No* vine para que me estiren la piel, sino para que me arreglen la nariz!»

Obviamente se sintió avergonzado y me dijo que no creía que mi nariz necesitara arreglo. Este hombre era experto en belleza y no creía que mi nariz estuviera tan mal. Sea como fuera, el médico respondió todas mis preguntas técnicas sobre la operación.

Entonces se me llenaron los ojos de lágrimas.

Me preguntó qué me pasaba. Le dije que todas las semanas iba al hospital a visitar a enfermos y oraba para que Dios sanara sus cuerpos. La mayoría de ellos habían sufrido operaciones serias, no por decisión propia, sino porque era cuestión de vida o muerte. Recordé un versículo de Isaías:

Ahora pues, Jehová, tú eres nuestro padre; nosotros barro, y tú el que nos formaste; así que obra de tus manos somos todos nosotros (Isaías 64.8).

Estaba en la consulta de un médico decidiendo cambiar algo que Dios, como maestro alfarero, había esculpido. Cada vez que me quejé ante Dios por mi nariz, Él me dijo que era bella, pero tuve que ir a la consulta de ese médico para darme cuenta que Dios no comete errores. Ese día, el médico me dijo que no estaba preparada emocionalmente para el procedimiento quirúrgico. Él ignoraba por completo que la cirugía *ocurrió* durante esa consulta. De forma sobrenatural, el Espíritu Santo cambió el concepto que tenía de mí misma. Me dio los ojos que un Rey amoroso que pensaba que su hija era bella tal y como Él la hizo. No podemos pensar que podemos ser bellas *si* hacemos ciertos cambios en nuestros cuerpos físicos; lo que debemos hacer es realzar lo que Dios ya nos dio.

EL CONCEPTO BÍBLICO DE LA BELLEZA

Las Escrituras registran el aspecto exterior de varias mujeres, y a muchas de ellas la Biblia las describe como bellas. De Sara se dice que era una «mujer de hermoso aspecto» (Génesis 12.11). Rebeca «era de aspecto muy hermoso» (Génesis 24.16). Raquel «era de lindo semblante y hermoso parecer» (Génesis 29.17). Abigail era «de buen entendimiento y de hermosa apariencia» (1 Samuel 25.3), Betsabé «era muy hermosa» (2 Samuel 11.2) y Ester era una joven «de hermosa figura y de buen parecer» (Ester 2.7). La belleza de Ester, su gracia y su carácter brillaron inquebrantables contra la oscuridad que amenazaba al pueblo judío. Ester incluso siguió un tratamiento de belleza, que se menciona en la Biblia y que dio origen al seminario Mujer de Dios.

Dios nos creó a todas con rasgos hermosos y únicos. No es difícil establecer un régimen personal individualizado, de acuerdo a nuestros rasgos. Pero hay muchas mujeres que, cuando se casan, creen que ya no necesitan cuidar de su aspecto externo; dan por hecho que sus esposos no van a ir a ningún sitio. Es triste decir que eso no es así. Muchas veces caemos en la trampa del adversario y perdemos mucho más que nuestra belleza cuando dejamos de cuidar nuestro aspecto.

Después de llevar veinte años casada o soltera, algunas de nosotras nos abrumamos ante la idea de un cambio de imagen, pero lo único que hace falta para convertirte en la mujer que Dios diseñó que fueras es tiempo y dedicación.

El primer paso en su cambio de imagen hacia una Mujer de Dios es orar. Pídale a Dios que le revele cómo la ve. Muchas veces lo que nosotros consideramos feo, Él lo ve bello.

No queremos ser bellas para ganar la aprobación del hombre; queremos ser bellas para representar a nuestro Rey con calidad y excelencia. Por muchas grietas que haya en la vasija, sigue siendo una vasija para honra, como decía Pablo en Romanos 9.21. La luz del mundo promete brillar a través de los trozos rotos, pero el resto de la vasija tiene que pulirse para que brille. Todo esto es para atraer a nosotros las almas perdidas para poder llevarlas a la cruz del Salvador.

El segundo paso en su cambio de imagen es asegurarse que está equilibrada espiritualmente. He visto a mujeres que externamente eran muy atractivas, pero se consideraban feas porque su vida espiritual estaba fuera de la voluntad de Dios. Pregúntele qué tiene que hacer para regresar al compañerismo con Él. Él es fiel, y completará la obra que comenzó en usted (Filipenses 1.6).

El siguiente paso es hacer una lista de lo que hay que hacer para realzar su apariencia. Un obstáculo en esto es la inseguridad. *¿Qué hago?*, se pregunta, *¿Adónde voy?* Respire hondo y piense: *¿Conozco a alguien que siempre se ve muy bien?* Llame a esa mujer y pregúntele a qué peluquería va. Seguro que estará encantada de decirle. O vaya a una tienda por departamentos. Casi todos tienen una consultora de moda que puede responder preguntas sobre sus necesidades personales. Recuerde que comprar ropa cara no la hace bella. Lo que irradia la belleza interior es cómo se siente con respecto a usted misma.

Otro obstáculo para dar este paso es el de los gastos. La mayoría de las peluquerías que cuentan con estilistas profesionales cobran precios más altos de los que pueden pagar la mayoría de las mujeres. Les digo a mis alumnas que comiencen unos ahorros de belleza, a dónde puede ir a parar todo el cambio que les sobra después de haber ido al supermercado o incluso el dinero suelto que tengan en el monedero. «En poco tiempo, te sorprenderás de todo lo que has acumulado», digo. «Quizá sea suficiente para un corte de pelo profesional cada seis u ocho semanas». Si le cortan bien el pelo, podrá arreglarse fácilmente el pelo entre cada visita. Quizá también tenga suficiente para una manicura, pedicura o limpieza facial.

Si está interesada en renovar su guardarropa, no olvide que algunos de los grandes almacenes con descuento venden ropa de moda a precios muy razonables. Y todos los grandes almacenes tienen rebajas varias veces al año por cambio de inventario.

Sea creativa. Se asombrará saber cuánto se puede hacer con una actitud dispuesta, unida a una meta en la que cree: convertirse en la mejor representante posible de Cristo.

Me gustaría compartir unas cuantas historias de la sesión de cambio de imagen que tuvimos como parte de las conferencias Mujer de Dios. Una mujer, Judy, escribió:

> Soy madre soltera de tres hijos maravillosos. Soy ama de casa sin estudios. Este curso me dio tanta esperanza y confianza en mí misma que por fin comencé a tomar las clases necesarias para obtener mi diploma de escuela superior. Me teñí el pelo animada por la estilista profesional que vino a hablarnos a la clase. Mi sonrisa es diferente, mi forma de caminar es diferente, pero sobre todo, ¡mi esperanza en Cristo es diferente! Ahora sé que me quiere bendecir, ¡y no puedo esperar para recibir todo lo que tiene para mis hijos y para mí al servirle!

Otra mujer, Connie, era una joven casada universitaria que asistía a la escuela de administración. Estaba intentando con desesperación salir de un remolino de desesperanza emocional y problemas económicos. Su marido estaba sin trabajo, y la casa que alquilaban fue declarada en ruinas. Connie estaba tratando de mejorar para poder encontrar trabajo y contribuir a los ingresos familiares. Pero su profesor de administración le dijo: «No importa cuántos cursos tomes, si no sabes cómo vestirte, ¡nadie te contratará y no llegarás a ninguna parte!»

Cuando llegó la hora de pedir voluntarias para las sesiones de cambio de estilo, Connie no se ofreció porque estaba segura que no la escogerían. Nada le salía bien, así que seguramente esto tampoco. Su facilitadora sabía que no sólo necesitaba el cambio de imagen, sino también una nueva esperanza en el Señor, así que la facilitadora recomendó a Connie personalmente. Cuando la llamaron para servir como modelo, Connie se sorprendió mucho: no podía creer que Dios la hubiera elegido a *ella*. Su semblante comenzó a cambiar instantáneamente. La eligieron para algo especial. Nunca antes en su vida la habían escogido, seleccionado o apartado para algo. En vez de esconder la cara con su pelo, como solía hacer Connie, la estilista creó un marco nuevo para su rostro con un nuevo corte de cabello. Repentinamente, la sonrisa de Connie emergió con los ojos llenos de esperanza, que sustituyeron la mirada apagada de quien no tiene esperanza.

Elegimos a Connie como modelo de trajes para mujer profesional para el desfile de modas que era parte de la sesión de estilo, y escogió un traje de chaqueta muy bonito para completar su nueva apariencia como profesional. Esa noche, cuando Connie caminó por la pasarela, nadie la reconoció. Vimos a una mujer con confianza, a una hija del Rey que le sonreía al futuro. Después del desfile de modas, Connie recibió una bendición adicional cuando «el Señor la besó en la frente». Ella y las otras modelos se pudieron quedar con los trajes que habían elegido porque la tienda de ropa los donó. En su carta Connie dijo: «¡Mi vida nunca volverá a ser la misma!» Lo único que los especialistas hicieron por ambas mujeres fue realzar lo que creó su Padre; sus vasijas de honor por fin se daban cuenta de su valor.

El deseo de mi corazón es que usted llegue a una revelación completa de quién es en Cristo. Es la hija del Rey, bella en sus ojos. Una vez que esté libre de la esclavitud del pasado, no volverá a ser la misma.

Otro aspecto muy importante de la belleza es la salud de su cuerpo físico.

EL TEMPLO DEL SEÑOR

Pablo se refiere a nuestros cuerpos como templos del Espíritu Santo:

> ¿O ignoráis que vuestro cuerpo es templo del Espíritu Santo, el cual está en vosotros, el cual tenéis de Dios, y que no sois vuestros? Porque

habéis sido comprados por precio; glorificad, pues, a Dios en vuestro cuerpo y en vuestro espíritu, los cuales son de Dios (1 Corintios 6.19-20).

En todas las Escrituras hay referencias a la buena salud. El Señor les dio a los israelitas leyes dietéticas para preservar su salud (Éxodo 15.26), y la ciencia confirma ahora que esas leyes están vinculadas a la medicina preventiva y a una vida larga. Santiago les dijo a los enfermos que fueran a los ancianos de la iglesia y les pidieran unción con aceite y oración (Santiago 5.14). Salomón afirmó que la sabiduría del Señor era «medicina a tu cuerpo, y refrigerio para tus huesos» (Proverbios 3.8). ¿Qué tipo de sabiduría estamos aplicando para cuidar nuestros cuerpos?

La piel sonrosada y el pelo brillante son signos claros de un cuerpo sano. Cuando una mujer se hace mayor, tener una buena postura es símbolo de buena salud. Eso no se da de la noche a la mañana, sino que es el resultado de muchos años de cuidar el cuerpo.

Si es mayor de dieciocho años, es fundamental que vaya al ginecólogo una vez al año. Si tuvo o tiene relaciones sexuales debe ir inmediatamente. Y vuelvo a desafiar a la mujer soltera a que haga un voto de abstinencia hasta el matrimonio.

Si tiene más de cuarenta años, debe hacerse una mamografía una vez al año o según se lo indique su médico.

La salud dental es muy importante. Debería hacerse una limpieza dos veces al año. Si por alguna razón no tiene seguro médico y no puede pagar esas consultas, llame al hospital local, pues alguien le informará dónde conseguir esos servicios. La medicina preventiva es una herramienta que el Señor nos da para mantener una buena salud.

Debería guardar ciertos principios diarios para mantener la salud. Como madres, somos responsables de la dieta familiar. Vivimos en una sociedad de comidas rápidas, pero esas comidas están llenas de preservativos y otros productos químicos para poder competir con otros alimentos. Nuestros hijos pagan con creces para que las grandes corporaciones tengan buenas ganancias. Las alergias provocadas por los alimentos están más altas que nunca, y los americanos padecen de sobrepeso mucho más que antes.

Aprenda a comer de forma adecuada. El consejo omnipresente de beber muchos líquidos diarios no significa tomarse doce refrescos de dieta. Aprenda a tomar decisiones sabias. Lo mejor siempre es el agua. Recuerde que lo que lo libera es el *conocimiento* de la verdad. El Dr. Don Colbert escribió libros excelentes sobre la salud y los buenos hábitos alimenticios, como por ejemplo *Walking in Divine Health* [Caminemos en salud divina] y *What You Don't Know May Be Killing You* [Lo que no sabes quizá te esté matando].[1] Infórmese con la sabiduría de la Palabra de Dios y su pueblo.

La Biblia habla incluso del ejercicio físico (1 Timoteo 4.8). Detesto hacer ejercicio; para mí es como una tarea escolar, pero sé que debo hacerlo para cuidar mi salud. Con el paso del tiempo, tantas partes de mí han ido respondiendo a las leyes de la gravedad, que la tonificación parece ser lo único que parece ayudar a la flacidez de mi cuerpo. Tengo amigas a las que les encanta el ejercicio porque la disciplina les da resultados excelentes. Algunas actividades para mantener la salud física son más duras que otras, pero siempre vale la pena el esfuerzo.

El factor más importante que contribuye a tener un cuerpo sano es una buena actitud. Las Escrituras dicen que «el corazón alegre constituye buen remedio» (Proverbios 17.22). Tenemos que aprender a reírnos de nuevo. Tenemos que cuidar nuestros cuerpos físicos para que nuestros cuerpos espirituales hagan lo máximo para Cristo.

Al terminar el viaje que comenzamos hace once capítulos, me gustaría culminar con dos historias muy especiales de dos mujeres muy especiales en mi vida. Son dos de las mujeres más bellas que conozco.

SUS HIJOS SE LEVANTAN Y LA LLAMAN BIENAVENTURADA

La primera de estas dos mujeres es mi mamá. Permítame contarle un poco de su vida. Fue la tercera de cuatro hijos, y su nombre de soltera era Velia Martínez. Nació en Charlotte, Texas, el 26 de febrero de 1932. Sabemos que su padre y casi todos sus antepasados eran de México y de España. Su madre nació en New Braunfels, Texas, y sus antepasados llegaron a Texas de las islas Canarias. Mi mamá tiene una herencia rica.

Cuando era niña, su familia trabajaba en los campos migratorios. Mi madre no fue la excepción: a los ocho años empezó a recoger algodón. Siguió trabajando en los campos hasta que mi abuela comenzó a trabajar como cocinera en un restaurante. A los trece años, mi madre comenzó a trabajar como mesera en ese mismo restaurante. Con el dinero que ganaba se pagaba las clases en un colegio católico privado y lo que sobraba se le daba a la familia para contribuir con los gastos de la casa.

Cuando mi mamá tenía quince años, comenzó a trabajar en una tienda de venta al por menor de San Antonio. Siguió trabajando allí hasta que se graduó de la secundaria y se casó con mi padre el 10 de junio de 1951. Fui la mayor de los hijos, y nací en marzo de 1952. En septiembre de 1954, nació mi hermana Rosie. Más tarde tuvieron otros dos hijos: Sandy y Tony.

Mi madre siempre cumplió su misión de ser un don para sus hijos. Mi padre trabajaba siete días a la semana; con frecuencia trabajaba dos turnos para conseguir dinero adicional, así que apenas le quedaba tiempo disponible para invertirlo en su familia. Mis padres habían determinado que mamá se quedara en casa para cuidar de los hijos.

Recuerdo que mamá invitaba a nuestra casa a todos los niños del barrio. Siempre fue y es una cocinera fabulosa y hacía comidas maravillosas para bendecir a nuestros amigos. Me acuerdo que a veces teníamos un presupuesto tan ajustado que sólo teníamos dinero para comprar un pollo y un poco más de dos kilos [cinco libras] de carne molida para toda la semana. Pero las comidas que hacía con ingredientes tan humildes avergonzarían a cualquier restaurante. Los restaurantes no preparan las comidas con amor; sólo las madres pueden proporcionar ese ingrediente.

Uno de sus rasgos más bellos es su risa, que es contagiosa. Echa la cabeza hacia atrás, abre la boca y lanza afuera una sinfonía de gozo. Cuando se reía todo estaba bien, y los niños nos olvidábamos de las luchas del día. Mi madre aún es nuestra ancla espiritual y emocional.

Cuando yo tenía dieciséis años, mi mamá ya no se reía tanto. En lugar de eso, se desprendía dolor de sus ojos. Un día, de forma totalmente inesperada, nos llamó el médico. Lo que creíamos que era un quiste en la cadera de mi hermana Rosie resultó ser una extraña forma de cáncer incurable. Rosie, que en aquel entonces tenía catorce años, era una chica bonita que disfrutaba al máximo de la vida.

Con esa llamada telefónica cambió nuestra vida para siempre. Mi padre comenzó a trabajar aún más, tratando de ganar más dinero para pagar todas las facturas del hospital. Comencé a cuidar a mi hermana de ocho años, Sandy, y a mi hermano de dos años, Tony, al tiempo que asistía a la Universidad Trinity. Y mi madre comenzó una vigilia de cuatro años al lado de la cama de Rosie.

Durante este duro tiempo de espera, nunca vi a mi madre llorar delante de mi hermana. Lo único que hacía era sonreír y hacer reír a Rosie. En realidad, se las arreglaba para hacernos sonreír a todos. Volvió a cumplir su misión como madre que mantenía vivo el nivel de esperanza en nuestro hogar. Se despertaba a las dos de la mañana y enviaba a mi padre al trabajo, aunque se acostaba cuando el resto de la familia ya estaba durmiendo. Nuestra casa siempre estaba inmaculada, y cuando Rosie estaba en el hospital, preparaba con antelación las comidas para que todos las disfrutáramos.

Durante esos largos cuatro años, mi madre nunca se separó de mi hermana. Se sentaba sola con los médicos y escuchaba los pronósticos para su vida. Las dos viajaron de San Antonio a otros centros médicos para obtener los más recientes tratamientos contra el cáncer. Gran parte del tratamiento de Rosie era experimental, y mi madre nos llamaba para ponernos al tanto de las novedades, que nunca eran buenas.

Supe que algo andaba muy mal cuando dos semanas antes de la muerte de mi hermana mi madre la dejó a mi cuidado una tarde. No lo supe hasta más tarde, pero había dejado la cabecera de Rosie para estar junto al lecho de muerte de su padre. Tres días después volvió a dejar a Rosie, esta vez para asistir al funeral de su padre.

Rosie nunca supo que nuestro abuelo había muerto hasta que se fue al cielo porque mi mamá tenía miedo que se deprimiera si se lo decíamos y que se quedara sin esperanzas para su propia vida. De alguna forma, mamá regresó a casa del funeral de su papá con la misma sonrisa sanadora y esperanzadora.

Lo que más le costó a mi madre fue abandonar la cabecera de mi hermana cuando esta murió. Durante los cuatro años que Rosie estuvo enferma, todos habíamos aceptado a Cristo como Salvador, así que mamá sabía que su preciosa hija estaba en los brazos de Jesús, pero simplemente no podía dejar su lecho de enferma. Con la ayuda de Cristo, colocó amorosamente a Rosie en los brazos de Dios porque «fuerza y honor son su vestidura» (Proverbios 31.25).

Hace ya veintiún años que Rosie llegó al cielo, y he vuelto oír reír a mi mamá porque el tiempo sana muchas heridas, pero en sus ojos quedó una tristeza perpetua, casi como un monumento de su amor por su preciosa hija. Sé que esa tristeza no desaparecerá hasta que llegue al cielo, cuando el Padre le enjugue todas sus lágrimas.

Si por casualidad se pregunta qué le hizo toda esta dura experiencia a su fe, ella nunca dudó, y su esperanza no vaciló. Ella es fiel y cree que Dios cumple sus promesas. Está cumpliendo su misión de ser una de las mejores intercesoras que conozco. Es una verdadera hija del Rey.

Quizás alguna vez usted haya ordenado algunos de los materiales del ministerio de mi esposo. Mi madre empaca casi todos los pedidos. Me asombra su constante dedicación. Tiene casi setenta años y está de pie durante ocho horas diarias, supliendo los pedidos de la Palabra de Dios. Cuando le digo que descanse, siempre me contesta lo mismo: «No puedo hacerlo hasta que la gente tenga su paquete. Dependen de que la Palabra de Dios haga la diferencia en su vida». Al suplir cada pedido, le pide al Señor que atienda las necesidades de todos los que reciban su Palabra.

Siempre que hay un banquete especial en nuestra iglesia, mamá suele ayudarme en la preparación. Le encanta bendecir a otros con el don que Dios le dio, otra manera de cumplir su porpósito como su sierva.

Mi oración es que algún día tenga el privilegio de conocer a esta hija del Rey. Si quiere reconocerla en medio de una multitud, es la mujer bella con una sonrisa en su rostro. Mamá, tus hijos se levantan y te llaman bienaventurada.

El segundo ejemplo de una mujer bella es mi suegra, Vada Hagee. Desde que me integré a la familia Hagee, hace más de veinticinco años, quedé maravillada por la belleza y seguridad de mi suegra. Sé que la historia de su vida inspirará a muchas de ustedes a cumplir sus misiones.

El nombre de soltera de mamá Hagee era Vada Swick. Nació en Goosecreek, Texas, el 29 de mayo de 1913 y fue la tercera de siete hijos. Según lo que sabe, todos sus antepasados en ambas partes de su familia emigraron de Alemania.

Cuando su madre esperaba el séptimo hijo, el padre de mi suegra mu-

Mi madre, Velia Castro, y yo.

Mi suegra, Vada Hagee, y yo.

rió. Tenía treinta y tres años. Sus vidas cambiaron inmediatamente. Mamá Hagee tenía nueve años y fue entonces cuando aceptó al Señor como Salvador.

Su madre era enfermera graduada en una ciudad sin hospital, por lo que el médico de la localidad la mandaba a trabajar a la casa de alguien que necesitara cuidado permanente. Sus obligaciones la tenían apartada de su familia de lunes a viernes, mientras trabajaba para proveer para su familia.

La hermana mayor de mi suegra cuidaba de los niños, hasta que se casó a los dieciséis años y se marchó de la casa. Entonces una tía se ocupó de los niños que todavía no estaban en edad escolar, y mi suegra, que tenía once años, comenzó a ocuparse de la casa y de los tres hermanos varones restantes. Iba a la escuela, regresaba a casa, hacía las tareas de la casa, lavaba la ropa y preparaba todas las comidas.

Cuando tenía dieciséis años, ya mi suegra trabajaba media jornada en una pequeña cafetería de una farmacia local, mientras asistía a la escuela y cuidaba de su familia. Durante este tiempo, sintió que se había distanciado de Dios y le volvió a dedicar su vida al Señor.

Poco después, mi suegra comenzó a asistir al Southern Bible College de Baytown, Texas, donde consiguió una beca, al convertirse en estudiante y maestra de homilética y teología del Antiguo Testamento. Daba más de once clases por semana, asistía a sus clases y ministraba desde el púlpito

222 ᢗᢒ LA HIJA DEL REY

de su iglesia una vez por semana. En dos años consiguió su grado de bachillerato en teología, cumpliendo su propósito de convertirse en evangelista. A los veintidós años conoció y se casó con mi suegro. Este paso causó una gran controversia en su círculo ministerial, ya que en esa época tenía compromisos para hablar en avivamientos por todo Estados Unidos. Sus mentores pensaban que su matrimonio estorbaría su ministerio. Con el dinero que había ganado predicando en avivamientos en el suroeste, se compró el vestido de novia. Mi suegro trabajó durante siete años en la refinería de petróleo Humble, en Baytown, mientras él y mi suegra evangelizaban.

Comenzaron un ministerio en Kenefick, Texas, y comenzaron su primera iglesia. Más tarde se trasladaron a Channelview, Texas y construyeron tres iglesias e instituciones educativas. Su primer hijo nació en 1935, y el último en 1955. Mamá Hagee me dijo que siempre supo que iba a tener cuatro hijos; lo que no pensaba era que todos fueran varones y que tardaría más de veinte años en lograrlo. Su segundo hijo es mi esposo, John Hagee.

Mis suegros comenzaron su ministerio en la época de la Gran Depresión, así que mi suegra aprendió a coserse toda su ropa, y cosía todas las camisas de sus hijos usando los sacos de alimento de animales que compraban para la vaca lechera, Ellie Mae. Mi esposo recuerda que iba con su padre a la tienda de comida de animales para elegir el tejido para su siguiente «camisa de diseñador». Cuando los cortes de pelo subieron a veinticinco centavos, ella no estuvo dispuesta a pagar eso y comenzó a cortarles el pelo a todos los hombres de su casa con tijeras para cortar pelo de la tienda Sears Roebuck. También obtuvo una licencia en cosmetología; quería asegurarse de que podría hacerse cargo de sus hijos si algo le ocurría a su marido. Siempre pensaba en el futuro.

La conozco hace más de veinticinco años y siempre se ve fabulosa. Su color favorito es el rojo, una característica que le pasó a mi esposo. Siempre se viste con un estilo impecable y siempre se adorna con accesorios de muy buen gusto: perlas, aretes y broches, muchos de ellos hechos por ella misma. Cuando los sombreros se pusieron de moda, ella quería usarlos. Sin embargo, eran muy caros, así que se matriculó en un curso sobre cómo hacer sombreros y aprendió a confeccionarlos.

Sus sombreros eran el tema de conversación de la iglesia. Siempre me dice que me arregle lo mejor posible para Cristo: «Después de todo, es a Él a quien represento». Otro consejo que me dio fue: no sigas las tendencias de la moda, sino tus deseos y estilo personal. Ahora tiene ochenta y ocho años, y si entra hoy día en su casa la encontrará con el pelo muy bien peinado, un conjunto bien combinado y una gargantilla de perlas. Se ve hermosa.

Mientras mi suegro trabajaba a tiempo completo y dirigía la iglesia, mi suegra se ocupaba de la casa, tocaba el órgano en la iglesia, cantaba en cuartetos familiares y en un trío de damas, y tocaba el acordeón. Dirigía todos las actividades de la escuela bíblica de vacaciones, incluyendo el diseño y confección del vestuario. Dirigía todos los programas de Navidad y de Semana Santa para la iglesia. Además de eso dirigía el «Missionettes», un consejo misionero de chicas, era vicepresidenta de la división de Houston del Concilio Misionero de Damas de las Asambleas de Dios y era presidenta de la Asociación de Padres de la escuela de sus hijos. Obviamente, ayudaba a su marido en todos sus deberes pastorales, como hacer llamadas de teléfono y visitar a miembros de la congregación que estaban enfermos. Era la coordinadora de actividades especiales de la iglesia, organizaba las comidas para las actividades sociales de la iglesia y cocinaba muchos de los platos. Siempre tuvo la habilidad de entrar en algún sitio lleno de desconocidos y hacer amistad con ellos en menos de una hora. Tenía más deberes que la mujer de Proverbios 31.

Podía hacer de todo, y todo de forma brillante. Pero su mayor habilidad era la de maestra de Biblia. Describía verbalmente los eventos bíblicos como si estuviera viendo una película. Si describía a Jesús y a los doce discípulos cruzando el Mar de Galilea, usted podía sentir el viento en la cara y las salpicaduras de las olas en la piel.

En los primeros tiempos de su matrimonio tuvo que tomar una decisión que implicó un gran sacrificio. Como su forma de presentar la Palabra de Dios era brillante y magistral, las multitudes la seguían a todas partes. Pero como sabía que el llamado de su esposo a ministrar desde el púlpito nunca podría desarrollarse a causa del éxito continuo y sin precedentes de ella, tomó la decisión consciente de dejar de hablar en público y de ocupar el púlpito sólo cuando su esposo tuviera que trabajar en la refinería. El Señor honró su decisión, el ministerio del matrimonio creció y trajo fruto en discipular a otros y en enviar a muchos hombres y mujeres a ministrar por todo el país.

También cumplió su propósito cuando tomó la decisión de invertir en sus cuatro hijos, creyendo que invertir en su vida traería una cosecha ministerial de cientos. El sacrificio de su vida es el fundamento del ministerio televisivo mundial de mi esposo. Todo lo que ella le enseñó, todo lo que le inculcó germinó en el corazón de mi esposo y produjo una cosecha de almas.

Cuando mi suegra renunció a su lugar en el ministerio de la enseñanza, Dios le dio algo aún más grande: la habilidad y el poder de interceder por otros por medio de la oración. La oración mueve montañas, y ella es una mujer que se dirige a Dios con confianza en su poder y en sus promesas. Aunque tiene artritis, se arrodilla y ora durante varias horas por alguien que esté en necesidad. Invoca el nombre del Señor, y Él le responde. Tienen una relación íntima de Padre e hija. Tiene un deseo profundo: verlo cara a cara.

Un día la sorprendí con una mirada distante, y le pregunté qué estaba pensando. Me respondió: «Anhelo ir al cielo y ver a mi Señor. Nunca pensé que llegaría a vivir tanto, pero debe ser que Él tiene un propósito continuo para mi vida. Si un día te llaman por teléfono y te dicen que pasé a la otra vida, no llores por mí. Alégrate, porque estaré exactamente donde quiero estar. He esperado mucho y ya casi no puedo esperar para estar allí».

Para mí es una gran bendición conocer y amar a Vada Hagee y es una bendición recibir su amor. Mamá Hagee, has cumplido tu misión como hija del Rey: fuiste una esposa de carácter noble y vales más que los rubíes. Todos los días de tu vida les has traído el bien a todos los que entran en contacto contigo.

La belleza es algo más que un corte de cabello profesional o un vestido nuevo. Piense en Rut en los campos de Booz. Ella y Noemí, su suegra, prácticamente no tenían hogar, ni ingresos, ni futuro, porque sus esposos habían muerto. Pero la belleza de Rut brilló a través de su ropa polvorienta y desgastada. Cuando Noemí quería que Rut encontrara la seguridad de un nuevo matrimonio, no le dijo que se comprara un vestido nuevo. El único consejo que le dio fue: «Te lavarás, pues, y te ungirás, y vistiéndote tus vestidos, irás a la era» (Rut 3.3.). Noemí sabía que bastaban esos pocos preparativos para que Booz quedara prendado de la belleza natural de Rut.

Como ya dije antes, a Cornerstone la llaman la «iglesia del pueblo» porque nuestros miembros son de varias razas y niveles económicos. Hace varios años, una mujer se me acercó llorando: «No tengo dinero para comprarme ropa bonita», dijo. Me explicó que se sentía inferior a algunas de las mujeres de la congregación, que llevaban trajes caros. «No me siento lo bastante limpio como para atravesar la puerta de esta iglesia», añadió.

«Mírate la cara», le respondí enseguida. «El brillo de tus ojos... tu piel tan bonita... Todo lo que necesitas es cuidar que tu vestido esté limpio y bien planchado». Fue un consejo simple pero muy cierto. Ahora se ve radiante cada domingo.

La belleza tiene raíces profundas que empiezan en el alma. Si el alma está segura en Cristo, las raíces producen frutos de paz, gozo, amabilidad y, en última instancia, belleza. Hemos hablado de varias formas prácticas de hacer más atractivas nuestras vasijas. Pero las lecciones más importantes en cuanto a un cambio de imagen son las que nos acercan a la Luz del mundo, luego brillaremos con todo nuestro potencial.

SU PROPÓSITO DIVINO

Si quiere alcanzar su propósito divino, recuerde estos requisitos:

1. *Obedezca totalmente la voz de Dios.* La forma de conocer su voz es leer su Palabra y escuchar lo que le dice en oración.

2. *Confíe en la fe, no en los sentimientos.* A pesar de lo que sufrió mi mamá al ver morir a su hija, su fe en Dios nunca falló. Sabía que Dios era demasiado bueno como para ser cruel y demasiado sabio como para cometer errores.

3. *Sea perseverante.* La perseverancia de la que se habla en Efesios 6 era estar firmes, estar firmes y habiendo cumplido todo, estar firmes. Tanto mi mamá como mi suegra persistieron a pesar de los obstáculos en su vida.

4. *Actúe con valentía.* Tiene que tomar la iniciativa para lograr lo que quiere de Dios. La mujer con el flujo de sangre quería que Jesús la sanara. Pero estaba marginada de la sociedad porque según la Ley se consideraba impura. Por ninguna razón tenía que haber estado en una reunión pública.

Tocar a un rabino se castigaba con la muerte, pero ella quería que Jesús la sanara.

Cuando obtuvo lo que necesitaba de Dios, el Maestro preguntó: «¿Quién es el que me ha tocado? [...] Alguien me ha tocado; porque yo he conocido que ha salido poder de mí» (Lucas 8.45-46). A pesar de que podría haber temido por su vida, respondió diciendo que ella había tocado a Jesús y le dio a la multitud su testimonio de sanidad. No se avergonzó de proclamar el poder sanador del Señor Jesucristo. Cuando haya recibido la dirección de Dios, actúe según se lo encomendó y verá milagros suceder a su alrededor.

5. *Recuerde que es una persona muy importante en el Reino de Dios*. La escogieron para un tiempo como este, igual que a Ester. Cuando se rinde a la voluntad de Dios, el propósito de Dios prevalecerá en su vida. El rey Salomón experimentó esto en su vida: «Muchos pensamientos hay en el corazón del hombre; mas el consejo de Jehová permanecerá» (Proverbios 19.21).

Su discurso proclamará su salvación, sus acciones demostrarán su fe, sus oraciones moverán montañas y su carácter influirá en otros para Cristo, que es la meta máxima y final de una mujer de Dios. Escuche cómo Jesús le habla directamente por medio de la gran comisión: «Por tanto, id, y haced discípulos a todas las naciones, bautizándolos en el nombre del Padre, y del Hijo, y del Espíritu Santo; enseñándoles que guarden todas las cosas que os he mandado; y he aquí yo estoy con vosotros todos los días, hasta el fin del mundo» (Mateo 28.19-20).

APÉNDICE PARA LA FACILITADORA

Introducción

El desafío de Mardoqueo a Ester reveló el propósito que Dios tenía para la vida de ella al salvar al pueblo al que amaba: «¿Y quién sabe si para esta hora has llegado al reino?» (Ester 4.14).

En estas sesiones tomamos a Ester como ejemplo. Una vez puso a los demás antes que a sí misma, descubrió su misión. Desde el principio de los tiempos Dios la eligió para convertirse en reina, intercesora y libertadora de una nación. Pero antes de lograr el propósito de Dios para su vida tuvo que prepararse, y este es el propósito de estas sesiones.

Cuando comenzamos nuestras conferencias Mujer de Dios, oré por las mujeres de nuestra congregación de acuerdo a Colosenses 1.9-11:

- Para que fueran llenas del conocimiento de la voluntad de Dios en toda sabiduría e inteligencia espiritual.
- Para que anduvieran como es digno del Señor, agradándole en todo, llevando fruto en toda buena obra, y creciendo en el conocimiento de Dios.
- Para que fueran fortalecidas con todo poder, conforme a la potencia de su gloria, para toda paciencia y longanimidad.

Con esas metas en mente comencé a planificar este currículo con otras mujeres miembros de Mujeres de Ester, mi equipo de mujeres líderes.

Cada capítulo de este libro representa una sesión del curso, así que ya sabe cuál es la extensión del currículo. Este apéndice proporciona detalles para ayudar a que este programa forme parte del ministerio de su iglesia. Como ya dije, en Cornerstone tuvimos dos conferencias diferentes: una para mujeres adultas y otra para adolescentes.

Este libro refleja el curso para las mujeres adultas, pero el de las adolescentes cubría los mismos temas, excepto las finanzas. También, las preguntas que las adolescentes le hicieron al Dr. Farhart fueron, obviamente, diferentes. Cuando una mujer miembro del personal de una iglesia oyó hablar de este currículo, decidió organizar un curso para madres e hijas adolescentes, una experiencia que podrían compartir. La animo a adaptar este programa a su situación personal.

Vamos ahora a los detalles que hay tras bastidores, que hacen que un programa como este sea un éxito.

PUESTA EN MARCHA

REQUISITOS PARA EL CURSO

Cobramos una pequeña tarifa por el curso para ayudar a pagar los costos de los materiales y para darles a las mujeres una inversión financiera en el curso. (Unas pocas no podían pagar esa cantidad, entonces otorgamos becas.) La tarifa para las inscripciones tempranas era de veinticinco dólares. Luego añadimos diez dólares durante el período normal de inscripción. Muchas de nuestras damas se registraron temprano, lo que nos ayudó a saber cuántas facilitadoras y voluntarias para cuidar los niños harían falta. Luego de la segunda sesión, no aceptamos más inscripciones. Deseaba que los grupos pequeños crearan vínculos, y no quería estropear lo que el Señor comenzaba a hacer en las dinámicas de grupo.

La asistencia era importante. Les dijimos a las mujeres que para poder graduarse tenían que asistir a todas las clases. Si no podían asistir a ciertas clases, tenían que conseguir que sus facilitadoras aprobaran sus razones. Entonces tenían que entregar un trabajo escrito sobre esas sesiones (véase la página 267 para las asignaciones de compensación). El propósito era que las mujeres se dieran cuenta que no se trataba de un curso o estudio bíblico más. Fuimos muy serias en ese compromiso con ellas y también necesitábamos que se comprometieran para este viaje.

También les pedimos que tuvieran una buena actitud y que entregaran todas las tareas asignadas. Obviamente, también esperábamos que asistieran a la graduación. Menos de un cinco por ciento de las que se matricularon no terminaron el curso por diferentes razones.

ORADORES

No crea que tiene que dirigir todas las sesiones. A veces, introduje el tema según mi experiencia, y después llevé a algún orador especial, como el Dr. Scott Farhart, el ginecólogo que enseñó en las clases sobre sexualidad. Otras veces, compartí la presentación del material con alguna otra persona que era líder reconocido y cualificado de nuestra iglesia. Este procedimiento es acorde a las Escrituras, ya que Pablo les dijo a los primeros cristianos: «Os rogamos, hermanos, que reconozcáis a los que trabajan entre vosotros» (1 Tesalonicenses 5.12).

FACILITADORAS

Las facilitadoras son fundamentales para este programa. La interacción y lo que se comparte en los grupos pequeños aseguran que las mujeres reflexionarán detenidamente sobre las enseñanzas y expresarán lo que sienten sobre el tema. Estas son las cualidades que usé para decidir quién podría ser facilitadora:

1. Eran mujeres líderes de nuestra iglesia y tenían una creencia fuerte de quiénes eran en Cristo. Cuando llenaron la solicitud, les pedimos que trajeran una carta de referencia de alguna persona de la iglesia sobre su situación espiritual.
2. Si estaban casadas, sus matrimonios eran sólidos. Si estaban solteras, eran puras en su caminar con Cristo.
3. Sentían pasión por el curso y estaban emocionadas de impartir los principios de cómo ser una hija del Rey.

A cada facilitadora le asignamos un grupo de una edad específica, basándonos en los datos que habíamos obtenido de las hojas de matrícula. Decidí dividir a las participantes por edades, ya que eran de edades muy diferentes; de dieciocho a setenta y seis años. Me dio la impresión de que compartirían mejor sus experiencias y situaciones con gente de su edad.

DEBERES DE LA FACILITADORA

Retamos a estas mujeres a cumplir con las siguientes tareas:
1. Ser responsables por cinco a diez mujeres.

2. Seguir las direcciones de la instructora para la clase y dirigir a su grupo en los puntos de acción.
3. Comprometerse con el programa durante las doce sesiones.
4. Llamar a las mujeres de su grupo durante la semana para animarlas y orar con ellas.
5. Recoger las asignaciones de compensación de las mujeres y ayudar a llevar una lista de asistencia para la coordinadora del curso.
6. Asistir al culto de graduación/consagración.
7. Leer previamente las referencias bíblicas de cada sesión.
8. Encontrar a una sustituta apropiada en caso de no poder asistir a una sesión.

Cada facilitadora debe recibir una copia de este libro y una carpeta con listas de asistencia. Me gustó mucho ver que los grupos que se formaron durante las sesiones Mujer de Dios no terminaron con la graduación. Estas mujeres se convirtieron verdaderamente en hermanas en Cristo y todavía comparten sus vidas en reuniones regulares.

INSTALACIONES

Nuestras sesiones tuvieron lugar en el santuario porque teníamos más de quinientas participantes. Al principio de las sesiones me di cuenta que algunas mujeres entraban en el santuario como si entraran en un restaurante o en una tienda. Seguían riéndose o hablando, en vez de entrar con una actitud de reverencia y un sentimiento de expectación. Les recordamos a las mujeres que el diccionario define *reverencia* como «recogimiento profundo», «respeto» y «acto de mostrar respeto». A veces, pensamos en Dios de un modo tan informal y familiar que olvidamos quién es. En Hebreos 12.28-29 aprendemos lo siguiente: «Así que, recibiendo nosotros un reino inconmovible, tengamos gratitud, y mediante ella sirvamos a Dios agradándole con temor y reverencia; porque nuestro Dios es fuego consumidor».

Le dije a las mujeres: «No queremos ser tan formales y legalistas que creemos que necesitamos una cita para encontrarnos con Dios, pero tenemos que recordar que Él es santo. Tenemos que apartarnos de las ocupaciones de esta vida para buscar su santidad. Una forma de hacerlo es venir ante su presencia con reverencia y amor, buscándolo a Él, no a nuestras amigas ni tampoco conversación, sino su presencia. El Señor nos dijo en Levítico 19.30: "Mis días de reposo guardaréis, y mi santuario tendréis en reverencia. Yo Jehová"».

Poco después de que les hablamos a las mujeres sobre la conducta, me di cuenta que al entrar en el santuario se arrodillaban para orar, leían la Biblia o se sentaban silenciosas ante el Señor.

SESIONES Y ACTIVIDADES ESPECIALES

DÍAS DE AYUNO

Tuvimos dos sesiones de oración y ayuno, una al principio y otra al final de la conferencia, ambas a las siete de la noche. La primera tuvo lugar en la fiesta del Purim, una fiesta judía en el mes de marzo que le recuerda a los judíos la fidelidad de Dios por medio de su hija Ester. Se le pidió a las mujeres que guardaran un ayuno de agua, que significa no probar alimento sólido, sino sólo agua. Les dijimos que podían añadir limón o lima al agua, pero sólo eso. Ni té, ni café, ni jugos, ni refrescos. Si creían que por razones de salud no podían hacer el ayuno de sólo agua, les pedimos que hicieran un «ayuno de pan», absteniéndose de todo lo que tuviera azúcar. El ayuno comenzó durante la puesta de sol (cuando se iban a la cama) del miércoles, y duró hasta la puesta de sol del jueves, cuando tuvimos nuestra reunión de oración.

Durante el día se les pidió que oraran por lo siguiente:

- Por nuestro presidente, por sabiduría y discernimiento, para que nombrara al Tribunal Supremo a hombres y a mujeres temerosos de Dios y para que contara con consejeros piadosos y sabios.
- Por el Tribunal Supremo de los EE.UU., que los hombres y mujeres que lo componen teman al Señor y sientan hambre y sed por la justicia divina.
- Por nuestros líderes del gobierno federal, estatal y local, para que teman a Dios y deseen servir a sus electores.

- Por nuestros pastores y el ministerio que Dios les dio, que le teman tanto a Dios que no puedan temerle al hombre.
- Por avivamiento en nuestra iglesia y en nuestra ciudad.
- Por nuestro deseo de tener un gran fuego y pasión por los perdidos.
- Por nuestras familias y nuestras necesidades personales.

Durante el primer día de oración y ayuno, rompimos el ayuno después del culto de oración con las galletas tradicionales de la fiesta del Purim: galletas Hamantaschen y ponche.

El segundo día de oración y ayuno rompimos el ayuno con una ceremonia de comunión y usamos pan francés y jugo de uva, que las facilitadoras sirvieron. Antes de tomar parte en la comunión presentamos una enseñanza sobre esta, y todas juntas proclamamos los beneficios de caminar en el favor de Dios, que están en la página 183 de este libro. Terminamos con nuestro tiempo de oración habitual.

Estos días de oración y ayuno beneficiaron tanto a las mujeres como a la fuerza espiritual de la iglesia, a las familias de la iglesia y, a la larga, a nuestra ciudad. Al regresar a casa después del segundo día de ayuno, una de las mujeres se encontró con un mensaje de su hermana en el contestador automático. «Feliz cumpleaños», le dijo su hermana. «Llámame, que quiero felicitarte en persona».

Cuando la mujer llamó a su hermana se enteró de que entre el momento en que su hermana dejó el mensaje y el momento en que le devolvió la llamada, alguien llevó a su hermana a recibir a Cristo. Una de las mayores peticiones de esta mujer durante este tiempo de ayuno fue la salvación de su hermana, algo por lo que había orado fervientemente durante diez años.

Recibí muchas otras notas de las bendiciones que Dios otorgó durante esos dos días de ayuno y oración:

- El marido de una de las mujeres tuvo que tomar el turno de noche en el trabajo, y le dijeron que si lo hacía no podría volver a trabajar en turno de día. Quería el turno de día para poder pasar tiempo con su hijo y con su esposa. El viernes después de nuestro

234 ⌒ LA HIJA DEL REY

ayuno y oración, su supervisor lo llamó para decirle que lo necesitaba el lunes a las siete de la mañana. ¡Estaba de vuelta en el turno de día!

- Una mujer cuyo marido estuvo cuatro meses desempleado encontró un empleo el viernes después del ayuno del jueves.
- Una hija que ayunó y oró por la salvación de su madre recibió la noticia de que esta había aceptado a Cristo como Salvador.

Siento que esos días especiales liberaron el poder del Espíritu Santo sobre esas mujeres en formas que no habrían sido posibles sin el ayuno y la oración.

CAMBIOS DE IMAGEN

Como mencioné en el primer capítulo, la propietaria de un salón de belleza local donó el tiempo de sus estilistas para realizar cambios de imagen en las participantes. Entonces les pedimos a cada facilitadora que eligiera a una o dos mujeres de su grupo que pudieran servir como modelos. Tenían que darnos una tarjeta con el nombre de cada mujer y cualquier necesidad especial o información que pudiera ser útil.

Las facilitadoras tenían que elegir a esas damas basándose en los siguientes criterios:

- Alguien que tuviera asistencia perfecta
- Alguien para quien un cambio de imagen sería un regalo especial
- Alguien que estuviera pasando por dificultades
- Alguien que estuviera dispuesta a un cambio total de imagen: corte de cabello o maquillaje

En un sorteo, elegimos treinta nombres de esas tarjetas para que fueran las modelos de los cambios de imagen. Tomamos fotos de «antes» y «después» y usamos varias de las fotos como parte de la presentación del día de graduación.

Puede que algunas iglesias no quieran acercarse a una peluquería, pero una cosmetóloga quizá esté dispuesta a realizar algunos cortes de pelo o maquillaje para el curso, sabiendo que probablemente eso le dejará algunas clientas. La oradora de esa noche usó las preguntas del cuestionario de las participantes (véase la página 245) como bosquejo para su presentación. También incluyo un bosquejo de esta clase en la página 264.

MAMOGRAFÍAS AMBULANTES

Creo que Dios nos llama a cuidar de nuestros cuerpos, que son templos del Espíritu Santo. En nuestro currículo incluimos una sesión de salud, y en ella el Dr. Farhart les recordó a las mujeres lo importante que era hacerse chequeos y mamografías todos los años.

Como muchas mujeres estaban demasiado ocupadas o no podían pagar una mamografía, les proporcionamos esta oportunidad un sábado, para mujeres de cuarenta o más, a un precio especial de ochenta dólares. Si las mujeres tenían seguros médico les dijimos que trajeran la tarjeta para que la empresa pudiera solicitar el reembolso de los gastos. Si las mujeres no tenían seguro y no podían pagar el precio, hicimos unos vales para cubrir los costos. Nuestra iglesia proporcionó este servicio por medio del fondo de benevolencia.

GRADUACIÓN Y CONSAGRACIÓN

Celebramos las ceremonias de graduación durante nuestro culto del domingo por la noche. (Más adelante hay un bosquejo de este servicio en la página 266.) Para la graduación, les proporcionamos a las mujeres túnicas en los colores reales: rojo, azul, morado, dorado, plateado y esmeralda. Después de la graduación se recogieron las túnicas, se lavaron y se guardaron en cajas para volver a usarlas en el futuro. Obviamente, la graduación puede hacerse de forma diferente en cada iglesia. Podría ser un evento especial sólo para los miembros de la clase o parte de la celebración del Día de las Madres, como fue nuestro caso.

UN RECUERDO

En la graduación todas las mujeres recibieron un diploma y un regalo. Un joyero encontró un elaborado pendiente en forma de caja de plata y en ella colocamos un rollito con la oración de Jabes de 1 Crónicas 4.10: «¡Oh, si me dieras bendición, y ensancharas mi territorio, y si tu mano estuviera conmigo, y me libraras de mal, para que no me dañe!» Se lo dimos a las mujeres en cadenas de plata para que lo pudieran utilizar y recordaran siempre la oración de Jabes para su vida. También les dimos un ejemplar de *La oración de Jabes*, de Bruce Wilkinson.

Mi oración es que este curso Hija del Rey sea tan beneficioso a las mujeres de su iglesia como lo fue a las de Cornerstone. Como facilitadora principal, compartí con mi clase mis pensamientos más íntimos, mis deseos, metas e inseguridades. Esta vulnerabilidad le permitió al Espíritu Santo operar en la vida de las mujeres. Nos reímos juntas, lloramos juntas, invocamos juntas el nombre del Señor. Hicimos el viaje juntas.

Cada viaje será diferente, pero el destino será el mismo: ayudar a las mujeres a encontrar su misión como hijas del Rey. Permítame mostrarle un ejemplo de una de las muchas cartas que recibimos cuando se terminó el curso:

El 18 de febrero del 2001 decidí volver a dedicar mi vida al Señor y acompañé a mi hermana a «Cómo convertirse en una mujer de Dios». Al día siguiente, el 19, mi arrendador vino de Corpus Christi y me anunció de repente que iba a vender la casa que me tenía alquilada. Quería que la dejara vacante el 28 de febrero. Sentí que Satanás quería usar esto contra mi re-dedicación.

Así que tenía nueve días para encontrar algún sitio para mudarme con mis hijos. No tenía dinero. Soy madre soltera. Mi hermana le pidió a Dios que proveyera, y ¡lo hizo! Mi arrendador me permitió quedarme treinta días para tener suficiente tiempo para encontrar algún sitio donde vivir.

En medio de la búsqueda de la casa, mi hijo, que siempre tuvo problemas de comportamiento, comenzó a sacar buenas notas en el colegio. Después, el Señor me bendijo con una camioneta en la que mi papá había puesto sangre, sudor y lágrimas. Es como un coche nuevo, solo que es mejor porque Dios me dio lo mejor de Él.

Luego comencé a ir a la reunión de oración de los miércoles en la capilla. Recibí no uno ni dos, sino tres ascensos en el trabajo y una profecía de que Dios me iba a enseñar lo que tengo que saber, y que me va a dar mi propio negocio.

Ya para este momento, estaba testificando en el trabajo y despertándome con mis hijos todas las mañanas a las seis en punto para tener un estu-

dio bíblico. Después, Dios me dio la casa perfecta. Seguí asistiendo a
«Mujeres de Dios» y seguí batallando contra mi adicción al cigarrillo, entonces gané uno de los cambios de imagen. Me fui a vivir a la casa nueva y,
al librarme de muchas cosas —películas y ropa que no son del Señor—. ¡Él
me libró de los cigarrillos!

La estructura y disciplina que antes le faltaba a mis hijos, la tienen ahora por medio de Cristo en mí. Mi hijo está sacando excelentes calificacio-
nes, y mi hija, que siempre tenía mala actitud y era infeliz, ahora tiene
gozo. Su mala actitud dio paso a testificarles a los niños de su colegio; es
como un rayo de sol.

En cuanto a mí, estoy bendecida eternamente y salvada para siempre y
serviré al Señor Jesucristo con todo lo que tengo. Quiero darle las gracias
por obedecer al Señor y por querer compartir la sabiduría, el amor, y el entendimiento de Dios con los que, como yo, necesitan desesperadamente a
Jesús. ¡No hay nadie como Él!

Casi olvido mencionar que Dios proveyó el dinero, el transporte y la
gente [para ayudarme] con la mudanza. Cuando le entregas todo a Jesús,
Él mueve montañas.

Estoy segura que el Señor se alegra de que su hija llegara a una relación
íntima con Él. También recibimos cartas de algunos maridos, agradecién-
donos por el programa. He aquí una de ellas:

Mi esposa fue a las reuniones por respeto y admiración a ustedes. Sin
embargo, no se da cuenta que es una gran mujer, gran esposa, gran madre
y una gran abuela recién estrenada por derecho propio. Todas las cosas pequeñas que hizo y sigue haciendo la convierten en alguien muy especial
para nosotros. Es una de las bendiciones del Señor y representante suyo en
la tierra.

Alabo al Dios poderoso por su amor y fidelidad. No merecemos una
belleza como la de mi esposa. Soy una prueba viva de su amor en acción, al
ser testigo de la forma en que se relaciona con sus hijos, nietos y conmigo
durante veintisiete años de matrimonio.

Que el Señor las bendiga a todas ustedes en su esfuerzo por convertirse en Mujeres de Dios. Mi esposa lo ha sido desde hace mucho tiempo; lo que pasa es que no lo sabe.

Cuánto nos agradó darnos cuenta que ayudamos a esta hija del Rey a verse a sí misma igual que la ven Dios y su familia.

El siguiente currículo lo inspiró el Espíritu Santo como instrumento para instruir y guiar a las mujeres en este viaje. Comenzaré con la hoja de inscripción para la matrícula y una carta de instrucciones para las facilitadoras y después pasaremos a las instrucciones por sesión para las facilitadoras.

Hoja de inscripción para la Facilitadora

NOMBRE:_____

DIRECCIÓN: _____

CIUDAD_____ESTADO ____CÓDIGO POSTAL:_____

TELÉFONO: Casa_____Trabajo_____

E-MAIL: _____# CELULAR:_____

EDAD:_____

REFERENCIA DE LA IGLESIA (de un pastor o un líder): _____

_____

_____

HOJA DE INSCRIPCIÓN PARA PARTICIPANTES

NOMBRE:_____

DIRECCIÓN: _____

CIUDAD_____ESTADO ____CÓDIGO POSTAL:_____

TELÉFONO: Casa_____Trabajo_____

E-MAIL: _____# CELULAR:_____

EDAD:_____ ☐ CASADA ☐ SOLTERA

NECESITA CUIDADO DE NIÑOS: ☐ SÍ ☐ NO

EDADES DE SUS HIJOS: (1)_____(2)_____(3)_____(4)_____

MATRÍCULA TEMPRANA: (disponible hasta___/ ___/ ___) $ _____

MATRÍCULA (después del___/ ___/ ___) $_____

FORMA DE PAGO: ☐ EFECTIVO ☐ CHEQUE # _____

(Expedir los cheques a nombre de _____)

CARTA PARA LAS FACILITADORAS

Primero, quiero expresarle mi aprecio por su compromiso con este programa inspirado por Dios. Mi oración es que Dios la bendiga mientras usted bendice a otros, mucho más de lo que se imagina. Estamos a punto de comenzar un viaje, y nuestro destino nos acercará más a Jesucristo. Al comenzar este viaje debe saber que nuestro Dios es fiel y justo para completar la buena obra que comenzó.

Al servir como facilitadora se compromete a:

- Asistir a las doce semanas completas del programa.
- Ser responsable por cinco a diez mujeres.
- Seguir las direcciones de la instructora para la clase y dirigir a su grupo en los puntos de acción.
- No aconsejar, sino dirigirlas hacia la Palabra de Dios.
- Referir a alguna mujer que necesite aytuda inmediata a los líderes del curso.
- Comprometerse con el programa durante las doce sesiones.
- Orar por su grupo y los líderes con regularidad.
- Ayudar en el culto de graduación/consagración.

Hay mucho que hacer en muy poco tiempo; su participación es crucial. He aquí un vistazo general de lo que sucederá en cada sesión:

1. Reúnase antes de cada sesión a las _____a.m./p.m. en _____ (lugar) para orar y recibir instrucciones, que incluirán un repaso de los puntos de acción. (Recomiendo reunirse media hora antes de que comience la clase. Siempre se debe comenzar con una oración.)

2. Recoja su carpeta para el grupo, que contiene una lista de asistencia. Llénela y vuelva a poner la carpeta en el casillero para carpetas después de haberse reunido con su grupo. Es importante que devuelva la carpeta a su sitio para ayudar a la coordinadora a llevar un registro de la asistencia.

3. La facilitadora principal comenzará cada sesión con una oración, hará los anuncios pertinentes y presentará al orador de la noche.

4. El orador hará una presentación.

5. Después de la participación del orador, la facilitadora principal dará instrucciones sobre los puntos de acción y le pedirá a las participantes que

se dirijan a sus grupos. (En la primera sesión debe pedirle a todas las facilitadoras que pasen al frente y luego lea los nombres de las mujeres en sus respectivos grupos.)

6. En los grupos pequeños, todo el mundo debe responder a los puntos de acción. Empiece usted; todos aprendemos con ejemplos. Discuta los puntos de acción, recordándole a las mujeres que todo lo que se diga en estos grupos es confidencial. No permita que se convierta en una sesión de consejería. Nadie debe hablar más de dos o tres minutos. Anote las peticiones y ore por cada necesidad. A medida que avanzamos, por favor, pídale a las mujeres que oren unas por otras en los grupos.

7. No permita que alguien controle o domine el grupo.

8. No permita las críticas. Bajo ninguna circunstancia debe permitir que se levante un espíritu crítico. La crítica sólo engendra crítica.

9. Recibirá una lista con el número telefónico y la dirección de las mujeres de su grupo. Si es posible, llámelas y anímelas durante la semana y dígales que las verá en la siguiente sesión.

10. Si alguna mujer de su grupo presenta una situación seria, ore con ella y coménteselo a la líder del curso. Refiera a esa persona a nuestro departamento de consejería o a un buen centro cristiano de consejería.

11. Ore todas las semanas por su grupo y por las líderes.

Gracias por sembrar su valioso tiempo para el Reino de Dios.

capítulo uno

La hija del Rey

$\mathscr{E}$sta es la sesión inicial. La facilitadora principal presentará el programa de La hija del Rey y después dará su testimonio.

PUNTOS DE ACCIÓN

1. *Directrices.* Invertirá parte del tiempo del grupo en repasar las directrices, reglas y compromisos. Luego de esta sesión aparece la lista de las directrices para que pueda fotocopiarlas y repartirlas a su grupo.

2. *Encuestas.* Reparta la encuesta que sigue al bosquejo de esta sesión, y pídale a las participantes que la completen y se la entreguen esta misma noche. Antes de marcharse esta noche, devuelva las encuestas, la lista de asistencia y la carpeta.

3. Ahora explique el plan de salvación y el hecho de que Jesucristo escribirá nuestros nombres en el Libro de la Vida del Cordero cuando oramos para recibirlo como Salvador. Haga la siguiente oración y dígales a los miembros de su grupo que oren con usted:

Amado Señor, cometí muchos errores en el pasado. Pequé contra ti y contra tu Santo Espíritu. Me arrepiento de todo lo que hice. Por favor, perdóname. Acepto a Jesucristo como Salvador y te pido que estés conmigo durante los próximos días. Amén.

$\mathscr{C}$ LA PRÓXIMA SEMANA: MI VALOR ANTE LOS OJOS DE DIOS

DIRECTRICES PARA LAS SESIONES DE LA HIJA DEL REY

- Por favor, planifique asistir a todas las sesiones. Por cada clase a la que falte tendrá que hacer un trabajo escrito.
- Recuerde que el santuario es un lugar donde nos encontramos para reunirnos con Dios. Favor entrar en él con actitud de oración y reverencia.
- Sea puntual. Tenemos que comenzar y terminar a tiempo.
- Recuerde: no se puede comer ni beber en el santuario.
- Desconecte los localizadores y los celulares.
- Respete a todo el mundo.
- No interrumpa ni hable cuando otra persona esté hablando.
- Durante la discusión en grupo, manténgase enfocada. Estamos hablando sobre usted, no sobre sus hijos o su marido. En cada sesión vamos a tocar temas diferentes.
- Todo lo que se diga, debe quedarse aquí. Por favor, no practique el chisme.
- Oraremos por sus necesidades, pero no estamos aquí para ofrecer consejería.
- Acuérdese de recoger a sus hijos inmediatamente después de las sesiones. Luego, siéntase en libertad para charlar con quien quiera.
- Si alguna otra persona va a recoger a su hijo o hija, por favor, antes de irse asegúrese que lo hizo. No queremos que ningún niño se quede olvidado.

ENCUESTA PARA LA PARTICIPANTE

Por favor, ayúdenos completando este cuestionario y entregándoselo a su facilitadora antes de marcharse esta noche. No tiene que escribir su nombre. Favor escribir en letra de molde.

Su edad:_____

Si tuviera su consultora personal de estilo, ¿qué preguntas le haría sobre lo siguiente?

Cabello:

_____
_____
_____

Maquillaje o cuidado de la piel:

_____
_____
_____

Moda:

_____
_____
_____

Si su mejor amiga fuera médico, ¿qué dos preguntas le haría sobre su cuerpo o sobre su sexualidad?

1. _____
_____

2. _____
_____

capítulo dos

Mi valor ante los ojos de Dios

¿*No* fue ese un excelente comienzo? Hay una expectación tal que invita al Espíritu Santo a ministrar en nuestra vida. Gracias por su disponibilidad a participar y a servir. Su papel es crucial, ya que las reuniones de los grupos pequeños son clave para el éxito de este programa.

PUNTOS DE ACCIÓN

1. Hábleles a las mujeres sobre la autoestima. Dígales: «La mujer que veo es la que seré». Pregúnteles después:

- ¿Se considera fea? Eso puede representar una autoestima baja.
- ¿Se considera sin valor? Eso puede representar que sufrió rechazo en su infancia o ahora.
- ¿Se enoja con facilidad? Eso puede representar odio a sí misma.
- ¿Se siente culpable? Eso puede representar abuso emocional, físico o sexual.

2. Contradiga estas emociones con la Palabra: «Yo pues, preso en el Señor, os ruego que andéis como es digno de la vocación con que fuisteis llamados, con toda humildad y mansedumbre, soportándoos con paciencia los unos a los otros en amor» (Efesios 4.1-2).

Antes de esta sesión, lea el material sobre Efesios 4.1-2 en la página 31 de este libro. Utilice luego este bosquejo para comentar el material con su grupo:

Humildad. «Acepto todas las cosas que Dios dice sobre mí sin argumentar. Eso me permite aceptarme».

Mansedumbre. «Acepto sin resistencia o amargura lo que Dios haga conmigo. Esto me permite aceptar a Dios».

Paciencia. «Acepto sin represalias lo que me hagan otros. Esto nos permite aceptar a mis enemigos».

Tolerancia. «Acepto a la gente con sus errores y diferencias. Esto me permite aceptar a mis amigos».

3. Pídale a las participantes que busquen las páginas 36-37 de este libro. Entonces, dígale qué le parece feo de usted, esto les ayudará a que sea más fácil hablar de sus debilidades. Esta discusión identifica el problema de la autoestima con el que tenemos que luchar diariamente, pero cuando confrontamos al enemigo, lo desarmamos. Luego, pídales a las mujeres que mencionen los rasgos que les molestan. Lean finalmente los textos bíblicos en las páginas 36-37.

4. Ahora haga una lista de lo que cree que es bello en usted. Vuelva a invitar a las mujeres a hacer lo mismo. (Hacer esto resultará más difícil que la lista de lo que no nos gusta.)

5. Proclame que los preceptos del Señor son intencionales y en un buen orden. Todo lo hizo hermoso a su tiempo. Cite estos versículos: «formidables, maravillosas son tus obras» (Salmo 139.14) y «te puse nombre, mío eres tú» (Isaías 43.1).

6. Pídale a una de las mujeres del grupo que lea la «carta de Dios» que está en las páginas 33-34 de este libro.

7. Afirme: «Soy bella. Ustedes son bellas. Tenemos valor para Dios. ¡Somos hijas del Rey!»

8. Termine con una oración.

✑ LA PRÓXIMA SEMANA: NO ME AVERGÜENZO DEL EVANGELIO

capítulo tres

No me avergüenzo del evangelio

Puntos de acción

1. Siga el bosquejo mientras comenta sobre el llamado de los cristianos a evangelizar:

Dar nuestro testimonio

- Somos testigos desde el momento en que nos hacemos cristianos *(Efesios 4.21-24; 5.1)*.
- Testificar se relaciona más con quien soy que con lo que digo (Efesios 4.21-32; 5.3-6).
- Ser un hombre o mujer de Dios es más importante que hacer la obra del Señor (Hechos 11.26; Romanos 2.21-24; Tito 3.1-7).

2. Use estos versículos de Proverbios como guía para la siguiente parte de esta sesión:

> Fíate de Jehová de todo tu corazón,
> y no te apoyes en tu propia prudencia.
> Reconócelo en todos tus caminos,
> y él enderezará tus veredas (Proverbios 3.4-6).

Mi parte. Confiar en Él, poniendo en Él todas mis esperanzas para ahora y para el futuro y encontrando refugio y seguridad en Cristo.

Mi parte. No apoyarme en mi propia prudencia. Evitar encontrar solución a mis problemas por medio de mi propio conocimiento.

Mi parte. Reconocerlo. Reconocer que una vez que somos cristianos nunca estamos solos. Jesús está presente y se preocupa por cada circunstancia de nuestra vida.

Su parte. Caminará conmigo. Tendrá control pleno de las situaciones. Enderezará mis veredas y me guiará por cada obstáculo que hay en el camino.

3. Dé su testimonio en un minuto. No tiene que ser toda la historia de su vida. Sólo cuente sobre su vida antes y después de Cristo. Diga que nuestro testimonio siempre es para glorificar al Hijo y atraer atención al Padre.

Termine su testimonio con dos preguntas: «¿Ha venido Jesús a su vida? ¿Le gustaría orar para recibirlo como Salvador?»

Pídales que vayan a la página 46 y escriban su testimonio. Les sorprenderá ver cuántas cosas les recuerda el Espíritu Santo, muchas de las cuales serán bendiciones que Dios les dio. Dígales que recuerden que su testimonio debe ser corto, sencillo y centrado en lo esencial. Pídales luego a cada una que comparta su testimonio con el grupo.

4. Pídale a una que lea el texto «Libere la Palabra de Dios en su vida» en la páginas 35 de este libro.

5. Termine con una oración.

Ꮼᢀ LA PRÓXIMA SEMANA: EL ESPÍRITU SANTO Y YO

capítulo cuatro

~⊙~

El Espíritu Santo y yo

PUNTOS DE ACCIÓN

1. Pregúntele a las participantes si oraron para recibir el bautismo del Espíritu Santo. Si algunas oraron, pero no lo recibieron, guíelas a hacer esta oración:

> *Padre, te pido que te reveles a mí de una forma que no he conocido antes. Si tienes algo para mí que aún no he conocido, entonces muéstramelo ahora. Te pido que derrames tu Espíritu Santo en mi corazón. Con su llenura te pido que me des la pasión para testificar como lo hicieron tus discípulos el día de Pentecostés. Te pido que me ayudes con mi vida de oración, que me lleves a niveles más allá de mi fuerza y entendimiento naturales. Cuando ore, quiero tener la autoridad y el poder del Dios vivo. Guíame, por medio de tu Espíritu Santo, por el camino que quieres que vaya. Padre, te pido que derrames en mi corazón un amor tan rico que sólo pueda describirse como amor ágape; un amor tan puro que su única fuente pueda ser el trono del Dios vivo. Señor, si hay más de ti, entonces quiero tenerlo. Amén.*

2. Lea los versículos que son parte de los puntos de acción de las páginas 58-59 del capítulo «El Espíritu Santo y yo» y señale la posición que tenemos cono hijas del Rey.

3. Pídale a alguna que lea «Libere la Palabra de Dios en su vida» que se encuentra en la página 35.

~⊙~ LA PRÓXIMA SEMANA:
SUEÑOS CON UN FINAL FELIZ: CÓMO ESTABLECER METAS

capítulo cinco

⌒

Sueños con un final feliz: Cómo establecer metas

PUNTOS DE ACCIÓN

1. Dirija a las mujeres de su grupo por el proceso de establecer metas descrito en este libro. Primero, dígales que vayan a la página 67 del capítulo 5 en donde se les indica a las lectoras que hagan una lista de sus talentos y habilidades. Que no sean demasiado humildes aquí, ya que la honestidad es la mejor política para establecer metas de forma adecuada. Dígales que hagan una lista de sus talentos y habilidades en esa página.

2. Ahora, pídales que piensen en cómo podrían usar esas habilidades para su vida. Por ejemplo, alguien que sea buena en matemáticas podría estudiar contabilidad o ingeniería. Alguien que tiene el don de la hospitalidad podría usar este don en su casa o en la iglesia. Dígales a las mujeres que mencionen sus dones y talentos. Aliéntelas a comentar cómo pueden usar esos dones.

3. Dígales ahora que lean las páginas 68-71, donde las lectoras hacen una lista de las metas para mañana. Recuérdeles que es importante entrenarse para tener éxito con las cosas pequeñas primero. Deben anotar sus metas espirituales, personales, educativas y profesionales. Luego compartan algunas con el grupo.

4. Lean ahora las páginas 71-73, donde las lectoras hacen una lista de las metas para el futuro. Vuelva a pedirles que hagan una lista de sus metas para el futuro y compartan algunas de ellas con el grupo.

5. Vayan a las páginas 78-79 en las que se encuentran las hojas sobre cómo establecer metas. Dígales a las mujeres que escojan la meta más importante y que elaboren el proceso necesario para obtenerla. Pídales que compartan con las demás la meta y el proceso.

6. Termine la sesión de hoy con una oración; que Dios les ayude a todos los miembros del grupo a conocer su voluntad para su vida y que les ayude a lograr esas metas.

Anímelas a orar las unas por las otras y alentarse las unas a las otras a alcanzar sus metas.

ᴖ LA PRÓXIMA SEMANA:
DIEZ MANDAMIENTOS PARA LAS MUJERES EN EL TRABAJO

capítulo seis

◡◠

Diez Mandamientos para las mujeres en el trabajo

PUNTOS DE ACCIÓN

1. Comience la sesión de hoy con una discusión general sobre el trabajo: qué, por qué, dónde y de quién fue la idea.

El trabajo es parte del plan de Dios para nosotros. Toda la creación de Dios trabaja. De hecho, Él mismo trabajó al principio y sigue haciéndolo hoy: «Porque en seis días hizo Jehová los cielos y la tierra, el mar y todas las cosas que en ellos hay, y reposó en el séptimo día» (Éxodo 20.11).

La definición básica de *trabajo* indica que requiere esfuerzo y acción de nuestra parte y que se supone que traerá resultados positivos, incluyendo satisfacción personal y, en última instancia, la bendición de Dios. Trabajamos porque nos crearon para trabajar:

Seis días trabajarás y harás toda tu obra (Éxodo 20.9).

Cuando comieres el trabajo de tus manos,
bienaventurado serás, y te irá bien (Salmo 128.2).

La mano de los diligentes señoreará, mas la negligencia será tributaria (Proverbios 12.24).

No hay cosa mejor para el hombre sino que coma y beba, y que su alma se alegre en su trabajo (Eclesiastés 2.24).

253

El trabajo se realiza en muchos sitios: en un empleo y en casa. ¿Cuál es el problema con el trabajo? ¡Que al final suele resultar trabajoso!

2. Comenten ahora los beneficios del trabajo, comenzando con este versículo: «Dadle del fruto de sus manos, y alábenla en las puertas sus hechos!» (Proverbios 31.31).

La excelencia en el trabajo nos reporta grandes recompensas: la bendición de Dios, una reputación excelente, un aumento en el salario o un ascenso. Sobre todo, al Padre le agrada que usemos todos los dones que nos dio. ¡El trabajo puede glorificarlo!

3. Dígales a las mujeres que mencionen cuatro cosas que pueden hacer para ser mejores ejemplos y testigos en su lugar de trabajo o en casa.

4. La actitud es algo crucial para una hija del Rey. Observe los puntos de acción en las páginas 105-107 para ayudarle a cultivar una actitud piadosa.

5. Termine con una oración.

∽ LA PRÓXIMA SEMANA:
LAS MUJERES Y LAS RELACIONES ROMÁNTICAS

capítulo siete

⤳

Las mujeres y las relaciones románticas

PUNTOS DE ACCIÓN

1. Pídale a las mujeres que comiencen escribiendo sus proclamaciones en la página 132 de este libro. Entonces, anímelas a compartir esta proclamación con las demás y que pidan oración por asuntos concretos mencionados en la proclamación. Vuelva a enfatizar en la confidencialidad de la experiencia del grupo. Todo lo que se diga durante estas sesiones tiene que ser confidencial. Dígale a las mujeres que queremos asegurarnos que no deshonramos a nuestros esposos al compartir unas con otras los deseos de nuestro corazón.

2. Deje que las mujeres se examinen a sí mismas durante cinco minutos. Cada mujer debe analizar su vida y pensar en lo que Dios la está llamando a hacer. (Véase la página 132).

3. Pídales a las mujeres casadas que completen el U.E.D. (Una Expresión al Día) en la página 134 para sus maridos. Las solteras lo pueden hacer para un amigo especial o para un ser amado (uno de los padres o un hermano que necesite atención especial en ese momento).

Pídale a alguna de las mujeres que lea «Libere la Palabra de Dios en su vida», que se encuentra en la página 35 de este libro.

Elija a dos miembros del grupo para abrir y cerrar el tiempo de oración.

⤳ LA PRÓXIMA SEMANA: Y DIJO DIOS: «HAYA SEXO» y DIEZ PREGUNTAS QUE TEME HACERLE A SU GINECÓLOGO *capítulos ocho y nueve*

Y dijo Dios: «Haya sexo»
y
Diez preguntas que teme hacerle a su ginecólogo

sta noche no tendremos grupos pequeños. El itinerario para esta sesión es el siguiente:

La facilitadora principal les dará la bienvenida a las participantes y comenzará con una oración.

El médico hará una presentación con diapositivas de diez minutos y después responderá algunas preguntas de las encuestas.

Si alguna líder de su congregación sufrió abuso sexual y está dispuesta a compartir su testimonio, aproveche este tiempo para hacerlo. Elija con cuidado a esa persona, porque tiene que discernir qué compartir, y asegúrese que puede testificar de la sanidad, esperanza y restauración de la sangre de Jesucristo. Tiene que haber evidencia de sanidad del dolor y victoria en su vida desde entonces. Recordará que después de contar la historia de Teresa, mencioné que Dios redimió su vida. Le dio un matrimonio de treinta y un años con un solo hombre. Le dio cuatro hijos que aman al Señor y, sobre todo, le dio su misericordia y su gracia.

Después de eso se puede hacer el llamado al altar para los tres grupos, pero esos llamados deben hacerse simultáneamente, para que no sea evidente qué persona responde a qué llamado. Deben decirles a las mujeres que esperen y no se acerquen al altar hasta que se llamen los tres grupos.

Los tres grupos son los siguientes:

1. Mujeres a las que molestaron o de las que abusaron sexualmente. Guíelas en esta oración:

Padre, reconozco la violación que se cometió contra mí. La pongo ahora mismo sobre las manos perforadas de Cristo. Te pido que me des gracia para perdonar a _____, quien me violó. Fui prisionera de su ofensa y ya no quiero estar cautiva.

Tu Palabra dice: «Porque si perdonáis a los hombres sus ofensas, os perdonará también a vosotros vuestro Padre celestial» (Mateo 6.14). Lo que hizo esa persona no estuvo bien; fue malo. Fue pecado, pero elijo ahora dejar de ser prisionera. Ningún arma levantada contra mí prosperará, y tú harás callar toda lengua que se alce para acusarme, porque ésa es mi herencia como hija del Rey.

En el nombre de Jesús decido perdonar a _____ por lo que me hizo, y te pido, Padre, que lo/la perdones. Te pido que él/ella llegue al conocimiento salvador de Jesucristo y busque tu perdón y sanidad para su vida quebrantada.

Gracias por tu poder sanador, que está trabajando en mi vida ahora mismo; sana mis recuerdos, mis emociones y mi cuerpo por la sangre de Jesucristo. Ato el espíritu de rechazo que me impartieron por medio de esa violación. Recibo el espíritu de adopción que se extiende hacia mí por la cruz de Jesucristo. Restaura en mí la esperanza de mi salvación y las bendiciones que vienen con esa esperanza. Padre, tú me ves vestida con la túnica de la justicia, que tu Hijo compró para mi favor. Me ves pura e íntegra. Padre, estoy completa en ti en el nombre de Jesús. Amén.

2. Un llamado para que las que fueron promiscuas confiesen sus pecados, se arrepientan ante el Señor y se comprometan a mantenerse puras y a no pecar más, consagrándose al Señor. Guíalas en una oración concreta:

Padre, perdóname, porque pequé contra ti y contra tu templo. Te pido que en el nombre de Jesús me perdones por todos mis pecados y transgresiones. Quiero caminar en compañerismo contigo y disfrutar de tus bendiciones. Me arrepiento de mis pecados y te pido que renueves mi mente cada día. Crea en mí, Señor, un corazón puro. Cámbiame, hazme una mujer de Dios. Deseo tu justicia. Me consagro a ti, Señor, porque eres un Dios santo. En el nombre de Jesús. Amén.

3. Un llamado a las mujeres casadas que desean que sus matrimonios reflejen a Dios y su gloria. Haga esta oración para ellas:

Padre, bendice mi matrimonio. No permitas que ninguna impureza manche lo que uniste. Te doy gracias por mi esposo y por nuestra unión sexual. Te pido que ninguno de nosotros busque en otro lugar para satisfacer nuestras necesidades. Ayúdame a recordar que como esposa tengo el ministerio de satisfacer las necesidades sexuales de mi marido. Deseo presentarme atractiva ante él, como lo haría para el Rey. Señor, muéstrame cada día una forma para dejarle saber a mi esposo que es especial para mí. Deseo que vea tu amor por él a través de mí. En el nombre de Jesús. Amén.

Antes de hacer estos llamados al altar, todas las facilitadoras deben pasar al frente. Si alguna participante comienza a contar algún caso de incesto o algún otro tipo de abuso, ore con esa persona y llévela a un consejero o a algún miembro de un grupo de apoyo para víctimas de abuso.

⌒ LA PRÓXIMA SEMANA: EL FAVOR DE DIOS

capítulo diez

El favor de Dios

PUNTOS DE ACCIÓN

1. Haga las siguientes preguntas y use los siguientes pasajes cuando le hable a los miembros de su grupo sobre el favor de Dios.

¿Cómo retenemos la provisión de Dios?
- No pedimos, según Santiago 4.2.
- Desobedecemos, según Malaquías 3.8-12.

¿Cuál es el plan de Dios?
- Prosperar a sus hijos (3 Juan 2).
- Suplir todas nuestras necesidades (1 Reyes 17.12-15; Filipenses 4.19).
- Reprender al devorador de nuestro bien (Malaquías 3.11).
- Animarnos a ser prestamistas, en vez de prestatarios (Deuteronomio 28.12).

¿Cómo llego a obtener el favor de Dios?
- Recibiendo a Cristo como mi Salvador personal (Juan 3.16).
- Reconociendo que soy hija del Rey y coheredera de Jesucristo (Efesios 1.5).
- Obedeciendo la Palabra de Dios (1 Samuel 15.22; Juan 14.15).
- Pidiendo con fe, de acuerdo a su voluntad (Mateo 21.22; Marcos 11.24; Lucas 11.9).
- Recibiendo mi herencia (Deuteronomio 28.1-14; Efesios 1.3-20).

2. Pídale a alguna participante que lea «Libere la Palabra de Dios en su vida» en la página 35 de este libro.

3. Termine con una oración.

◠◌ LA PRÓXIMA SEMANA:
LA HOSPITALIDAD: UNA ACTITUD DEL CORAZÓN

capítulo once

~⊙~

La hospitalidad:
Una actitud del corazón

PUNTOS DE ACCIÓN

1. Pídale a las participantes que lean los pasajes bíblicos en los puntos de acción de la página 208 del capítulo sobre la hospitalidad. Comente lo que significan para cada una de ellas y cómo afectan su actitud hacia la hospitalidad.

2. Respondan las preguntas del número dos de esa sección y pídale a las mujeres que hagan el divertido cuestionario.

3. Hable de la hospitalidad en los tiempos bíblicos y lea los pasajes que se mencionan.

4. Anime a cada mujer a mencionar una forma de ofrecer su hospitalidad durante la semana o el mes siguiente.

5. Termine con una oración.

⊘ LA PRÓXIMA SEMANA: LA BELLEZA

_____

capítulo doce

La belleza

PUNTOS DE ACCIÓN

1. Comience la sesión repartiendo fotocopias de «Mi cuerpo, templo del Señor», que está inmediatamente después de estos puntos de acción. Trabaje con su grupo los puntos de ese documento.

2. Pídale a todas las participantes que mencionen a una o dos mujeres que personifiquen la definición bíblica de belleza y que estén cumpliendo con su misión como hijas del Rey. Todas las mujeres deben decir porqué esa mujer es bella ante los ojos de Dios y cómo esa persona está cumpliendo el plan de Dios para su vida.

3. Pídale a cada participante que diga cuál cree que es el propósito de Dios para su vida y cómo lo puede cumplir.

4. Escoja a alguna participante para que lea «Libere la Palabra de Dios en su vida», páginas 35.

5. Termine con una oración de grupo.

MI CUERPO, TEMPLO DEL SEÑOR

Así que, si alguno se limpia de estas cosas, será instrumento para honra, santificado, útil al Señor, y dispuesto para toda buena obra.
—2 Timoteo 2.21

1. *Arrepentirse* de usar los alimentos como sustituto de una relación con Dios y/o con otros, como modo de consolar o suavizar sus heridas y temores.

2. *Poner en práctica.* Lea la Palabra, ore y pida.

3. *Ser responsable.* Pídale a alguna amiga o a alguna persona de su grupo que ore por usted y usted también orará por ella. Al orar la una por la otra, asegúrense de hablar con regularidad para alentarse.

4. *Hacer ejercicio.* No tiene que ser parte de un club deportivo; basta con caminar. Caminar a paso ligero es el ejercicio ideal para todo el mundo, sin importar la edad o el estado de salud. Recuerde consultarle a su médico antes de comenzar un programa de ejercicios.

5. *Leer las etiquetas.* Tiene que saber qué está comiendo. Elimine de su dieta el azúcar y verá la diferencia. Reduzca la harina refinada y la grasa.

6. *Elegir.* Tiene que desear estar sana. Hágalo por usted misma para tener una vida saludable, feliz y larga. Eso es lo que desea su Padre celestial para usted, ¡sólo porque la ama!

Sesión adicional: Cambios de imagen

⁓

*N*osotras tuvimos dos sesiones sobre maquillaje y cuidado personal, pero quizá usted pueda hacerlo en una sola.

Primera parte: Maquillaje y Cuidado de la piel

Primero, una esteticista profesional o una maquilladora demostraron la importancia del cuidado de la piel, hablando sobre la protección cuando nos exponemos al sol, la limpieza facial diaria, las limpiezas faciales profesionales, depilación con cera, depilación de las cejas, exfoliación e hidratación. También explicó cómo se pueden comprar los productos sin gastar mucho dinero e incluso describió algunos productos para el cuidado de la piel que se encuentran en cualquier despensa. En la parte de atrás del santuario pusimos muestras de tiendas locales.

Luego una maquilladora profesional presentó las tendencias de la temporada: habló de los colores y formas de los rostros y mostró ejemplos de maquillaje en una modelo elegida de entre las participantes. Esto puede considerarse bíblico: «He aquí que tú eres hermosa, amiga mía; [...] tus ojos entre tus guedejas como de paloma [...] Tus labios como hilo de grana, y tu habla hermosa; tus mejillas, como cachos de granada detrás de tu velo» (Cantares 4.1, 3).

Después de eso una manicurista profesional habló del cuidado de las uñas, del cuidado de los pies y de las pedicuras.

Segunda parte: Cortes de pelo y Maquillaje

Una estilista profesional comenzó presentando a las mujeres que iban a recibir cambios de imágenes totales, que incluía cortes de pelo, depilación de las cejas, maquillaje y peinado. Les pidió a las modelos que cada una ha-

blara un poco sobre ella misma: su estilo de vida, pasatiempos, tipo de cabello. Después, el equipo de maquillaje dio un análisis de cada mujer.

Una miembro de nuestra iglesia habló sobre aciertos y errores en la
moda, lo que incluía nuestra definición de modestia: si tiene problemas al
ponerte o quitarte algo, no es modestia. Si atrae atención hacia algo que no
es su cara, no es modestia.

Luego las modelos fueron con las peluqueras para cortarse el pelo y
con las maquilladoras para trabajar con el maquillaje.

Graduación

*L*a graduación de cada iglesia será única para esa congregación y su ministerio de mujeres. Les voy a comentar el programa de nuestra graduación, simplemente para darles una idea de lo que podría hacerse.

Después de terminar las sesiones de Mujer de Dios le presentamos las mujeres a la congregación.

Expliqué el propósito de la conferencia y di un resumen de cada sesión y agradecí a las empresas que contribuyeron a nuestro programa.

Después leí cuatro cartas de testimonio, que escribieron unas participantes del curso, que contaban cómo cambió su vida durante el curso.

Mi hermana Sandy cantó «La gracia me alcanzó».

Después de eso proyectamos un video que mostraba varias partes de la conferencia Mujer de Dios, imágenes de los días de ayuno y oración, de algunas de las sesiones y de las sesiones de cambio de imagen.

Entonces, presentamos a las graduadas. (Quizá quiera que las presenten las facilitadoras.) En ese momento, las participantes recibieron sus diplomas, los pendientes de plata y ejemplares de *La oración de Jabes*.

Mi hija Tina cantó «La mano del alfarero».

Para terminar, mi esposo pronunció una oración de bendición sobre las mujeres, que incluyó la oración de Jabes.

Al final de este culto, las facilitadoras se reunieron con sus grupos y animaron a las mujeres a seguir en contacto y a asistir a las reuniones de las células. Las líderes también les recordaron que fueran a las mesas donde tenemos información sobre los diferentes ministerios de la iglesia. Queríamos que las mujeres pensaran en la posibilidad de apuntarse en alguno de ellos.

Asignaciones de compensación

⤳

SESIÓN DOS: MI VALOR ANTE LOS OJOS DE DIOS

Señale por lo menos diez pasajes bíblicos que describan cómo nos ve Dios, su relación con nosotros y lo que desea para nosotros. Escriba luego la historia de su salvación.

SESIÓN TRES: NO ME AVERGÜENZO DEL EVANGELIO

Señale por lo menos diez pasajes bíblicos que definan lo que debería ser un testimonio y lo que se decía del testimonio de los primeros creyentes. Escriba su testimonio.

SESIÓN CUATRO: EL ESPÍRITU SANTO Y YO

Señale por lo menos diez pasajes bíblicos que describan el trabajo del Espíritu Santo y porqué debe buscar el bautismo del Espíritu Santo.

SESIÓN CINCO: SUEÑOS CON UN FINAL FELIZ: CÓMO ESTABLECER METAS

Señale por lo menos diez pasajes bíblicos que hablen de los planes y propósitos de Dios para nuestra vida. Defina metas. Escriba una de sus metas y los pasos que tiene que dar para lograrla.

SESIÓN SEIS: DIEZ MANDAMIENTOS PARA LAS MUJERES EN EL TRABAJO

Señale por lo menos diez pasajes bíblicos que hablen de lo que dice la Palabra de Dios sobre el trabajo de nuestras manos. Haga una lista de cua-

268 ✑ LA HIJA DEL REY

tro cosas que puede hacer en casa o en la oficina para compartirles a Jesús a los que le rodean.

SESIÓN SIETE:
LAS MUJERES Y LAS RELACIONES ROMÁNTICAS

Señale por lo menos diez pasajes bíblicos que muestren las prioridades de Dios para nosotros. Las mujeres solteras deben escribir dos frases sobre porqué creen que necesitan estar en una relación y cuatro frases sobre quién es Dios en su vida. Las mujeres casadas deben escribir diez cosas que pueden hacer de Una Expresión al Día para mostrarle amor a sus esposos. También deben llevarlas a cabo.

SESIONES OCHO Y NUEVE: Y DIJO DIOS: «HAYA SEXO»
Y
DIEZ PREGUNTAS QUE TEME HACERLE A SU
GINECÓLOGO

Señale diez pasajes bíblicos que expliquen el plan de Dios para el matrimonio y su opinión sobre la promiscuidad y el adulterio. Haga una lista de tres enfermedades de transmisión sexual y cómo se transmiten.

SESIÓN DIEZ: EL FAVOR DE DIOS

Señale por lo menos diez pasajes bíblicos que presenten el punto de vista de Dios sobre las finanzas. Entonces, explique cómo esos pasajes van a afectar su planificación financiera.

SESIÓN ONCE:
LA HOSPITALIDAD: UNA ACTITUD DEL CORAZÓN

Señale por lo menos diez pasajes bíblicos que definan la hospitalidad, la bondad y el deseo de Dios de que ministremos a otros por medio del don de la hospitalidad. Haga una lista de diez formas en que puede mostrar hospitalidad hacia otros.

Notas

CAPÍTULO 2

1. Carl Jung, citado por Cecil Osbourne en *The Art of Understanding Yourself* [El arte de entenderte a ti mismo], (Grand Rapids: Zondervan Books, 1967), 28.

CAPÍTULO 4

1. Derek Prince, *The Spirit-Filled Believer's Handbook* [Cuaderno del creyente lleno del Espíritu Santo], (Orlando, FL: Creation House, 1993). Usado con permiso.

CAPÍTULO 6

1. Rabí Yechiel Eckstein, *What You Should Know About Jews and Judaism* [Lo que debe saber sobre los judíos y el judaísmo], (Word: Waco, 1984), 126-127.
2. Arnold G. Fruchtenbaum, *Israelology: The Missing Link in Systematic Theology* [Israelología: El eslabón perdido en la teología sistemática], (Tustin, CA: Ariel Ministries Press, 1989), 594.

CAPÍTULO 7

1. Michelle McKinney Hammond, *If Men Are Like Buses, Then How Do I Catch One?* [Si los hombres son como autobuses, ¿qué hago para tomar uno?], (Sisters, OR: Multnomah, 2000).
2. Tomado del libro que pronto se publicará de Josh McDowell, *Why True Love Waits* [Por qué espera el amor verdadero], (Wheaton, IL: Tyndale House, 2002).
3. Adaptado de la proclamación en *If Men Are Like Buses, Then How Do I Catch One?* [Si los hombres son como autobuses, ¿qué hago para tomar uno?] de Hammond.

CAPÍTULO 8

1. Gráfica provista por Why kNOw Abstinence Education Program. Usado con permiso.

CAPÍTULO 9

1. Kevin Leman, *Sex Begins in the Kitchen* [El sexo comienza en la cocina], (Grand Rapids: Revell, 1999).
2. Dr. Jerry R. Kirk, *The Mind Polluters* [Contaminadores de la mente], (Nashville: Thomas Nelson, 1985), 60.

CAPÍTULO 10

1. Jerry Savelle, "How to Get Out of Lodebar", uno de la serie de sermones El Favor de Dios, presentados en la Convención de Creyentes del Suroeste, 6 de agosto 1997. Usado con permiso.

CAPÍTULO 11

1. Quin Sherrer, *The Warm and Welcome Heart* [El corazón cálido y acogedor], (Ventura, CA: Regal Publications, 2002).

CAPÍTULO 12

1. Don Colbert, *Walking in Divine Health* [Caminemos en salud divina], (Lake Mary, FL: Siloam Press, 1999) y *What You Don't Know May Be Killing You* [Lo que no sabes quizá te esté matando], (Lake Mary, FL: Siloam Press, 2000).

SOBRE LA AUTORA

Diana Hagee es la esposa del Dr. John Hagee, fundador y pastor principal de la Iglesia Cornerstone en San Antonio, Texas. Es la jefa de personal del ministerio de televisión John Hagee, así como coordinadora de actividades y líder del ministerio de mujeres de la Iglesia Cornerstone. Diana es autora de *Not by bread alone* [No sólo de pan], un libro de cocina que anima a llevar a cabo ministerios creativos por medio de la comida. Recibió el prestigioso premio León de Judá, otorgado por la Federación Judía de Greater Houston. Diana y el pastor John Hagee tienen cinco hijos y tres nietas.

Printed in the United States
113824LV00001B/109-249/P